Formação Superior e Desenvolvimento
ESTUDANTES UNIVERSITÁRIOS
AFRICANOS EM PORTUGAL

Formação Superior e Desenvolvimento

ESTUDANTES UNIVERSITÁRIOS
AFRICANOS EM PORTUGAL

Ana Bénard da Costa
Margarida Lima de Faria
(Org.)

FORMAÇÃO SUPERIOR E DESENVOLVIMENTO
Estudantes universitários africanos em Portugal
ORGANIZADORES
Ana Bénard da Costa
Margarida Lima de Faria
EDITOR
EDIÇÕES ALMEDINA, S.A.
Rua Fernandes Tomás, n°s 76-80
3000-167 Coimbra
Tel.: 239 851 904 · Fax: 239 851 901
www.almedina.net · editora@almedina.net
DESIGN DE CAPA
FBA.
PRÉ-IMPRESSÃO
EDIÇÕES ALMEDINA, S.A.
IMPRESSÃO | ACABAMENTO
PAPELMUNDE, SMG, LDA.
V. N. de Famalicão

Dezembro, 2012
DEPÓSITO LEGAL
352231/12

Apesar do cuidado e rigor colocados na elaboração da presente obra, devem os diplomas legais dela constantes ser sempre objecto de confirmação com as publicações oficiais.
Toda a reprodução desta obra, por fotocópia ou outro qualquer processo, sem prévia autorização escrita do Editor, é ilícita e passível de procedimento judicial contra o infractor.

 GRUPOALMEDINA

BIBLIOTECA NACIONAL DE PORTUGAL – CATALOGAÇÃO NA PUBLICAÇÃO
FORMAÇÃO SUPERIOR E DESENVOLVIMENTO
Estudantes Universitários em Portugal
org. Ana Bénard da Costa, Margarida Lima de Faria (África em perspetiva)
ISBN 978-972-40-5112-3
I – COSTA, Ana Bénard da
II – FARIA, Margarida Lima de
CDU 378

INTRODUÇÃO

Margarida Lima de Faria
Instituto de Investigação Científica Tropical – IICT

Ana Bénard da Costa
Instituto Universitário de Lisboa (ISCTE-IUL)
Centro de Estudos Africanos – IUL

O tema da continuação dos estudos para além da escolaridade obrigatória é particularmente estimulante, pois trata-se, em parte, de um ato de vontade de sujeitos (e de famílias), pressupondo tomadas de decisão que encontram, no entanto, limites no interior de contextos sociais específicos que funcionam como estruturas dinâmicas de enquadramento. Em parte, e noutro tipo de situações, poderá enquadrar-se em projetos menos autónomos (o caso dos estudantes bolseiros do Estado) mas sempre negociados ou negociáveis. Estimulante ainda porque se constrói com base na antecipação de retornos positivos desse investimento, quer em termos económicos (situação no emprego e na economia em geral), quer em termos simbólicos (reconhecimento social) e psicológicos (reforço da dignidade humana e da autoestima individuais).

Por outro lado, numa perspetiva coletiva, quando assumido e apoiado pelo Estado, o investimento em formação avançada corresponde a uma estratégia de desenvolvimento nacional, de criação de mão de obra qualificada em grande escala, e de construção de uma cidadania formada e esclarecida, condição necessária – ainda que não suficiente – para o crescimento económico, que se quer autónomo e sustentável, e para o crescimento social, que se quer livre e participativo. A ligação causal entre educação superior e desenvolvimento é, por isso, de difícil validação empírica em resultado do capital simbólico, social e humano (e não apenas pecuniário) decorrente da sua aquisição.

Até à década de 90 do século XX defendia-se, nos grandes *fora* internacionais, que o apoio à educação avançada deveria dirigir-se sobretudo aos países desenvolvidos, reservando-se – no caso dos ditos "países em vias de desenvolvimento" – os recursos, provenientes das ajudas internacionais, preferencialmente ao ensino primário. Argumentava-se que a educação avançada serviria tendencialmente as elites desses países, e que o investimento na base do sistema educativo seria, não apenas mais igualitário, mas produziria melhores resultados económicos no longo prazo. Esta abordagem levou a que se negligenciasse o investimento em educação pós-primária e, ainda mais, em educação superior nos países mais carenciados (como é o caso da esmagadora maioria dos países do continente africano). Entretanto, e durante toda a década de 80, os governos europeus empenharam-se na elaboração de programas, no seio da União Europeia, fomentando um aumento sem precedentes da circulação de estudantes e de docentes, e promovendo a transferência de conhecimento e tecnologia no interior do espaço europeu (programas COMETT, ERASMUS, ESPRIT, NEPTUNE, PACE, RACE, SCIENCE e SPRINT), acompanhando o esforço de coesão económica desse espaço (Kaiser *et al.*, 1992).

Não obstante este dinamismo europeu, só na década de 90, e em resultado de uma série de conferências internacionais, iniciadas pela Conferência Mundial sobre Educação para Todos, realizada em Jomtiem, Tailândia, em 1990 (logo seguida da Cimeira Mundial sobre a Criança, que teve lugar no mesmo ano, em Nova Iorque), os governos do mundo passam a atribuir uma cada vez maior prioridade à educação secundária, e superior, extensível aos países não ocidentais, estabelecendo um quadro de objetivos e metas, para a sua concretização, atualizados no Fórum Mundial sobre Educação, realizado em Dacar em abril de 2002 (PNUD-Angola, 2002). Este posicionamento reforça-se com a introdução, em 1990, no relatório do PNUD para o Desenvolvimento Humano, do novo Índice de Desenvolvimento Humano (IDH). Este índice que mede a média das metas alcançadas por cada país em três dimensões básicas "uma vida longa e saudável, o acesso à educação e a condições de vida condignas", é calculado a partir de três indicadores: esperança de vida à nascença, alfabetização entre os adultos e escolarização bruta combinada nos níveis de ensino primário, secundário e superior, bem como produto interno bruto *per capita* (UNDP, 2008). O "desenvolvimento humano" é, assim, definido como o processo de alargamento de escolhas, sendo o acesso ao conhecimento uma das escolhas consideradas prioritárias. Parte-se do princípio de que aos cidadãos sejam dadas iguais oportunidades ao longo das suas trajetórias pessoais, sendo a prossecução da instrução uma condição fundamental para o exercício pleno e esclarecido da cidadania, assim como para a concretização da justiça social e da distribuição mais equitativa da riqueza.

A análise, que este livro se propõe fazer, das possibilidades de acesso dos vários setores da população de cinco países africanos com uma história colonial comum, ao ensino superior, e sobre as condições em que esse acesso implicou uma estadia mais ou menos prolongada em Portugal, em diálogo com os seus acontecimentos mais marcantes (sobretudo os que atuam nos eixos económico e político intra- e internacional), cria, por isso, condições para uma compreensão mais objetiva das suas possibilidades de desenvolvimento (humano, social, económico) e do seu posicionamento relativo nos diferentes contextos local, regional e mundial. Daí igualmente a importância de analisar o sistema de cooperação internacional nesta área específica, sendo igualmente relevante a problematização das "geografias" desses apoios, através de uma análise das alterações dos contextos geopolíticos, ao longo da história recente de cada país, e do posicionamento relativo do país ex-colonizador – Portugal – nesse mosaico. Também, e mais uma vez, fará todo o sentido incluir nessa análise os protocolos de cooperação, enquanto antecipação do retorno dessas ajudas, em termos das suas possíveis implicações para o futuro relacionamento dos países, e para a criação de redes sociais, por via da formação de quadros com peso económico e político, em cada país.

Se nos cinco PALOP (Angola, Moçambique, Cabo Verde, São Tomé e Príncipe e Guiné-Bissau), no período que sucedeu o fim do regime colonial português, a escolaridade primária é como vimos o principal recetáculo dos apoios internacionais, resistiu, ainda que com grandes dificuldades, ao efeito desestabilizador de tempos particularmente difíceis (desregulação estatal, instabilidade política e em alguns casos guerras civis), já o ensino secundário, e sobretudo o superior, na maioria dos casos em fase de alargamento, o primeiro, e de recente instalação, o segundo, permaneceram em situação particularmente carenciada ou mesmo inexistente. Essa falta gritante de infraestruturas escolares e de docentes nos níveis mais avançados de ensino levou a que a prossecução desses graus escolares tenha obrigado, e ainda obrigue, em grande medida, à saída desses estudantes do seu país de origem.

Se a educação superior, sendo ministrada em instituições onde seja garantida a independência em relação aos interesses dominantes, está (historicamente) associada à liberdade de pensamento e à autodeterminação (*empoderamento*) individual, ou seja, contém um elemento emancipatório, a saída de estudantes para países com longa tradição universitária pode reforçar esse sentido, com efeitos positivos na construção de uma cidadania participada. Contudo, enquanto o mundo ocidental parece estar a entrar numa crise de sobredimensionamento do sistema de ensino superior, forçando ao seu redimensionamento face às possibilidades oferecidas pelo mercado, e até à revisão dos seus pressupostos emancipatórios (Barnett, 1990), alguns países africanos, como é o caso de Angola e Moçambique, como veremos de seguida, nas últimas duas décadas vêm fazendo um investimento sem precedentes na criação de instituições de ensino superior, com origem tanto no setor público como no privado, de forma algo desregulada e com efeitos imprevisíveis quanto à sua adequação às economias (emergentes), e revelando sintomas de fraca competitividade (quanto à qualidade) e discutível independência (quanto aos poderes instalados).

Apesar destes esforços (situação que se aplica apenas a Angola e Moçambique) continua o êxodo de estudantes destes cinco países para universidades estrangeiras. O papel de Portugal no quadro do mercado internacional do ensino superior e a forma como tem dialogado com outros destinos, sobretudo na perspetiva de que, com a liberalização dos regimes, cada vez o acesso a este nível de ensino resulta de uma escolha livre quanto ao país de formação, ajudará a uma compreensão mais ampla do lugar simbólico que hoje ocupa, não liberto que está da sua história colonial e das ligações que construiu.

Descrição da estrutura do livro
Este livro resulta do esforço conjunto de uma equipa de investigadores do Centro de Estudos Africanos do ISCTE-UL e do IICT e insere-se no projeto financiado pela FCT – "Formação superior e desenvolvimento: Cooperação Portuguesa com os PALOP"[1] 2009-2012. Compõe-se de três capítulos introdutórios. O primeiro, da autoria de Ana Bénard da Costa, visa fazer o ponto da situação quanto às políticas de cooperação Portugal-PALOP na área da educação superior. Seguem-se dois capítulos da responsabilidade de Paulo de Carvalho e Francisco Noa, ambos consultores do projeto. Paulo de Carvalho constrói o historial do ensino superior em Angola, no período colonial e pós-independência até à atualidade, dando sobretudo relevo ao recente *boom* do ensino superior privado. É uma abordagem principalmente quantitativa elaborada não só em torno do número de instituições de ensino superior existentes neste país, mas igualmente em torno da evolução do número de docentes e discentes. Termina com uma reflexão crítica que relaciona expansão dos estabelecimentos de ensino superior e qualidade do ensino ministrado, chamando a atenção para a existência de indicadores que apontam para uma preocupante relação inversa entre estas duas dimensões. Francisco Noa, à semelhança do primeiro autor, faz referência à situação do ensino em Moçambique, ao tempo da sua independência, e aos esforços que se seguiram para compensar a saída de quadros técnicos, através do envio de estudantes para formação superior no estrangeiro. Noa descreve, igualmente, os processos económicos e políticos que determinaram as alianças internacionais subjacentes aos

---

[1] PTDC/AFR/099057/2008.

acordos de cooperação. Transcendendo as questões específicas do seu país, esta análise é, seguidamente, transposta para o plano da internacionalização e das diferentes perspetivas da relação entre a formação avançada e o desenvolvimento socioeconómico dos países (africanos), destacando a alteração das narrativas que lhe estiveram subjacentes. Noa conclui com uma análise da situação específica de Moçambique fazendo referência aos elementos que considera decisivos para a melhoria do seu ensino superior.

Após estes capítulos introdutórios e de enquadramento o livro compõe-se, então, de cinco capítulos da autoria dos investigadores do projeto, resultantes do plano de investigação e das opções metodológicas acordadas pela sua equipa. Definiu-se como metodologia principal a entrevista semidiretiva a estudantes destes países que frequentam o ensino superior em Portugal e a profissionais que, tendo realizado o ensino superior em Portugal, já regressaram e se integraram no mercado de trabalho.

O número de estudantes a entrevistar foi calculado em proporção ao número de estudantes de cada país inscritos no ensino superior português no ano letivo de 2007-2008 (ano letivo sobre o qual foi possível obter a informação mais recente), Angola e Cabo Verde sendo os países com maior número de estudantes em Portugal – respetivamente 4648 e 3844 – seguindo-se Moçambique (983), São Tomé e Príncipe (644) e a Guiné-Bissau (318). Face a esta diferença definiu-se um número de entrevistas a realizar nesses países e em Portugal.

Utilizou-se um guião de entrevista comum que se organizou em torno dos seguintes tópicos: trajetórias familiares/escolares, mobilidades familiares, escolha de Portugal para frequência do ensino superior, construção/reconstrução da sua identidade durante a estadia em Portugal, pertença a redes sociais antes, durante e aquando o regresso ao país de origem, e representação de "elite" e de "desenvolvimento" (ou do modo como se veem enquanto parte da elite do seu país e enquanto motores do seu desenvolvimento). Também o papel da Cooperação Portuguesa, nessas suas trajetórias escolares, e a sua relação com as políticas educativas dos Estados nacionais constituiu-se como um dos tópicos desse guião.

Assim, Ana Bénard da Costa e Eleonora Rocha refletem sobre o caso de Moçambique, Margarida Lima de Faria e Ermelinda Liberato, e igualmente Carlos Lopes, sobre o caso angolano, Gerhard Seibert sobre Cabo Verde e São Tomé e Príncipe e, finalmente, Tcherno Djalo sobre a Guiné-Bissau.

No texto sobre Moçambique, as autoras começam por fazer referência à informação, de caráter quantitativo, que permite situar este país no contexto internacional. Segue-se uma abordagem sobre a evolução do número de estudantes que saem do país para frequência do ensino superior, também sustentada em fontes estatísticas consultadas. As autoras problematizam, de seguida, a relação entre formação superior e desenvolvimento criticando a sua linearidade e introduzindo, pelo contrário, elementos que provam a sua complexidade. Esta complexidade é visível nas trajetórias de vida dos estudantes que entrevistaram. Estes correspondem a diferentes gerações e distinguem-se igualmente pela sua genealogia (serem descendentes ou não de "assimilados" e/ ou de progenitores com cursos superiores) e pela sua descendência económica e político-partidária. Terminam com uma reflexão sobre o que significa estudar em Portugal e suas implicações para a construção identitária destes indivíduos, assim como a importância da sua pertença a redes sociais.

No texto referente a Angola, Margarida Lima de Faria e Ermelinda Liberato agregam os estudantes entrevistados em Portugal e os ex--estudantes, hoje reintegrados na sociedade angolana, em três grupos e duas gerações. Baseando-se na teoria de Pierre Bourdieu descrita na sua obra *Les Héritiers*, discutem o processo de substituição de "herdeiros" (descendentes de "assimilados") por "novos estudantes" (fruto da importância atribuída ao capital escolar pós-independência) e de substituição dos anteriores "bolseiros", financiados por protocolos de cooperação celebrados pelo Estado angolano, pelos estudantes financiados pelas famílias que hoje frequentam o ensino superior em Portugal, relacionando estas novas configurações estudantis com as mudanças operadas na estrutura económica e social do país. Apresentam alguma informação estatística recente sobre a evolução do número de estudantes angolanos a estudar no estrangeiro, assim como a evolução da geografia dos países de destino e o peso de Portugal nesse contexto internacional, referindo-se em particular à diminuição relativa do peso dos "bolseiros". Analisam as trajetórias de vida dos três grupos de estudantes, em relação com o capital escolar dos pais e com as identidades construídas durante a estadia em Portugal e sua representação de "elite" e de "desenvolvimento". Finalmente analisam criticamente o papel da Cooperação Portuguesa, neste domínio específico, e concretamente no que se refere ao caso angolano.

Carlos Lopes situa a sua investigação no universo dos ex-estudantes angolanos que adquiriram formação avançada nos mestrados/doutoramentos em Estudos Africanos do ISCTE, por si entrevistados em Luanda e no Huambo, centrando-se nos seus percursos socioprofissionais e nas redes sociais (familiares, académicas e políticas) que intervieram quer no seu acesso à formação avançada quer na sua reintegração na sociedade angolana. Procede, igualmente, a uma caraterização do ensino superior em Angola, identificando tendências, potencialidades e constrangimentos.

Gerhard Seibert analisa a situação de Cabo Verde e São Tomé e Príncipe começando com uma análise do legado colonial no que à formação escolar da sua população diz respeito, comparando os dois países e salientando a situação relativamente mais avançada de Cabo Verde. Destaca a formação de uma elite inteletual crioula, durante a época colonial, específica deste último país. Refere também a especificidade da não aplicação do Estatuto do Indigenato nestes dois arquipélagos. Assenta a sua análise de São Tomé e Príncipe na importância dos fatores socioecónomicos no acesso ao ensino superior de uma elite nativa negra comparando com Cabo Verde, também influenciado por fatores de ordem racial, sendo a população mestiça de Barlavento a que mais facilmente ingressa no ensino pós-primário. Referindo-se à relação histórica destes arquipélagos com a formação superior na metrópole, faz referência à Casa dos Estudantes do Império e ao seu papel na construção de elites politizadas, ligadas aos movimentos independentistas, mais tarde líderes dos partidos pós-independências. Compara, de seguida, a situação dos dois países quanto às políticas de educação superior, destacando a atual situação vantajosa de Cabo Verde. Descreve então, com auxílio de informação quantitativa, a saída de estudantes para o estrangeiro, nos dois países, e os protocolos de cooperação que têm sustentado esse movimento estudantil, chamando particular atenção para a cooperação portuguesa assim como para a cooperação com outros países. Por fim, analisa as trajetórias estudantis dos entrevistados de ambos os países, destacando as seguintes dimensões: família, língua e capital escolar herdado.

Finalmente, Tcherno Djalo, no seu estudo sobre a Guiné-Bissau, começa por caraterizar a sociedade guineense centrando-se no binómio sociedade tradicional (multiétnica e multilinguística)/sociedade saída do tempo colonial, relacionando estes dois contextos e tempos históricos com as oportunidades de escolarização da população deste país. Enquadra a sua análise do caso da Guiné-Bissau numa abordagem teórica mais abrangente do papel da educação superior como motor de desenvolvimento do continente africano. Põe em diálogo estas duas abordagens através de uma caraterização do sistema educativo guineense na atualidade, dando particular atenção à implementação do ensino universitário público e privado, salientando as suas fragilidades e oportunidades. À semelhança dos demais investigadores, analisa as trajetórias de vida de um conjunto de entrevistados que ainda frequentam o ensino superior português, e de um outro que, tendo adquirido aí os seus diplomas superiores, regressaram ao seu país de origem, sublinhando os aspetos relacionados com a sua condição social e identitária.

Trata-se assim de um livro fortemente alicerçado em trabalho empírico, muito atual, abordando por isso situações de transição fortemente dinâmicas e necessariamente problemáticas.

Apesar de este conjunto de oito capítulos apresentar alguma diversidade temática e analítica indissociável, por um lado dos objetivos que presidiram à sua elaboração – com um primeiro conjunto de três capítulos introdutórios e de enquadramento, e um segundo conjunto de cinco capítulos alicerçados em pesquisas empíricas – e, por outro lado, das diversas pertenças disciplinares e experiências de investigação dos autores, é possível extrair do conjunto das reflexões desenvolvidas algumas conclusões comuns que se considera importante destacar.

Independentemente do número de estudantes dos cinco países africanos de língua oficial portuguesa que frequentaram instituições de ensino superior em Portugal ter variado ao longo dos anos, de ser diverso para os cinco países nos vários anos em análise, e de ser mais ou menos significativo relativamente ao número de estudantes desses países que nas diferentes épocas estudaram nos seus países de origem ou noutros países, Portugal ocupou e ocupa um lugar importante como país de formação de quadros dos PALOP.

Simultaneamente, a importância de estudar ou ter estudado em Portugal é reconhecida e valorizada – em termos da qualidade de ensino, das oportunidades profissionais que posteriormente proporcionou e da experiência de vida que possibilitou – pela grande maioria dos estudantes e ex-estudantes entrevistados, isto apesar de alguns relatarem dificuldades de adaptação, discriminações, desilusões, carências económicas e solidão.

Surge também, como notório, o facto de grande parte dos estudantes destes países terem vindo estudar para Portugal nesta última década (2000-2010) à margem dos acordos e programas de cooperação, ou seja sem apoios de bolsas de estudo – embora beneficiando do Regime Especial – e por isso contando apenas com os apoios dos seus familiares ou com recursos que souberam encontrar após a sua estadia (pequenos empregos). Ou seja, resulta deste estudo que a escolha de Portugal como país de formação avançada persiste – ou persistia pelo menos até 2010 – independentemente de acordos e vontades políticas dos governos respetivos ou até do próprio crescimento exponencial que o ensino superior tem conhecido em alguns desses países.

Transparece, no entanto, nos cinco capítulos onde se analisam as trajetórias dos ex-estudantes, que esse tempo de permanência em Portugal, com raras exceções, não se traduziu – por iniciativa desses ex-estudantes, das instituições onde trabalham atualmente, das instituições onde se formaram em Portugal ou das entidades que financiaram as bolsas de estudo – num reforço de redes académicas e profissionais entre esses países e Portugal. E, se nos últimos anos aumentaram os acordos de cooperação interuniversitários entre Portugal e os PALOP, se o número de empresas portuguesas a operar em alguns desses países também tem aumentado significativamente, tal parece ocorrer à margem deste movimento estudantil ou, pelo menos, e segundo os dados deste estudo, este movimento não surge como um dos elementos centrais nesse processo. Na sua grande maioria, os estudantes quando regressam aos países de origem deixam de contatar com as instituições de ensino superior portuguesas onde adquiriram a sua formação e estas, por sua vez, perdem o rasto em relação à maioria dos estudantes africanos que formaram. Os poucos contatos que persistem resultam de vontades individuais – professores ou colegas com quem a amizade estabelecida persiste.

Por isso, e sobretudo nesta altura de crise económica profunda de Portugal, uma das questões principais, e colocada no capítulo deste livro por Margarida Lima de Faria e Ermelinda Liberato, é a de saber "em que medida Portugal estará a saber aproveitar esta população estudantil móvel, fixando-a e reproduzindo-a (o mesmo será dizer não se deixando ser substituído por outros destinos), em benefício da sociedade portuguesa, do próprio sistema de ensino português e da aproximação aos países de envio como plataforma de transição e negociação entre diferentes mundos"?

Infelizmente, e até agora, essa resposta parece ser negativa. Ou seja, até ao momento Portugal parece ter ignorado ou desvalorizado muito do potencial em que esse movimento estudantil se poderia ter traduzido. No entanto, esses estudantes continuam a inscrever-se todos os anos no ensino superior português. A pergunta que se poderá fazer agora é: por quanto tempo continuará a ter Portugal este lugar de destaque na formação de quadros dos PALOP, face ao desenvolvimento do ensino superior nesse países e face à oferta de formação disponibilizada por outros destinos? E se não será tarde demais para inverter esta "indiferença" instalada há décadas. A resposta que a leitura destes capítulos nos sugere é, apesar de tudo, otimista – e a existência de um estudo deste teor pioneiro com origem no meio académico português, constitui um sinal positivo de preocupação e de vontade de inversão desta tendência.

REFERÊNCIAS

BARNETT, R. (1990). *The idea of higher education*. Buckingham: The Society of Research into Higher Education & Open University Press.

KAISER, F., FLORAX, R. J. G. M., KOELMAN, J. B. J., & VUGHT, F. A. van. (1992). *Public expenditure in higher education. A comparative study in the member states of the European Community*. Londres: Jessica Kingsley.

PNUD-Angola. (2002). *Os desafios pós-guerra. Avaliação conjunta do país*. Luanda: Programa das Nações Unidas para o Desenvolvimento.

UNDP. (2008). Indicadores de Desenvolvimento Humano 2007/2008 (http:// hdr.undp.org/en/media/HDR_20072008_PT_indicators.pdf).

I PARTE

Cooperação portuguesa com os PALOP ao nível do ensino superior: Impactos e desafios

Ana Bénard da Costa
Instituto Universitário de Lisboa (ISCTE-IUL)
Centro de Estudos Africanos – IUL

RESUMO: *Todos os anos várias centenas de estudantes dos PALOP frequentam universidades portuguesas, alguns deles com o apoio de bolsas de estudo concedidas pela Cooperação Portuguesa. Este capítulo tem como objetivo descrever e refletir sobre as políticas de cooperação ao nível do ensino superior entre Portugal e os PALOP com especial incidência nas linhas que têm orientado a concessão de bolsas de estudo. Analisam-se as principais alterações que neste campo têm surgido e interroga-se a possibilidade de avaliação do impacto dessas políticas nos processos de desenvolvimento destes países africanos.*

A Ajuda Pública ao Desenvolvimento Portuguesa para a Educação e o Ensino Superior

Desde há várias décadas que o apoio à Educação constitui uma das grandes prioridades do Estado português em termos das políticas de cooperação que tem vindo a desenvolver com os cinco países africanos de língua oficial portuguesa (PALOP). Esta prioridade tem-se traduzido nos montantes financeiros disponibilizados para este setor (ver tabela 1) que, no seu conjunto, recebeu entre 2005 e 2010, 38 por cento da distribuição setorial da cooperação técnica (Ferreira, 2012). A Ajuda

Pública ao Desenvolvimento (APD) portuguesa tem sido canalisada nestes anos para os seguintes setores: projetos de reforço do sistema educativo com especial incidência no ensino secundário e a formação de professores; projetos relacionados com o apoio ao nível legislativo, administrativo e de gestão onde se incluem ações de assistência técnica; projetos de cooperação interuniversitária; e programas de concessão de bolsas de estudo, a que são ainda atribuídos grande parte dos fundos da APD para a Educação em alguns países (Ferreira, 2012).

TABELA 1 – *APD para os PALOP: Geral e Educação (2005-2010) (€)*

	2005		2006		2007		2008		2009		2010		Total
	Nº	%	Nº	%	Nº	%	Nº	%	Nº	%	Nº	%	
Geral	91,584	100	91,666	100	82,751	100	105,526	100	126,021	100	132,943	100	630,491
Educação	39,651	43,3	40,617	44,3	45,91	55,5	37,3	35,4	40,9	32,4	34,6	26,00	238,938 (38%)

Fonte: Ferreira, 2012; IPAD, 2010.

A agregação de dados financeiros apresentada na tabela acima não permite visualizar a enorme diversidade de ações de cooperação ao nível da Educação sobre as quais o Estado português é responsável ou corresponsável, e as múltiplas diferenças existentes em termos da cooperação que Portugal tem desenvolvido com os diferentes PALOP, tanto ao nível das ações apoiadas, como ao nível dos montantes disponibilizados. Igualmente, esta agregação não permite compreender a importância que essa cooperação tem tido, quer no desenvolvimento dos setores educativos desses países, quer, mais especificamente, no aspeto que aqui se analisa e relativo ao ensino superior e à formação de quadros superiores dos PALOP.

TABELA 2 – *APD portuguesa total e destinada à Educação por país, 2005-2010 (milhões de euros)*

	TOTAL APD						APD EDUCAÇÃO					
	2005	2006	2007	2008	2009	2010	2005	2006	2007	2008	2009	2010
Angola	16,84	15,995	13,98	13,25	-7,072*	-9,665*	8,359	7,97	6,256	4,375	4,621	4,065
Cabo Verde	36,5	37,688	31,92	43,286	38,39	107,305	19,928	19,274	19,307	18,326	18,534	14,457
Guiné-Bissau	10,87	11,726	11,52	11,371	10,36	11,866	2,8	3,164	3,404	3,329	3,588	3,658
Moçambique	18,15	17,268	15,8	17,41	48,83	85,027	5,872	7,242	6,959	7,778	8,708	7,82
S. Tomé e Príncipe	9,224	8,952	9,539	9,209	10,64	19,409	2,693	3,488	3,71	4,343	5,413	4,557
Total	91,58	91,629	82,75	94,526	101,1	213,942	39,652	41,138	39,636	38,151	40,864	34,557

Fonte: Ferreira 2012, p. 35; IPAD, 2010.

Em termos de ajuda financeira encontramos grandes variações entre os montantes disponibilizados para os diferentes países (Tabela 2) que não se explicam nem pelo número de habitantes, nem pelos diferentes níveis de desenvolvimento desses países – e por isso, pela sua maior ou menor necessidade de ajuda – mas por múltiplos outros fatores. Destacam-se alguns: o montante global da APD que os países recebem do conjunto dos doadores e a importância relativa da APD portuguesa; a estabilidade política ou militar; a existência de estratégias e planos de ação definidos ao nível da Educação nos respetivos países; os vários programas de cooperação na área da Educação que foram implementados e nos quais Portugal tem responsabilidades; a capacidade de negociação dos diferentes países; os interesses estratégicos da Cooperação Portuguesa em termos gerais nesses países; e ainda a existência, no terreno, de parceiros/atores da cooperação com capacidade de implementar projetos que visam o desenvolvimento da Educação em diferentes níveis nesses países.

Cabo Verde, com cerca de meio milhão de habitantes (491.875, INECV, 2010) e o maior índice de desenvolvimento dos cinco PALOP (118ª posição, PNUD, 2010) é o país para onde têm sido canalisadas as maiores verbas da Cooperação Portuguesa para a Educação[1]. Esse financiamento manteve-se mais ou menos constante entre 2005 e 2009, diminuindo significativamente em 2010 (de quase 20 milhões de euros em 2005 para cerca de 14 milhões e meio em 2010). Parte considerável desse montante tem sido canalizado para o financiamento de bolsas de estudo e, até 2006-2007, para um programa de apoio ao ensino secundário. A partir desse ano diminuiu o número de professores portugueses do ensino secundário nesse país e aumentou o apoio ao ensino superior (Ferreira, 2012, p. 35).

Moçambique e Angola são os países que se seguem a Cabo Verde em termos dos montantes da APD portuguesa para a educação. Países com uma dimensão muito diferente de Cabo Verde, com índices de desenvolvimento muito inferiores e com um número muito maior de habitantes. Estes dois países africanos têm invertido as suas posições em termos do montante da APD concedida por Portugal ao setor da Educação: se Angola recebeu, em 2005, 8.359 milhões de euros – menos de metade da APD portuguesa para a Educação que Cabo Verde recebeu – Moçambique, um dos cinco países menos desenvolvidos do mundo (situava-se na 184ª posição em 187 países em 2011), no mesmo ano recebeu ainda menos (5.872 milhões de euros). No entanto, em 2010, Moçambique é o segundo país dos PALOP que recebe mais verbas para o setor da Educação (7.820 milhões de euros) que continuam a ser cerca de metade das recebidas no mesmo ano por Cabo Verde.

Os dois restantes PALOP têm recebido verbas díspares ao longo destes cinco anos. Se entre os anos de 2005 e 2007 São Tomé e Príncipe e a Guiné-Bissau foram os países que receberam menos apoio do Estado

---

[1] O facto de Portugal atribuir a maior percentagem dos fundos da cooperação para a Educação ao país mais desenvolvido dos cinco PALOP está em consonância com a situação que ocorre em termos gerais e relativa à APD internacional, na medida em que os países menos desenvolvidos e os países em situação de conflito ou fragilidade são aqueles que recebem menos ajuda (Ferreira, 2012, p. 27).

português para a Educação (entre os cerca de dois milhões e meio e três milhões e meio de euros), a partir de 2008 a APD portuguesa para a Educação em São Tomé e Príncipe aumentou, tendo este país recebido quase as mesmas verbas que Angola em 2007. Nos dois anos seguintes, essas verbas aumentaram, ocupando este pequeno estado insular o terceiro lugar entre os cinco PALOP recetores da APD portuguesa para a Educação.

TABELA 3 – *Total da APD portuguesa destinada à Educação, ao Ensino Superior (ES) e para Bolsas de Estudo (2007-2010)*

	2007	2008	2009	2010
Educação	45.912	37.325	40.865	34.561
ES *	34.347	33.988	33.855	33.337
Bolsas *	3.635	3.564	3.569	3.864

Fonte: Ferreira, 2012
* Inclui também a APD para o ES para Timor Leste e para "outros"

Os dados globais disponíveis relativos à evolução dos financiamentos disponibilizados pela Cooperação Portuguesa para o subsetor do ensino superior ao longo destes anos (Tabela 3) incluem a APD canalizada para Timor Leste e para países "outros". Nesses "outros" estão, por exemplo, contabilizados, em 2010, cerca de cinco milhões de euros disponibilizados pela Fundação para a Ciência e a Tecnologia para a formação avançada de licenciados no Brasil (Ferreira, 2012) e na APD também se contabilizam, por vezes, despesas com os estudantes dos PALOP não bolseiros (por exemplo os custos que a frequência em estabelecimentos de ensino superior públicos portugueses implica).

A análise dos valores da APD atribuídos ao ensino superior permite constatar que para este subsetor são canalizadas grande parte das verbas da APD portuguesa afetas à Educação. Simultaneamente verifica-se que estes valores se mantiveram relativamente constantes ao longo destes anos (2007-2010). Igualmente apresentam-se constantes os montantes destinados a bolsas de estudo e que permitiram financiar, quase exclusivamente (mas não unicamente, pois há bolsas para o ensino secundário e não especificadas), os estudos ao nível de licenciaturas, mestrados e doutoramentos de nacionais desses cinco países africanos.

Política da Cooperação Portuguesa para o ensino superior
A política da Cooperação Portuguesa para o setor do ensino superior tem vindo a conhecer significativas alterações que importa assinalar.

Se durante muitos anos a política da Cooperação Portuguesa para este subsetor se destinava, maioritariamente, ao apoio à formação de quadros superiores de nacionais desses países em Portugal através da concessão de bolsas de estudo, na década de 1990 inicia-se a concessão de apoios a projetos de cooperação interuniversitários e a universidades nos PALOP, através de várias modalidades. Destacam-se o projeto de cooperação que envolve a Faculdade de Direito de Bissau e a sua congénere em Lisboa e que se iniciou em 1991, o projeto de cooperação da Faculdade de Direito de Lisboa com a Faculdade de Direito da Universidade Eduardo Mondlane em Moçambique, iniciado em 1996; em Angola o projeto de cooperação entre a Faculdade de Medicina da Universidade do Porto e a Faculdade de Medicina da Universidade Agostinho Neto, iniciado em 2005, e em Cabo Verde o projeto de cooperação entre a Faculdade de Agronomia desse país e a Universidade Técnica de Lisboa e o de apoio à Universidade de Cabo Verde, como os mais importantes.

Paralelamente, recomendações da avaliação realizada à política de bolsas (IPAD/Augusto Mateus e Associados, 2006) a par com as recomendações que o CAD/OCDE fez à Cooperação Portuguesa nas avaliações de 2001 e 2006 geraram importantes mudanças. Nessas avaliações e recomendações afirmava-se que "o peso excessivo das bolsas não beneficiava os mais necessitados mas antes tinha como alvo as classes média e alta dos países parceiros, questionando-se assim a sua contribuição para o objetivo de redução da pobreza" (Ferreira, 2012, p. 42). Simultaneamente, outros fatores relacionados tanto com alterações no panorama universitário de muitos dos PALOP com a abertura de inúmeras instituições de ensino superior sobretudo em Moçambique, Angola e Cabo Verde, como com mudanças em termos de ensino superior à escala global (Processo de Bolonha, aumento da oferta e procura internacional de mestrados e doutoramentos, intensificação das relações de cooperação Sul-Sul) – contribuíram para modificações nos tipos de bolsas que a Cooperação Portuguesa tem atribuído nos últimos anos, e nos próprios processos de atribuição, seleção e acompanhamento dos bolseiros.

Tabela 4 – *Ensino superior: Total do contingente de bolsas atribuído (C) aos PALOP e bolsas disponibilizadas (D) por ano letivo (1999/2000 – 2009/2010)*

	1999/00	2000/01	2001/02	2002/03	2003/04	2004/05	2005/06	2006/07	2007/08	2008/09	2009/10	Total
C	129	108	97	97	104	104	136	130	118	100	101	1224
D	983	785	717	608	526	423	385	371	356	319	301	5774

Fonte: IPAD[2]

Tabela 5 – *Bolsas internas por ano letivo e por país (1999/2000-2009/2010)*

País	1999/00	2000/01	2001/02	2002/03	2003/04	2004/05	2005/06	2006/07	2007/08	2008/09	2009/10	Total
Angola	0	0	0	0	20	30	30	40	40	40	40	240
Cabo Verde	0	0	0	10	20	20	20	20	20	20	20	150
Guiné-Bissau	41	35	35	49	50	37	75	75	60	60	60	577
Moçambique	0	0	10	10	10	2	15	15	20	40	40	162
S. Tomé e Príncipe	0	0	0	60	60	60	60	60	60	60	60	480
Total	41	35	45	129	160	149	200	210	200	220	220	1609

Fonte: IPAD[3]

[2] Documento disponibilizado pelo IPAD no âmbito da *Avaliação do Programa Indicativo de Cooperação Portugal-Moçambique (2007-2009)*, Centro de Estudos Africanos – ISCTE-IUL, IPAD (http://www.ipad.mne.gov.pt/index.php?option=com_content&tas).
[3] *Idem* ant.

Assim, diminui o número de bolsas para licenciaturas, aumentaram as bolsas para mestrados e doutoramentos em Portugal e as chamadas bolsas "internas" destinadas a apoiar a formação de licenciados nos seus países de origem. Esta diminuição reflete-se no total de bolsas atribuídas ao longo destes anos, mas não se reflete nos montantes destinados a bolsas, que aumentaram ligeiramente (por exemplo entre os anos de 2005 e 2010 aumentaram de 3.635 para 3.864 milhões de euros). Tal explica-se por a formação de nível pós-graduado (mestrados e doutoramentos) ser mais dispendiosa do que a formação em licenciaturas, apesar de as bolsas de licenciatura internas serem mais económicas do que as que implicam deslocações para Portugal.

Tabela 6 – *Ensino superior: Contingente de bolsas atribuído (C) por país dos PALOP e bolsas disponibilizadas (D) por ano letivo (1999/2000 – 2009/2010)*

País		1999/00	2000/01	2001/02	2002/03	2003/04	2004/05	2005/06	2006/07	2007/08	2008/09	2009/10	Total
Angola	C	26	20	17	17	22	22	32	29	27	24	19	255
	D	241	165	147	133	81	49	46	54	44	51	44	1055
Cabo Verde	C	25	25	30	30	31	31	26	28	27	24	25	302
	D	213	170	165	146	154	150	113	107	97	88	73	1476
Guiné-Bissau	C	29	21	20	20	17	17	20	22	21	14	15	216
	D	240	175	155	127	105	90	87	72	74	53	50	1228
Moçambique	C	30	32	20	20	23	23	42	36	27	24	23	300
	D	180	175	155	133	131	89	82	84	92	79	75	1275
S. Tomé e Príncipe	C	19	10	10	10	11	11	16	15	16	14	19	151
	D	109	100	95	69	55	45	57	54	49	48	59	740

Fonte: IPAD[4]

Porém, o número de bolseiros do IPAD que frequenta instituições de ensino superior em Portugal é muito inferior ao número de nacionais

[4] *Idem* ant.

desses países nessas mesmas universidades portuguesas, como se pode verificar na tabela abaixo, onde se transcrevem dados disponibilizados em 2009 pelo então Ministério da Ciência, Tecnologia e Ensino Superior de Portugal. Nesta tabela constata-se que os estudantes cabo-verdianos ocupam novamente um lugar de destaque mas são suplantados pelos estudantes angolanos, que constituem os estudantes dos PALOP mais representados em instituições de ensino superior portuguesas em todos os anos em análise. Os menos representados são os guineenses, seguindo-se os estudantes de São Tomé e Príncipe e os estudantes moçambicanos, sendo o número dos estudantes destes três países consideravelmente inferior aos de Angola e Cabo Verde.

TABELA 7 – *Estudantes dos PALOP inscritos em instituições de ensino superior portuguesas por ano letivo (2004/2005- 2008/2009)*

País	2004/05	2005/06	2006/07	2007/08	2008/09
Angola	4258	4116	4794	4648	3587
Cabo Verde	3835	4086	4342	3844	3544
Guiné-Bissau	360	376	426	318	—
Moçambique	1345	1216	1006	983	876
S. Tomé e Príncipe	581	556	644	644	—

Fonte: GPEARI (2009)

Simultaneamente, uma análise das bolsas atribuídas pelo IPAD a cada um dos PALOP (Tabela 6) revela que embora o número de bolsas disponibilizadas pelo Estado português tenha diminuído para todos os PALOP ao longo destes cinco anos, houve importantes diferenças: em Angola e Moçambique a diminuição no contingente (bolseiros novos em cada ano letivo) entre os anos letivos de 2005/2006 e 2009/2010 é de cerca de metade, enquanto no caso de Cabo Verde foi de apenas um bolseiro; em São Tomé e Príncipe de menos três e na Guiné-Bissau de menos cinco. Em termos do número total de bolseiros, por ano letivo e por país, a diminuição é mais notória para Cabo Verde (de 113 para

73) e para a Guiné-Bissau (87 para 50), seguindo-se Moçambique (82 para 75) e por último Angola e São Tomé e Príncipe.

Estas diferenças, como se referiu, têm várias explicações e a sua análise está mais clara nos diferentes capítulos deste livro que se debruçam sobre a questão da formação de quadros superiores dos cinco PALOP em Portugal, do que na análise da política de cooperação em termos do ensino superior e de apoio à formação de quadros que Portugal tem vindo a desenvolver com esses países e ao longo dos anos. Tal deve-se ao facto de a análise dessa política e dessa cooperação, em termos do ensino superior, não ser muito elucidativa pois, apesar de se ter transformado ao longo dos anos e de se notarem esforços de uma maior coordenação e de resposta às necessidades expressas pelos países recetores, ainda carece de objetivos específicos e claramente definidos. Os objetivos expressos nos diferentes documentos são muito gerais, por exemplo para o Programa de Bolsas refere-se que este visa "apoiar a formação de estudantes em diversas áreas, nomeadamente através da concessão de bolsas de estudo e de investigação" (IPAD, 2007, p. 82); igualmente as prioridades, em termos das políticas de cooperação para a Educação, não são claras pois incluem o apoio a quase todos os níveis de ensino (o ensino básico, o secundário, o vocacional e o técnico profissional e o superior). Como refere Patrícia Ferreira no seu recente estudo:

> As principais evoluções conceptuais e estratégicas da cooperação portuguesa no setor da Educação não foram, na sua maioria, pensadas como parte integrante de uma estratégia para o setor ou como resultado de uma reflexão estruturada sobre a relevância e eficácia das ações (Ferreira, 2012, p. 13).

Há ainda que referir que, para além das bolsas do IPAD, o Estado português apoia, parcial ou totalmente, várias outras bolsas e estágios de formação em Portugal inseridos em programas e projetos. Concretamente importa mencionar as bolsas no âmbito do Ensino Técnico-Militar, as bolsas para o Ensino Jurídico, as bolsas do Instituto Camões[5]

---

[5] A fusão entre o Instituto Camões e o IPAD é recente e ainda não é possível analisar quais as consequências em termos do Programa de Bolsas de Estudo.

assim como as bolsas (formações/estágios de formação) integradas nos projetos geridos por ONG, fundações e universidades. Por exemplo, em Moçambique, concedem bolsas os projetos do Ensino Técnico Profissional, do Pensas@Moz e da Faculdade de Direito de Lisboa com a Faculdade de Direito da Universidade Eduardo Mondlane.

Se existem dados no IPAD relativos às bolsas do Ensino Técnico-Militar e Jurídico, não existem, compilados e desagregados dos projetos específicos em que estão inseridos, dados relativos às restantes bolsas. Tal (entre outros fatores) impossibilita uma visão geral dos resultados atingidos pela formação de estudantes dos PALOP em instituições portuguesas de ensino superior, ao nível do cumprimento dos objetivos gerais que se pretendem atingir com as intervenções nesta área da cooperação.

Por outro lado, importa igualmente frisar que, embora as alterações que aqui se assinalam em termos da política de cooperação portuguesa para o ensino superior se relacionem, em parte, com mudanças nas políticas da cooperação portuguesa ao nível da Educação e da incorporação das recomendações avançadas por diferentes avaliações (não só ao Programa de Bolsas mas aos diferentes Programas Indicativos de Cooperação – PIC – que Portugal e cada um dos cinco PALOP negoceiam) ou derivadas de orientações do CAD e da União Europeia, as mesmas também resultam de acordos específicos negociados bilateralmente, nomeadamente aquando da negociação dos respetivos PIC, e outras ainda, são sobretudo fruto do "trabalho de terreno" e do esforço que aí é feito por diferentes atores.

Neste campo específico, o caso de Moçambique é um "caso de sucesso" ao nível dos contributos que o incremento do diálogo entre "as partes" – Moçambique: Ministério da Educação/Instituto de Bolsas de Estudo de Moçambique (IBEM) – e Portugal: IPAD, Embaixada de Portugal em Moçambique – trouxe para o Programa de Bolsas em termos gerais. Esse diálogo contribuiu para a reformulação dos documentos que regem o sistema de concessão de bolsas da Cooperação Portuguesa (regulamentos, formulários) e para a melhoria no processo de seleção dos bolseiros, que nesse país envolve uma constante troca de informações e reuniões conjuntas entre as partes, por último, estas alterações na política ou no Programa de Bolsas também se espelham no reforço dos critérios de avaliação e de seleção dos bolseiros de níveis de pós-graduação, mestrado e doutoramento que, explicitamente, se centram nas necessidades das políticas de cada um dos PALOP, em termos de capacitação, de formação e de valorização dos recursos humanos e têm em atenção a paridade de género. Nessa seleção procura-se ainda privilegiar os bolseiros que se candidatam a áreas prioritárias para o desenvolvimento dos respetivos países. É igualmente dada preferência à atribuição de bolsas a candidatos com um vínculo laboral, de forma a minimizar o fenómeno da fuga de cérebros.

Em todo o Programa de Bolsas tem havido importantes progressos em termos de todo o sistema de seleção, acompanhamento, regulamentação e informação. A burocracia para a obtenção de bolsas é cada vez menor, os documentos têm sido simplificados, o acompanhamento dos bolseiros em Portugal tem melhorado, tendo sido criada uma loja de atendimento ao bolseiro, e há um responsável no IPAD que desempenha essas funções. Foi ainda criado em setembro de 2009 o Regulamento de Concessão de Bolsas do IPAD, onde se especificam, com grande detalhe, todos os procedimentos necessários para a obtenção de bolsas e foi acordado entre alguns países – pelo menos entre Portugal e Moçambique em junho de 2009 – um Regulamento das Bolsas Internas. O site do IPAD disponibiliza *online* informação sobre as bolsas que o Estado português atribui e relativa a todo o processo de candidatura. Esta informação está igualmente disponível, pelo menos em Moçambique, na Embaixada de Portugal e no IBEM. A Embaixada e o IBEM promovem ainda encontros com os bolseiros para comunicação de informações e esclarecimento de dúvidas.

Porém, o acesso à informação para os estudantes que não residem nas capitais dos países é bastante mais difícil, o que gera desequilíbrios ao nível das oportunidades de formação que prejudicam as províncias, sobretudo as menos desenvolvidas e onde o acesso aos órgãos de comunicação social é limitado. Existem ainda, em relação ao processo de renovação das bolsas internas, alguns problemas relacionados com as exigências burocráticas em Portugal e com a dificuldade de obter atempadamente os documentos relativos a cada bolseiro, devido ao sistema deficiente de comunicações e às deficiências dos serviços administrativos nas universidades de alguns desses países, sobretudo fora das capitais. Muitas vezes os estudantes enviam os documentos incompletos, ou com erros, e é necessário enviar por carta ou fax um novo pedido às universidades, que têm de enviar documentos originais elaborados especificamente para este efeito – certificados individuais de passagem de ano para cada bolseiro. Esta troca de correspondência pode demorar mais de um mês. Estas questões explicam as baixas taxas de utilização das bolsas internas registadas em Angola e São Tomé e Príncipe. Para além disso, em Angola o valor das bolsas é considerado pouco atrativo e a informação sobre a sua existência não chega a toda a população potencialmente interessada – sobretudo à que tem menos recursos –, e em São Tomé as bolsas internas não são consideradas uma alternativa para quem ambiciona ir estudar para o estrangeiro. Cabo Verde, pelo contrário, tem utilizado todas as bolsas internas disponibilizadas (Ferreira, 2012).

Em relação à opção política de atribuir bolsas internas, importa ainda aqui referir que em virtude dos problemas da qualidade do ensino superior nesses países e do "valor" que, em termos de mercado de emprego (nacional e internacional) é atribuído ao local da formação, para os estudantes as bolsas internas não são uma alternativa às bolsas para estudar fora e muitos tentam, por todas as vias e através de diferentes cooperações, ir estudar para o estrangeiro, surgindo a África do Sul e o Brasil como destinos referenciados para tal e em alternativa a Portugal.

Se, no seu conjunto, o Programa de Bolsas tem melhorado a vários níveis, ainda há muito que fazer para compreender quais os impactos deste programa ao nível do desenvolvimento destes cinco PALOP. Nomeadamente, num aspeto considerado geralmente como um sinal inequívoco de sucesso em termos dos efeitos positivos no desenvolvimento: a taxa de retorno dos bolseiros.

De facto o IPAD não dispõe de informações concretas relativas a essas taxas de retorno, nem em relação ao cumprimento do tempo de estadia no país de origem após a bolsa.

Paralelamente, apesar de a avaliação de todo o Programa de Bolsas em 2006 ter gerado importantes alterações (já aqui mencionadas), apesar de na avaliação de cada um dos PIC o Programa de Bolsas, para cada um dos PALOP, ser incorporado (ou pelo menos referido), não houve mais avaliações específicas a este programa (periódicas – externas ou internas) que permitam compreender os efeitos das alterações introduzidas, como também não há nenhum documento específico (nem relatórios) que definam, para este programa, objetivos, atividades, indicadores e resultados esperados.

Impactos do Programa de Bolsas e questões da sua (difícil) avaliação
Para além de se constatar que o Programa de Bolsas cumpre os seus objetivos gerais, acima mencionados, pois ao longo dos anos foram apoiados vários estudantes através de bolsas de estudo concedidas pelo Estado português, não se pode ainda avaliar quais os efeitos das novas medidas relacionadas com a diminuição de bolsas de licenciatura, e aumento de bolsas de mestrado e doutoramento e de bolsas internas, como não se pode avaliar o impacto desta formação, sem informações concretas sobre a taxa de retorno dos bolseiros que estudaram em Portugal e, sobretudo, sem informações sobre as suas trajetórias profissionais após o término da bolsa. Esta última informação é essencial pois os dados relativos a um menor ou maior retorno dos bolseiros, embora essenciais, não significam, por si, que haja um impacto mais ou menos positivo ou negativo em termos do desenvolvimento dos países de origem. Dito por outras palavras, o pressuposto de que a fuga de cérebros é contrária ao desenvolvimento não é evidente, como vários estudos recentes tendem a apontar (Bollard *et al.*, 2009; Clemens, 2009; Easterly & Nyarko, 2009).

De facto, e como se refere em artigo anterior (Costa, 2009, pp. 28-30), os efeitos da fuga de cérebros nos processos de desenvolvimento dos países de origem têm sido estudados desde os anos de 1960, e se nessa década, e com poucas exceções (Berry & Soligo, 1969), a ênfase era colocada nos benefícios que esse tipo de migrações trazia para a economia mundial (Grubel & Scott, 1966; Adams, 1968), na década seguinte essas conclusões foram criticadas e salientaram-se os efeitos negativos da fuga de cérebros para os países de origem. Argumentava--se que esse tipo de migrações contribuía para acentuar as disparidades entre os países ricos e pobres (Bhagwati & Hamada, 1974, 1975; McCulloch & Yellen, 1977). Essa visão pessimista começou a ser alterada em meados dos anos de 1990 quando começaram a ressurgir estudos a destacar os efeitos positivos da fuga de cérebros[6]. Os autores afirmam que esse tipo de migrações tem um impacto direto na formação do capital humano nos países de origem (Mountford, 1997; Stark, Helmenstein, & Prskawetz, 1997; Vidal, 1998; Beine, Docquier, & Rapoport, 2001) e efeitos distributivos (remessas, regresso de emigrantes com qualificações adicionais adquiridas no estrangeiro, criação de redes de cientistas e empresariais) (Beine *et al.*, 2008, p. 632). Porém, a maioria dos autores que defende que a fuga de cérebros tem efeitos positivos para os países de origem (Bollard *et al.*, 2009; Clemens, 2009; Easterly & Nyarko, 2009), apontando, em particular, o facto de as remessas frequentemente excederem o custo de formação (Easterly & Nyarko, 2009, p. 3), e que realçam a importância da circulação de cérebros (*brain circulation*) como resposta às novas oportunidades criadas pela globalização da economia mundial (Solimano, 2008, p. 3), concordam que é difícil estimar os custos e benefícios associados a estes fluxos (ver Dilip *et al.*, 2011).

Em resumo, em relação aos efeitos do Programa de Bolsas apenas se pode afirmar que o número de bolsas oferecidas a novos estudantes e efetivamente disponibilizadas tem vindo a diminuir ao longo destes últimos anos. Mas essa diminuição não é muito significativa e tem de ser analisada em relação com o aumento do número de bolsas internas.

No entanto, o impacto deste Programa de Bolsas, como de toda a política de cooperação na área do ensino superior entre Portugal e os PALOP, não pode ser avaliado apenas quantitativamente. Ou seja, mais ou menos bolseiros não significam uma maior, ou menor, contribuição para o desenvolvimento social e económico dos países respetivos, sobretudo quando este número de bolseiros não tem qualquer expressão em termos percentuais face à população total ou dos estudantes universitários nesses países.

---

[6] Esta visão otimista começou a ser partilhada pelas agências internacionais de desenvolvimento no início do presente século (UNDP, 2001; World Bank, 2002).

O que importa aferir, ao nível do impacto deste programa, são os efeitos a médio e longo prazo em termos das carreiras profissionais dos ex-bolseiros e do seu impacto e efeito (ou não) multiplicador para toda a sociedade. Ou seja, importa, como igualmente refere Patrícia Ferreira, "avaliar não apenas os resultados em termos de *outputs* (número de pessoas formadas, número de cursos ministrados, número de ações realizadas, etc.), mas em termos de *outcomes* (qual o real impacto dos projetos e das ações)" (Ferreira, 2012, p. 15). Por último, seria importante avaliar não apenas este programa específico de bolsas mas globalmente os apoios que o Estado português concede através de vários acordos e programas – cooperações interuniversitárias; apoios aos estudantes dos PALOP que frequentam instituições de ensino superior públicas portuguesas concedendo-lhes os mesmos direitos que concede a estudantes portugueses; e outras ações de cooperação em termos do ensino superior – aos estudantes e ao ensino superior nos PALOP, e tentar compreender quais os efeitos e impactos desses apoios e programas nos estudantes e instituições que deles usufruíram.

Por um conjunto de razões aqui mencionadas e que serão desenvolvidas noutros capítulos deste livro, é difícil aferir qual o impacto da Cooperação Portuguesa ao nível do ensino superior no processo de desenvolvimento dos PALOP. Estas razões prendem-se, por um lado, com questões gerais e relacionadas com o facto de o ensino superior poder ou não ser, por si, fator de desenvolvimento, e com os diversos significados (ou dimensões) do termo desenvolvimento (desenvolvimento económico, desenvolvimento humano e social, desenvolvimento do sistema universitário, em termos quantitativos ou qualitativos) e, por outro lado, com a falta de dados disponíveis que permitam enquadrar, e comparar, a formação superior que os nacionais dos PALOP recebem em Portugal com as formações do mesmo nível obtidas nos seus países ou noutros países. Ou seja, a ausência desses dados não permite o isolamento da variável "local de formação" relativamente à variável "nível de formação" e das implicações de ambas para o desenvolvimento dos PALOP, e como tal não é possível extrair conclusões.

Se não é possível extrair conclusões sobre o impacto que a formação superior dos estudantes dos PALOP em Portugal teve, ou tem, no processo de desenvolvimento dos países respetivos, pode-se, no entanto, concluir, em resultado dos estudos de caso realizados pelos investigadores deste projeto e referentes aos cinco países africanos de língua oficial portuguesa, que essa formação teve, para todos os entrevistados impacto em termos da sua progressão na carreira e na sua ascensão social. A grande maioria conseguiu uma colocação nas suas áreas de formação e todos consideram que a posição que ocupam atualmente se deve ao facto de terem, recentemente, ou há anos atrás, estudado em Portugal.

REFERÊNCIAS

Adams, W. (Ed.) (1968). *The brain drain.* Nova Iorque: Macmillan.

Beine, M., Docquier, F., & Rapoport, H. (2001). Brain drain and economic growth: Theory and evidence. *Journal of Development Economics, 64* (1), 275-289.

Beine, M., Docquier, F., & Rapoport, H. (2008). Brain drain and human capital formation in developing countries: Winners and losers. *The Economic Journal, 118* (528), 631-652.

Bhagwati, J. N., & Hamada, K. (1974). The brain drain, international integration of markets for professionals and unemployment: A theoretical analysis. *Journal of Development Economics, 1,* pp. 19-24.

Bhagwati, J. N., & Hamada, K. (1975). Domestic distortions, imperfect information and the brain drain. *Journal of Development Economics, 2,* pp. 139-53.

Berry, R. A., & Soligo, R. (1969). Some welfare aspects of international migration. *Journal of Political Economy, 77* (5), 778-794.

Bollard, A., et al. (2009). *Remittances and the brain drain revisited: The microdata show that more educated migrants remit more.* Policy Research Working Paper 5113. Washington, D.C.: World Bank.

Clemens, M. (2009). The financial effects of high-skilled emigration: New data on African doctors abroad. Paper presented at the *International Conference on Diaspora for Development,* Washington, D.C., 13-14 julho.

Costa, A. B. (2009). Educação escolar e estratégias familiares na periferia de Maputo. *Cadernos de Pesquisa, 136,* janeiro-abril, pp. 13-40.

Dilip, R., et al. (2011). *Leveraging migration for Africa remittances, skills, and investments.* Washington, D.C.: World Bank. In http://siteresources.worldbank.org/EXTDECPROSPECTS/Resources/476882-1157133580628/AfricaStudyEntireBook.pdf

Easterly, W., & Nyarko, Y. (2009). Is the brain drain good for Africa? In Bhagwati, J., & Hanson, G. (Eds.), *Skilled immigration today: Prospects, problems, and policies* (pp. 316-360). Oxford University Press.

Ferreira, P. M. (2012). *Entre o saber e o fazer: A educação na cooperação portuguesa para o desenvolvimento.* Campanha Global pela Educação (CGE). Lisboa: Fundação Gonçalo da Silveira.

GPEARI (Gabinete de Planeamento, Estratégia, Avaliação e Relações Internacionais, Direção de Serviços de Informação Estatística em Ciência e Tecnologia). (2009). *Ciência, tecnologia e ensino superior: Cooperação entre Portugal e a Comunidade de Países de Língua Portuguesa [dados estatísticos].* In http://www.gpeari.mctes.pt

GRUBEL, H. G., & SCOTT, A. D. (1966). The international flow of human capital. *American Economic Review,* 56 (1), 268-274.

INECV (Instituto Nacional de Estatística de Cabo Verde). (2010). *População e condição de vida.* In http://www.ine.cv/dadostats/dados.aspx?d=1 (consultado em 7/06/2012).

IPAD (Instituto Português de Apoio ao Desenvolvimento). (2007). *Programa indicativo de cooperação Portugal-Moçambique (2007-2009).* In http http://icsite.cloudapp.netdna-cdn.com/images/cooperacao/pic_mz_07_09_pt

IPAD (Instituto Português de Apoio ao Desenvolvimento). (2010). *Estratégia da Cooperação Portuguesa para a Educação.* Lisboa: IPAD. In http://icsite.cloudapp.netdna-cdn.com/images/cooperacao/estrategia_educacao_desenvolvimento.pdf

IPAD/Augusto Mateus e Associados. (2006). *Avaliação da política de bolsas do Instituto Português de Apoio ao Desenvolvimento (1995-2003).* In http://www.ipad.mne.gov.pt/images/stories/Avaliacao/bolsas_rel-final.pdf

McCULLOCH, R., & YELLEN, J. L. (1977). Factor mobility, regional development, and the distribution of income. *Journal of Political Economy,* 85 (1), 79-96.

MOUNTFORD, A. (1997). Can a brain drain be good for growth in the source economy? *Journal of Development Economics,* 53 (2), 287-303.

PNUD (Programa das Nações Unidas para o Desenvolvimento). (2010). *Relatório do desenvolvimento humano.* In http://hdr.undp.org/

SALMI, J. (2002). *Constructing knowledge societies: New challenges for tertiary education.* Washington, D.C.: World Bank.

SOLIMANO, A. (Ed.) (2008). The international mobility of talent: Types, causes, and development impact. Oxford University Press.

STARK, O., HELMENSTEIN, C., & PRSKAWETZ, A. (1997). A brain gain with a brain drain. *Economics Letters,* 55 (2), 227-234.

UNDP (United Nations Development Program). (2001). *Human development report*. Nova Iorque: Oxford University Press. In http:// www.undp.org/ hdro/indicators.html (consultado em 21 de setembro de 2008).

VIDAL, J. P. (1998). The effect of emigration on human capital formation. *Journal of Population Economics, 11* (4), 589-600.

Evolução e crescimento do ensino superior em Angola

Paulo de Carvalho[1]
Universidade Agostinho Neto

RESUMO: *O autor apresenta a evolução do ensino superior em Angola, desde a sua implementação em 1962 até aos dias de hoje, com 140 mil estudantes. A rede de instituições de ensino superior conta neste momento com 17 universidades (10 das quais privadas), 19 institutos superiores (sendo 12 privados) e 2 escolas superiores autónomas (ambas estatais).*
A pergunta que o autor apresenta é: será que este crescimento se fez acompanhar da correspondente atenção à qualidade de ensino? A resposta a esta pergunta é negativa, porquanto existem vários indicadores que apontam para a promoção da mediocridade e a ausência de aposta em investigação científica, para além da possibilidade de obtenção de diplomas sem a indispensável competência académica e profissional. Mas o mal vem de níveis inferiores de ensino, tal como o autor demonstra.

O ensino superior foi implantado em Angola (então colónia portuguesa) somente no ano de 1962, com a criação dos Estudos Gerais Universitários de Angola. A Igreja Católica tinha, porém, criado em 1958 o seu Seminário, com estudos superiores em Luanda e no Huambo[2].

---

[1] Sociólogo, Doutor em Sociologia pelo ISCTE-IUL (Lisboa, Portugal), Professor Titular na Universidade Agostinho Neto (Luanda, Angola), investigador no Centro de Investigação e Estudos de Sociologia do ISCTE-IUL.
[2] Então Nova Lisboa.

À criação dos Estudos Gerais Universitários de Angola seguiu-se a criação de cursos nas cidades de Luanda (medicina, ciências e engenharias), Huambo (agronomia e veterinária) e Lubango[3] (letras, geografia e pedagogia).

Em 1968, os Estudos Gerais Universitários de Angola foram transformados em Universidade de Luanda, tendo em 1969 sido inaugurado o Hospital Universitário de Luanda. A Igreja Católica havia, entretanto, criado em 1962 o Instituto Pio XII, destinado à formação de assistentes sociais.

No período colonial, o acesso ao ensino superior destinava-se somente a quem integrava as camadas superiores da hierarquia social[4], podendo mesmo dizer-se que, nos primeiros anos de implantação em Angola, era difícil que alguém pertencente às camadas médias da hierarquia social tivesse acesso ao ensino superior. O local de nascimento, o local de residência e a posição social determinavam claramente o acesso a este nível de ensino, que reproduzia para as gerações seguintes a estratificação social da Angola colonial[5].

Com a proclamação da independência política de Angola, em 1975, foi criada a Universidade de Angola (em 1976), mantendo-se uma única instituição de ensino superior de âmbito nacional. No ano de 1985, a Universidade de Angola passou a designar-se Universidade Agostinho Neto, que se manteve até 2009 como única instituição estatal de ensino superior no país. Neste ano, a Universidade Agostinho Neto (UAN) foi "partida" em 7 universidades de âmbito regional, mantendo-se a UAN a funcionar em Luanda e na província do Bengo, enquanto as faculdades, institutos e escolas superiores localizados nas demais províncias passaram a ficar afetos às demais seis novas universidades estatais, a saber:

---

[3] Então Sá da Bandeira.
[4] Acerca da estrutura social na Angola colonial, ver Carvalho (1989 e 2011). Ver também Heimer (1973), Silva (1992-1994) e Vera Cruz (2005).
[5] Se é comum o ensino produzir e reproduzir a estratificação social, pois os mais favorecidos não apenas têm maior probabilidade de acesso a níveis superiores de instrução, como também saem melhor preparados dos vários níveis de instrução (cf. Paraskeva, 2009, 2011a e 2011b; Santomé, 2010; Popkewitz, 2011), isso torna-se bastante mais visível numa sociedade colonial.

- Benguela – Universidade Katyavala Bwila (atua nas províncias de Benguela e Kuanza-Sul);
- Cabinda – Universidade 11 de Novembro (Cabinda e Zaire);
- Dundo – Universidade Lueji-a-Nkonde (Luanda-Norte, Lunda-Sul e Malanje);
- Huambo – Universidade José Eduardo dos Santos (Huambo, Bié e Moxico);
- Lubango – Universidade Mandume ya Ndemofayo (Huíla, Cunene, Kuando-Kubango e Namibe);
- Uíge – Universidade Kimpa Vita (Uíge e Kuanza-Norte).

Neste momento, há registo de sete universidades e nove institutos superiores estatais (estes últimos também autónomos)[6].

A primeira instituição privada de ensino superior em Angola foi a Universidade Católica de Angola, criada em 1992 e com funcionamento a partir de 1999. Seguiram-se uma série de outras instituições privadas de ensino superior, havendo a registar em 2011 a existência de 10 universidades privadas e 12 institutos superiores privados[7].

Instituições de ensino superior
Tendo começado com alguns cursos, apenas nas cidades de Luanda e Huambo, o ensino superior em Angola conta atualmente com mais de uma centena de cursos de graduação, em instituições de ensino superior que funcionam em 18 cidades de Angola. Conta ainda com mais de dez cursos de mestrado e dois cursos de doutoramento[8].

---

[6] Neste momento, a legislação prevê a existência de universidades e academias, bem como institutos e escolas superiores autónomos das universidades (para além da possibilidade de criação de faculdades, institutos e escolas superiores em universidades).

[7] Estes dados foram facultados pelo Ministério de Ensino Superior, Ciência e Tecnologia de Angola. O autor agradece ao Sr. Diretor de Desenvolvimento e Expansão a disponibilização de dados estatísticos atualizados, que são reproduzidos e analisados neste artigo. Agradece também a disponibilização de dados complementares por parte do Sr. Diretor do Gabinete do Secretário de Estado do Ensino Superior.

[8] O presente artigo aborda unicamente cursos de graduação.

FORMAÇÃO SUPERIOR E DESENVOLVIMENTO

Angola conta atualmente com 17 universidades (7 estatais e 10 privadas), 19 institutos superiores (7 estatais e 12 privados) e duas escolas superiores autónomas (ambas estatais). A designação, sede e ano de criação de cada uma dessas 38 instituições de ensino superior constam da tabela 1 (para o caso das 16 estatais) e da tabela 2 (as 22 instituições privadas).

As universidades possuem, como unidades orgânicas, faculdades, institutos superiores e escolas superiores. A ampliação das instituições de ensino superior está prevista na legislação em vigor, que estabelece a obrigatoriedade da elaboração de planos de desenvolvimento institucional que carecem de aprovação por parte da entidade estatal que superintende o ensino superior em Angola.

Tabela 1 – Instituições estatais de ensino superior em Angola (2011)

Designação	Ano de criação	Sede
Universidade Agostinho Neto (UAN)	1962	Luanda
Universidade Katyavala Bwila (UKB)	2009[a]	Benguela
Universidade 11 de Novembro (UON)	2009[a]	Cabinda
Universidade Lueji-a-Nkonde (ULN)	2009[a]	Dundo
Universidade José Eduardo dos Santos (UJES)	2009[a]	Huambo
Universidade Mandume ya Ndemofayo (UMN)	2009[a]	Lubango
Universidade Kimpa Vita (UKV)	2009[a]	Uíge
Instituto Superior de Ciências de Educação do Huambo (ISCED do Huambo)	2009[b]	Huambo
Instituto Superior de Ciências de Educação de Luanda (ISCED de Luanda)	2009[b]	Luanda
Instituto Superior de Ciências de Educação do Lubango (ISCED do Lubango)	2009[b]	Lubango
Instituto Superior de Ciências de Educação do Uíge (ISCED do Uíge)	2009[b]	Uíge
Instituto Superior Politécnico do Kuanza-Norte	2009	Ndalatando
Instituto Superior Politécnico do Kuanza-Sul	2009	Sumbe
Instituto Superior de Serviço Social de Luanda	2009	Luanda

Designação	Ano de criação	Sede
Escola Superior Pedagógica do Bengo	2009	Caxito
Escola Superior Pedagógica do Bié	2009	Kuito

[a] Herdou as infraestruturas e unidades orgânicas da UAN na sua região (com exceção das mencionadas na presente tabela, abaixo)
[b] Funcionava anteriormente no âmbito da Universidade Agostinho Neto
Fonte: MESCT (2012)

TABELA 2 – *Instituições privadas de ensino superior em Angola (2011)**

Designação	Ano de criação	Sede
Universidade Católica de Angola (UCAN)	1992	Luanda
Universidade Jean Piaget de Angola (UJPA)	2001	Luanda
Universidade Lusíada de Angola (ULA)	2002	Luanda
Universidade Independente de Angola (UNIA)	2005	Luanda
Universidade Privada de Angola (UPRA)	2007[a]	Luanda
Universidade de Belas (UNIBELAS)	2007	Luanda
Universidade Gregório Semedo (UGS)	2007	Luanda
Universidade Metodista de Angola (UMA)	2007	Luanda
Universidade Óscar Ribas (UOR)	2007	Luanda
Universidade Técnica de Angola (UTANGA)	2007	Luanda
Instituto Superior de Ciências Sociais e Relações Internacionais (CIS)	2007	Luanda
Instituto Superior Técnico de Angola (ISTA)	2007	Luanda
Instituto Superior Politécnico de Benguela	2011	Benguela
Instituto Superior Politécnico do Cazenga	2011	Luanda
Instituto Superior Politécnico Gregório Semedo (Lubango)	2011	Lubango
Instituto Superior Politécnico de Humanidades e Tecnologias "Ekuikui II"	2011	Huambo
Instituto Superior Politécnico Independente	2011	Lubango

Designação	Ano de criação	Sede
Instituto Superior Politécnico Kangonjo	2011	Luanda
Instituto Superior Politécnico Metropolitano	2011	Luanda
Instituto Superior Politécnico Pangeia	2011	Lubango
Instituto Superior Politécnico de Tecnologias	2011	Luanda
Instituto Superior Politécnico da Tundavala	2011	Lubango

* Várias das instituições privadas começaram a funcionar antes da sua criação pelo Conselho de Ministros
ª Sucedânea do Instituto Superior Privado de Angola, criado em 2001
Fonte: MESCT (2012)

Acesso ao ensino superior

Os Estudos Gerais Universitários de Angola, instalados em 1963 em Luanda e Huambo, possuíam em 1964 um número de 531 estudantes. No final do período colonial, esse número tinha evoluído para 4.176, com um aumento médio de 22,9 por cento ao ano (ver tabela 3). Com o processo de descolonização, o número de estudantes diminuiu para 1.109 no ano de 1977, o que equivale a uma diminuição drástica, em 73,4 por cento. Só por aqui se comprova a tese apresentada acima, segundo a qual o acesso ao ensino superior estava no período colonial praticamente vedado aos angolanos, cuja maioria se enquadrava nas camadas sociais mais desfavorecidas.

O período que se seguiu à proclamação da independência foi conturbado do ponto de vista político, econômico e social, assinalando-se inclusivamente o início de uma guerra civil que viria a terminar somente 27 anos depois[9]. O Estado angolano foi disponibilizando recursos insuficientes para o setor da educação, razão pela qual a maior aposta foi então para o ensino de base (incluindo a alfabetização) e, mais tarde, para o ensino médio. No período de 1977 a 2002, o número de estu-

---

[9] Sobre estas matérias, ver por exemplo Meyns (1984), Galli (1987), Schoor (1989), Correia (1991 e 1996), Ferreira (1992, 1993 e 1999), Kajibanga (1996), Anstee (1997), Anjos (1998), Guimarães (1998), Hare (1998), Jorge (1998), Sousa (1998), Carvalho (2002), Carvalho, Kajibanga & Andrade (2006), Vidal & Andrade (2008).

dantes do ensino superior aumentou de 1.109 para 12.566, a um ritmo médio anual de 10,2 por cento[10].

De 2002 a 2011, o número de estudantes a frequentarem cursos de graduação em instituições de ensino superior em Angola aumentou para 140.016, como se pode observar na tabela 3. Nesse período, o ritmo de crescimento médio do número de estudantes ao ano foi de 30,7 por cento. Para triplicar o ritmo de crescimento do acesso ao ensino superior, em relação ao período anterior, contribuíram os seguintes fatores:

a) o termo da guerra civil e o consequente aumento do orçamento destinado ao ensino superior;
b) a expansão do ensino superior para todas as províncias do país – primeiro no quadro da Universidade Agostinho Neto e a partir de 2009, com a criação de instituições estatais de ensino superior de âmbito regional;
c) a liberalização do ensino superior, com a promoção da criação de uma rede de instituições privadas de ensino superior.

TABELA 3 – *Estudantes do ensino superior em Angola*

Ano	Nº de estudantes
1964	531
1965	584
1966	706
1967	989
1968	1.252
1969	1.784
1970	2.369

---

[10] Esse crescimento foi inferior durante a 1ª República (até 1991), tendo aumentado um pouco mais após o início da democratização do sistema político do Estado e da liberalização económica. Sobre este período, ver Rocha (1997, 2004 e 2011), Queirós (1998), Mateus (2004 e 2007), Carvalho *et al.* (2006), Rodrigues (2006), Lopes (2007a, 2007b e 2011), Vidal & Andrade (2008), Carvalho (2008, 2010a e 2010b).

Ano	Nº de estudantes
1971	2.668
1974	4.176
1977	1.109
1997	7.916
1998	8.536
2001	9.129
2002	12.566
2003	17.866
2004	24.620
2005	32.173
2008	87.196
2009	98.777
2010	107.099
2011	140.016

Fonte: Carvalho, Kajibanga & Heimer (2003); UAN (2006, p. 13); MESCT (2012)

As tabelas 4 e 5 apresentam a evolução do número de estudantes em cursos de graduação, em instituições estatais e em instituições privadas de ensino superior, no período 2009-2011. No que diz respeito às instituições estatais, se em 2008 a Universidade Agostinho Neto (com sede em Luanda) incluía a totalidade dos estudantes, em 2009 passou a representar 51,1 por cento dos estudantes em instituições estatais e em 2011 esse valor baixou para somente 30,6 por cento.

TABELA 4 – *Estudantes em instituições estatais de ensino superior em Angola (2009-2011)*

Instituições estatais	2009	2010	2011
Universidade Agostinho Neto	24.712	19.585	20.536
Universidade Katyavala Bwila	2.160	2.772	6.063
Universidade Mandume ya Ndemofayo	1.468	2.191	5.380
Universidade Lueji-a-Nkonde	1.535	2.101	5.066
Universidade José Eduardo dos Santos	2.308	3.203	4.771
ISCED do Lubango	3.594	3.922	4.656
Universidade 11 de Novembro	3.074	2.943	4.207
ISCED do Uíge	2.642	3.152	3.651
ISCED de Luanda	2.356	2.864	2.619
ISCED do Huambo	2.203	1.819	2.532
Instituto Superior Politécnico do Kuanza-Norte	944	1.544	2.129
Universidade Kimpa Vita	–	–	1.769
Escola Superior Pedagógica do Bengo	392	793	1.093
Escola Superior Pedagógica do Bié	663	683	1.052
Instituto Superior Politécnico do Kuanza-Sul	329	465	954
Instituto Superior de Serviço Social de Luanda	–	265	705
Total	48.380	48.302	67.183

Fonte: MESCT (2012)

Segue-se a Universidade Katyavala Bwila (com sede em Benguela), com 9,0 por cento do total dos estudantes em instituições estatais de ensino superior. Apesar de ser recente o ensino superior em Benguela, a verdade é que esta universidade registou um grande incremento no número de estudantes no período 2009-2011, visto ter passado de módicos 4,5 por cento dos estudantes do ensino superior estatal em 2009 para cerca da décima parte (9,0%) em 2011.

Vem em terceiro lugar a Universidade Mandume ya Ndemofayo (com sede no Lubango), que é uma das mais imponentes em termos de infraestruturas e possui tradição académica, já que foi em 1969 que se instalou a Faculdade de Letras no Lubango (com os cursos de história e filologia românica). Se em 2009 a Universidade Mandume ya Ndemofayo representava 3,0 por cento dos estudantes do ensino superior estatal, dois anos depois passou a representar nada módicos 8,0 por cento.

Podemos concluir a análise respeitante à grandeza das instituições estatais de ensino superior dizendo que a Universidade Agostinho Neto foi a única instituição estatal de ensino superior que registou diminuição no número de estudantes no período 2009-2011 (em 16,9%). Quem mais compensou essa quebra registada nas províncias de Luanda e Bengo foram a Universidade Mandume ya Ndemofayo (com um incremento da ordem dos 266,5% no mesmo período), a Universidade Lueji-a-Nkonde (com um incremento em 230,0%), o Instituto Superior Politécnico do Kuanza-Sul (com um aumento em 190,0%) e a Universidade Katyavala Bwila (com um incremento da ordem dos 180,7%).

No que diz respeito à grandeza das instituições privadas de ensino superior (medida pelo número de estudantes), a tabela 5 é suficientemente esclarecedora. Lidera a Universidade Jean Piaget de Angola, que é uma das mais antigas instituições privadas de ensino superior em Luanda (e no país em geral) e que representa 11,7 por cento do total de estudantes do ensino superior privado em Angola. Seguem-se a Universidade Técnica de Angola (9,7%), a Universidade Independente de Angola (9,0%), o Instituto Superior Técnico de Angola (8,1%) e as Universidades Lusíada de Angola e Gregório Semedo (7,9% cada uma).

O maior crescimento do número de estudantes no período 2009-2011 foi registado no Instituto Superior Técnico de Angola – crescimento em 322,5 por cento, tendo passado de um modesto 12º lugar em 2009 (com apenas 2,8% do total de estudantes neste tipo de instituição) para o atual 4º lugar (com os já referidos 8,1%). Quem também registou grande crescimento no número de estudantes neste período foi o Instituto Superior Politécnico Metropolitano, que duplicou o número de estudantes em apenas dois anos (aumento da ordem dos 121,6%) e representa agora 4,2% do total de estudantes no ensino superior privado. Um terceiro destaque em relação a esta matéria diz respeito à Universidade Privada de Angola, que registou uma diminuição de 33,9% no número de estudantes no período 2009-2011.

TABELA 5 – *Estudantes em instituições privadas de ensino superior em Angola (2009-2011)*

Instituições estatais	2009	2010	2011
Universidade Jean Piaget de Angola	7.323	8.597	8.495
Universidade Técnica de Angola	4.005	5.908	7.044
Universidade Independente de Angola	5.842	5.489	6.561
Instituto Superior Técnico de Angola	1.390	3.680	5.873
Universidade Lusíada de Angola	5.089	5.586	5.722
Universidade Gregório Semedo	3.845	4.033	5.722
Universidade Óscar Ribas	3.083	3.936	4.942
Universidade Católica de Angola	3.691	3.697	4.524
Universidade de Belas	2.786	2.737	4.414
Instituto Superior de Ciências Sociais e Relações Internacionais	2.448	3.316	3.583
Universidade Privada de Angola	4.871	3.889	3.222
Instituto Superior Politécnico Metropolitano	1.390	2.227	3.080
Universidade Metodista de Angola	1.710	2.496	2.109
Instituto Superior Politécnico Kangonjo	–	–	1.658
Instituto Superior Politécnico da Tundavala	872	1.078	1.505
Instituto Superior Politécnico de Benguela	934	987	1.081
Instituto Superior Politécnico do Cazenga	1.118	1.141	1.047
Instituto Superior Politécnico Gregório Semedo	–	–	991
Instituto Superior Politécnico de Humanidades e Tecnologias "Ekuikui II"	–	–	750
Instituto Superior Politécnico Independente	–	–	510
Instituto Superior Politécnico de Tecnologias	–	–	–
Instituto Superior Politécnico Pangeia	–	–	–
Total	50.397	58.797	72.833

Fonte: MESCT (2012)

A terminar, podemos dizer que a Universidade Agostinho Neto se mantém a maior escola de ensino superior do país. Eis as dez principais instituições de ensino superior de Angola (tendo em conta a grandeza, medida pelo número de estudantes):

- Universidade Agostinho Neto, com 20.536 estudantes no ano de 2011 (14,7% do total);
- Universidade Jean Piaget de Angola, com 8.495 estudantes (6,1%);
- Universidade Técnica de Angola, com 7.044 estudantes (5,0%);
- Universidade Independente de Angola, com 6.561 estudantes (4,7%);
- Universidade Katyavala Bwila, com 6.063 estudantes (4,3%);
- Instituto Superior Técnico de Angola, com 5.873 estudantes (4,2%);
- Universidade Lusíada de Angola, com 5.722 estudantes (4,1%);
- Universidade Gregório Semedo, com 5.722 estudantes (4,1%);
- Universidade Mandume ya Ndemofayo, com 5.380 estudantes (3,8%);
- Universidade Lueji-a-Nkonde, com 5.066 estudantes (3,6%).

Docentes do ensino superior

No que diz respeito a docentes do ensino superior, os dados disponíveis dizem respeito ao período 2000-2011, com um interregno em 2006-2007. Tal como se pode verificar na tabela 6, o número de docentes no ensino superior registou um aumento de 58,4 por cento no período 2000-2005, enquanto no período 2005-2011 esse aumento foi de 313,8 por cento.

Enquanto até 2005 o ritmo de crescimento do número de docentes do ensino superior era de 9,6 por cento ao ano, de 2005 a 2011 esse ritmo passou para 26,7 por cento. Isso quer dizer que o ritmo de crescimento do número de docentes quase triplicou nos dois períodos analisados. Este facto demonstra a crescente aposta no ensino superior por parte do governo de Angola, particularmente a partir de 2006 (quatro anos após o término da guerra civil em Angola) – seja com o aumento do orçamento dedicado ao ensino superior, seja através da abertura de instituições privadas de ensino superior, que são consideradas parceiros do Estado em relação a este serviço público.

TABELA 6 – *Docentes do ensino superior em Angola*

Ano	Nº de docentes
2000	839
2001	869
2002	988
2003	1.169
2004	1.239
2005	1.329
2008	3.128
2009	3.741
2010	4.652
2011	5.499

Fonte: UAN (2005, p. 11); UAN (2006, p. 15); MESCT (2012)

A tabela 7 apresenta o rácio estudantes/docentes, dando conta do número médio de estudantes para cada docente do ensino superior. Neste momento, há no ensino superior em Angola 25,46 estudantes para um docente. Nas instituições estatais este número é de 24,27 e nas instituições privadas, de 26,67 estudantes por docente.

Uma vez que os dados relativos a docentes não estão diferenciados segundo a categoria (professores e assistentes), não é possível apresentar rácios em relação a professores (somente a docentes em geral). Mas podemos adiantar que o número de estudantes por professor é bastante elevado e o número de estudantes por doutor será mais elevado ainda.

A este respeito, as instituições privadas estão globalmente pior que as instituições estatais: não apenas as privadas possuem um rácio global superior (mais 2,4 estudantes por docente, como já vimos), como também estão bastante pior em termos de professores e em termos de doutores. Além do mais, é preciso considerar que parte dos docentes das instituições privadas de ensino superior são docentes efetivos em instituições estatais.

TABELA 7 – *Rácio estudantes/docentes no ensino superior em Angola (2011)*

Ano	Rácio
2001	10,505
2002	12,719
2003	15,283
2004	19,871
2005	24,208
2008	27,876
2009	26,404
2010	23,022
2011	25,462

Fonte: Cálculos próprios, com base em dados das tabelas 3 e 6

A tabela 8 indica quantos estudantes há neste momento por docente, em cada uma das 36 instituições de ensino superior angolanas de que há disponíveis dados relativos ao ano de 2011.

No que respeita às 11 instituições de ensino superior com rácio aceitável para as condições de Angola (abaixo de 20 estudantes por docente), contam-se cinco instituições estatais e seis instituições privadas ou, por outro lado, cinco universidades, cinco institutos superiores e uma escola superior.

Sobre este rácio, temos de chamar à atenção para o facto de os dados disponíveis não estarem diferenciados por curso e por ano de ensino, que são dois fatores que costumam diferenciar significativamente os rácios[11]. Mas os dados globais aqui apresentados servem como um dos indicadores respeitantes à qualidade de ensino.

TABELA 8 – *Rácio estudantes/docentes em instituições de ensino superior (2011)*

Nº de ordem	Instituição	Rácio
1	Universidade Metodista de Angola	7,81
2	Universidade José Eduardo dos Santos	11,90
3	Instituto Superior Politécnico do Kuanza-Sul	13,44
4	Instituto Superior Politécnico do Cazenga	15,40
5	Instituto Superior Politécnico de Benguela	16,38
6	Universidade Privada de Angola	16,61
7	Instituto Superior Politécnico Independente	17,00
8	Escola Superior Pedagógica do Bengo	17,35
9	Universidade Kimpa Vita	17,87
10	Universidade Katyavala Bwila	17,88
11	Instituto Superior Politécnico da Tundavala	17,92
12	ISCED de Luanda	20,30
13	Escola Superior Pedagógica do Bié	20,63
14	Universidade Lueji-a-Nkonde	23,24
15	Universidade Agostinho Neto	23,82
16	Instituto Superior Politécnico Metropolitano	23,88
17	Instituto Superior Técnico de Angola	24,78
18	Instituto Superior Politécnico de Humanidades e Tecnologias "Ekuikui II"	25,00
19	ISCED do Huambo	25,07
20	Universidade Lusíada de Angola	25,51 [a]
21	Universidade Católica de Angola	26,00

[11] Os rácios são normalmente superiores em cursos de letras, ciências sociais e humanas e pedagogias, bem como nos dois primeiros anos de ensino.

Nº de ordem	Instituição	Rácio
22	Universidade de Belas	26,75
23	Universidade 11 de Novembro	26,96 [b]
24	Universidade Óscar Ribas	27,30
25	Universidade Independente de Angola	27,34
26	Universidade Jean Piaget de Angola	29,70
27	Instituto Superior Politécnico Gregório Semedo (Lubango)	30,03
28	Instituto Superior Politécnico do Kuanza-Norte	31,31
29	Universidade Gregório Semedo	32,51
30	Universidade Técnica de Angola	33,07
31	Instituto Superior de Ciências Sociais e Relações Internacionais	33,18
32	ISCED do Lubango	33,26
33	Instituto Superior Politécnico Kangonjo	35,28
34	Universidade Mandume ya Ndemofayo	37,62
35	Instituto Superior de Serviço Social de Luanda	39,17
36	ISCED do Uíge	56,17

[a] 2010.
[b] 2009.
Fonte: Cálculos próprios, com base em MESCT (2012)

Qualidade do ensino superior em Angola

A terminar e à guisa de conclusão, vamos abordar a qualidade de ensino. Antes, porém, vamos recordar as principais conclusões a que chegámos até aqui.

Em primeiro lugar, constatou-se ter havido algum atraso na implantação do ensino superior em Angola, no período colonial – os Estudos Gerais Universitários foram criados somente no ano de 1962[12].

---

[12] Por exemplo, a Universidade do Zimbabué foi criada em 1952 e a Universidade de Lovanium (de que resultaram, mais tarde, a Universidade Nacional do Zaire e a Universidade de Kinshasa) foi criada em 1954. Mas, em contrapartida, a Universidade da Zâmbia foi criada somente em 1966.

A segunda conclusão aponta para sérias dificuldades de acesso ao ensino superior por parte da maioria dos poucos que conseguiam terminar o ensino médio nesse período. Com a proclamação da independência e a descolonização, diminuiu consideravelmente o número de estudantes do ensino superior, tendo-se mantido por algum tempo as dificuldades de acesso a este nível de ensino. Já na década de 1980 se incrementou o acesso ao ensino superior (dentro e fora de Angola), tendo diminuído substancialmente a relação entre a posição social e o acesso ao ensino superior.

O grande *boom* no acesso ao ensino superior em Angola ocorreu com o término da guerra civil (em 2002) e com o incremento da verba orçamental destinada ao ensino superior. A expansão do ensino superior, pelas diferentes províncias do país, veio contribuir para o acesso a esse nível de ensino por parte de um número cada vez maior de jovens.

Neste momento, a pergunta que se impõe é: será que a expansão e o crescimento do ensino superior em Angola se têm feito acompanhar da preocupação com a qualidade de ensino?

Não é possível responder perentoriamente a essa pergunta, porque não está feita qualquer avaliação a instituições de ensino superior em Angola. A Universidade Agostinho Neto (que funcionou durante muitos anos como única instituição de ensino superior) nunca se preocupou com a avaliação ao serviço que prestava. Ultimamente, tem sido o organismo do Estado encarregue pela execução de políticas públicas no domínio do ensino superior que vem preparando legislação que vai obrigar as instituições de ensino superior (estatais e privadas) a submeterem-se a avaliação externa, depois certamente de vários processos de avaliação interna que venham aí a ocorrer.

Não havendo elementos quantitativos de avaliação das instituições de ensino superior, temos de nos limitar à apresentação de elementos que, isoladamente, atestem da qualidade de ensino.

De um modo geral, tudo indica que a qualidade de ensino seja globalmente baixa nas instituições de ensino superior em Angola. Os elementos que contribuem para esta conclusão são os seguintes:

a) Má qualidade de ensino em níveis inferiores, que conduzem ao acesso ao ensino superior por parte de estudantes que obtêm avaliações negativas no exame de admissão[13];
b) Tentativa de aplicação de modelos de gestão importados do exterior, sem grande preocupação com a realidade local[14];
c) Quase total ausência de investigação científica, havendo casos individuais que demonstram que se chega mesmo a ignorar quem pretenda promover a investigação[15];
d) Despreocupação com a publicação dos poucos estudos que são feitos nas instituições de ensino superior;
e) Ausência de aposta na edição de livros e de revistas científicas, havendo a registar muito poucas exceções a esta regra[16];
f) Deficiente aposta em bibliotecas e laboratórios, havendo mesmo a assinalar a criação de faculdades sem haver a preocupação com a criação destas infraestruturas e sem a aquisição de meios de trabalho indispensáveis a docentes e estudantes[17];
g) Deficiente aposta na formação e atualização dos docentes[18];
h) Promoção de docentes considerando critérios subjetivos e o tempo de serviço, sem atender grandemente aos demais critérios objetivos que a legislação vai já fixando[19];

---

[13] Cf. Vera Cruz (2008).
[14] Um exemplo é o da insistência na "eleição" de órgãos de gestão das instituições de ensino superior, que se faz realmente pelos grupos maioritários que existem nessas instituições, confundindo-se essa atuação com liberdades académicas. Sobre liberdades académicas, ver por exemplo Kajibanga (1998), Silva (2009).
[15] Cf. Silva (2012).
[16] Vide Silva (2012, p. 203).
[17] Pode aqui citar-se o caso de uma universidade privada que ministrou durante alguns anos um curso de arquitetura sem haver preocupação com a aquisição de estiradores...
[18] Durante muito tempo, promoveu-se no ensino superior em Angola a ideia segundo a qual a competência dos docentes estaria aliada à sua formação pedagógica, como se os cursos de formação pedagógica então promovidos (ao invés de servirem apenas de complemento à formação de base) pudessem superar as deficiências de formação dos docentes.
[19] Durante muitos anos, o aspeto determinante para a promoção era apenas o tempo de serviço (cf. Silva, 2004). Hoje vão sendo exigidos outros critérios, mas ainda assim continua a haver promoções que não se baseiam no mérito.

i) Inadaptação curricular às reais necessidades do mercado de trabalho angolano[20];

j) Promoção de uma cultura da facilidade, que faz com que bom número de estudantes considere que devem ser admitidos a exame estudantes com zero valores[21], com que se promova uma "cultura do 10"[22] e com que se admitam trabalhos de licenciatura em grupo[23];

k) Promoção impune da fraude académica, podendo aqui mencionar os casos de docentes cujas aulas consistem em ler um livro em voz alta e de trabalhos de licenciatura sem o mínimo de rigor metodológico[24];

l) Promoção da corrupção, que está organizada e se manifesta das mais variadas formas – desde a exigência de pagamento para admissão até ao pagamento para elaboração de trabalhos de

---

[20] Sobre esta matéria, ver por exemplo Santomé (2010), Paraskeva (2011a e 2011b), Pinar (2011), Popkiewitz (2011).

[21] Na segunda metade da década de 1990 foi introduzida a obrigatoriedade de 7 valores de avaliação contínua (semestral ou anual, consoante a dimensão da disciplina) para acesso ao exame de cada disciplina na Universidade Agostinho Neto, mas há associações de estudantes que se vêm batendo pela anulação dessa regra (que, hoje, não funciona em todas as instituições de ensino superior). Há, mesmo, casos de estudantes que reclamam junto das autoridades académicas por não terem sido admitidos a exame, pois consideram que a avaliação durante todo o semestre/ano letivo não deve ser tida em conta para acesso ao exame de cada disciplina.

[22] Há docentes que não corrigem provas e se limitam a aprovar os estudantes, atribuindo 10 a 12 valores (num total de 20 valores possíveis). Em casos destes, os estudantes normalmente não reclamam, pois estão em regra preocupados apenas com a nota para aprovar nas várias disciplinas.

[23] Ainda em 2007, na Universidade Agostinho Neto, se fomentava o princípio da facilidade através dos trabalhos de licenciatura em grupo. Hoje, várias são as instituições de ensino superior em Angola que permitem impunemente esta facilidade.

[24] Num caso e noutro, as direções e os conselhos científicos das instituições nada fazem contra tal forma de atuação. No segundo caso, chega-se mesmo a promover tal atuação (cf. Carvalho, 2012).

licenciatura, passando por pagamento para passagem em várias disciplinas[25];

m) Combate organizado a quem exige rigor e a quem faz investigação científica em instituições de ensino superior.

Para inversão do atual quadro, de aposta no crescimento sem preocupação com a qualidade de ensino, é preciso apostar na superação das lacunas acabadas de enumerar. É preciso, ainda, que as universidades angolanas apostem na contribuição para a modernização socioeconómica e tecnológica, no fortalecimento da identidade nacional angolana e na formação de elites[26]. A adoção de uma cultura de rigor e de promoção da competência resultará benéfica no quadro da mais ampla promoção do bem-estar e do desenvolvimento socioeconómico de Angola.

---

[25] Há muito que toda a gente sabe que isso se faz, mas regra geral as autoridades académicas não previnem nem combatem de forma incisiva tal comportamento. Cf. Carvalho (2002, pp. 141-151), Andrade (1999), Ngonda (1999), Rocha (1999), Sousa (1999).
[26] Cf. Fischman (2011, p. 85).

REFERÊNCIAS

ANDRADE, V. P. de. (1999). Corrupção e crescimento económico. Ciclo de palestras *A promoção de uma gestão pública, ética e transparente*. Luanda.

ANJOS, I. dos. (1998). A agricultura irrigada. Uma contribuição para a recuperação da economia de Angola. Comunicação apresentada às *1ªs Jornadas sobre Economia de Angola*. Luanda (setembro).

ANSTEE, M. J. (1997). *Órfão da guerra fria. Radiografia do colapso do processo de paz angolano. 1992/93*. Porto: Campo das Letras.

CARVALHO, P. de. (1989). *Struktura spoleczna spoleczenstwa kolonialnego Angoli*. Varsóvia: Instituto de Sociologia da Universidade de Varsóvia.

CARVALHO, P. de. (2002). *Angola. Quanto tempo falta para amanhã? Reflexões sobre as crises política, económica e social*. Oeiras: Celta.

CARVALHO, P. de. (2008). *Exclusão social em Angola. O caso dos deficientes físicos de Luanda*. Luanda: Kilombelombe.

CARVALHO, P. de. (2010a). *A campanha eleitoral de 2008 na imprensa de Luanda*. Luanda: Kilombelombe.

CARVALHO, P. de. (2010b). Gangues de rua em Luanda: De passatempo a delinquência. *Sociologia – Problemas e Práticas*, 63, pp. 71-90.

CARVALHO, P. de. (2011). Angola: Estrutura social da sociedade colonial. *Revista Angolana de Sociologia*, 7, pp. 57-69.

CARVALHO, P. de. (2012). Prefácio. In Maria, P. de C., *Minorias étnicas em Angola. O caso dos San*. Luanda: JZM [no prelo].

CARVALHO, P. DE, KAJIBANGA, V., & HEIMER, F.-W. (2003). Angola. In Teferra, D., & Altbach, P. (Orgs.), *African higher education. An international reference handbook*, (pp. 162-175). Bloomington & Indianapolis: Indiana University Press.

CARVALHO, P. de, KAJIBANGA, V., & ANDRADE, M. P. de. (2006). *Poder político e sistema de governo em Angola*. Luanda: Fundação Friedrich Ebert (draft).

CORREIA, P. de P. (1991). *Descolonização de Angola. A jóia da coroa do império português*. Lisboa: Inquérito.

CORREIA, P. de P. (1996). *Angola. Do Alvor a Lusaka*. Lisboa: Hugin.

FERREIRA, M. E. (1992). Despesas militares e ambiente condicionador na política económica angolana (1975-1992). *Estudos de Economia*, 12 (4), 419-438.

FERREIRA, M. E. (1993). Angola: Política económica num contexto de incerteza e instabilidade. *Actas do Encontro de Economistas de Língua Portuguesa*, vol. VI (pp. 1360-1386). Porto: Faculdade de Economia da Universidade do Porto.

FERREIRA, M. E. (1999). *A indústria em tempo de guerra (Angola, 1975-1991)*. Lisboa: Cosmos & Instituto de Defesa Nacional.

FISCHMAN, G. E. (2011). Grandes esperanzas, algunas promesas y muchas incertidumbres: Notas para pensar la "crisis" de las universidades públicas. *Itinerários – Fórum Global de Investigação Educacional*, 1 (2), 83-97.

GALLI, R. E. (1987). A crise alimentar e o Estado socialista na Africa lusófona. *Revista Internacional de Estudos Africanos*, 6-7, pp. 121-163.

GUIMARÃES, F. A. (1998). *The origins of the Angolan civil war. Foreign intervention and domestic political conflict*. Londres: Macmillan.

HARE, P. (1998). *Angola's last best chance for peace. An insider's account of the peace process*. Washington, D.C.: United States Institute of Peace Press.

HEIMER, F.-W. (1973). Estrutura social e descolonização em Angola. *Análise Social*, 2ª série, X (40), 621-655.

JORGE, M. (1998). *Para compreender Angola: Da política à economia*. Lisboa: Dom Quixote.

KAJIBANGA, V. (1996). O Estado pós-colonial e a questão da defesa nacional. Comunicação apresentada no *1º Simpósio sobre a Defesa Nacional*. Luanda.

KAJIBANGA, V. (1998, novembro). Liberdades académicas e instituição universitária em África. Conferência inaugural proferida no *Fórum sobre a Universidade Agostinho Neto e o Ensino Superior em Angola*. Luanda.

LOPES, C. M. (2007a). *Roque Santeiro. Entre a ficção e a realidade*. Estoril: Princípia.

LOPES, C. M. (2007b). Comércio informal, transfronteiriço e transnacional: Que articulações? Estudo de caso no mercado de S. Pedro (Huambo) e nos mercados dos Kwanzas e Roque Santeiro (Luanda). *Economia Global e Gestão*, XII (3), 35-55.

LOPES, C. M. (2011). *Kandongueiros & kupapatas. Acumulação, risco e sobrevivência na economia informal em Angola*. Cascais: Princípia.

MATEUS, I. (2004). O papel da mídia no conflito e na construção da democracia. In http://www.c-r.org/our-work/accord/angola/portuguese/construcao-democracia.php (consultado em 12 de junho de 2009).

MATEUS, I. (2007). *Divulgação da instrução do processo e o segredo de justiça*. Conferência proferida na Ordem dos Advogados de Angola. In http://www.oaang.org/CCismael.htm (consultado em 12 de junho de 2009).

MESCT (Ministério do Ensino Superior, Ciência e Tecnologia). (2012). Rede de instituições de ensino superior em Angola. Dados estatísticos. Luanda: MESCT (8 pp., mimeografado).

MEYNS, P. (1984). O desenvolvimento da economia angolana a partir da independência: Problemas da reconstrução nacional. *Revista Internacional de Estudos Africanos, 2*, pp. 121-161.

NGONDA, L. (1999). A percepção da sociedade civil sobre o fenómeno da corrupção. Ciclo de palestras *A promoção de uma gestão pública, ética e transparente*. Luanda.

PARASKEVA, J. (2009). Desterritorialização, desterritorialização, desterritorialização. Palavra de ordem da teoria curricular itinerante. *Revista Angolana de Sociologia, 4*, pp. 11-38.

PARASKEVA, J. (2011a). *Nova teoria curricular*. Mangualde: Edições Pedago.

PARASKEVA, J. (2011b). Desafiando os slogans educacionais. Por uma nova teoria crítica. *Itinerários – Fórum Global de Investigação Educacional, 1* (2), 59-73.

PINAR, W. F. (2011). Recolocar os estudos culturais nos estudos curriculares. In Paraskeva, J. (Org.), *Estudos culturais, poder e educação* (pp. 97-124). Mangualde: Edições Pedago.

POPKEWITZ, T. S. (2011). *Políticas educativas e curriculares. Abordagens sociológicas críticas*. Mangualde: Edições Pedago.

QUEIRÓS, F. (1998). A economia tradicional e a transição para a economia de mercado. Comunicação apresentada às *1as Jornadas sobre Economia de Angola*. Luanda.

ROCHA, A. da. (1997). *Economia e sociedade em Angola*. Luanda: Luanda Antena Comercial (LAC).

ROCHA, A. da. (1999). Subsídios para uma análise sobre a corrupção em Angola. Ciclo de palestras *A promoção de uma gestão pública, ética e transparente*. Luanda.

ROCHA, A. da. (2004). *Opiniões e reflexões. Colectânea de artigos, conferências e palestras sobre Angola, África e o mundo*. Luanda: Universidade Católica de Angola.

Rocha, A. da. (2011). *Alguns temas estruturantes da economia angolana.* Luanda: Kilombelombe.

Rodrigues, C. U. (2006). *O trabalho dignifica o homem. Estratégias de sobrevivência em Luanda.* Lisboa: Colibri.

Santomé, J. T. (2010). *O cavalo de Tróia da cultura escolar.* Mangualde: Edições Pedago.

Schoor, M. von. (1989). O pano de fundo do Acordo entre Angola, Cuba e a África do Sul assinado em Nova Iorque, em 22 de dezembro de 1988. *Africana, 4*, pp. 175-187.

Silva, E. M. da. (1992-1994). O papel societal do sistema de ensino na Angola colonial (1926-1974). *Revista Internacional de Estudos Africanos, 16-17*, pp. 103-130.

Silva, E. A. da. (2004). *O burocrático e o político na administração universitária. Continuidades e rupturas na gestão dos recursos humanos docentes na Universidade Agostinho Neto (Luanda).* Braga: Universidade do Minho.

Silva, E. A. da. (2009). Autonomia e liberdade académicas na UAN: Realidade ou utopia? *Revista Angolana de Sociologia, 3*, pp. 9-29.

Silva, E. A. da. (2012). *Universidade Agostinho Neto. Quo vadis?* Luanda: Kilombelombe.

Sousa, C. de. (1999). O papel dos tribunais no combate a corrupção. Ciclo de palestras *A promoção de uma gestão pública, ética e transparente.* Luanda.

Sousa, M. A. de. (1998). *Sector informal de Luanda. Contribuição para um melhor conhecimento.* Luanda: Autor.

UAN (Universidade Agostinho Neto). (2005). *Relatório anual. 2003/2004.* Luanda: Autor.

UAN (Universidade Agostinho Neto). (2006). *University Agostinho Neto.* Luanda: Autor.

Vera Cruz, E. C. (2005). *O Estatuto do Indigenato e a legalização da discriminação na colonização portuguesa. O caso de Angola.* Lisboa: Novo Imbondeiro.

Vera Cruz, E. C. (2008). Os desafios do ensino superior em Angola. O lugar e o papel das ciências sociais na construção do país e do futuro dos angolanos. *Revista Angolana de Sociologia, 1*, pp. 85-92.

Vidal, N., & Andrade, J. P. de. (Eds.) (2008). *Sociedade civil e política em Angola. Enquadramento regional e internacional.* Luanda & Lisboa: Firmamento, Universidade Católica de Angola & Universidade de Coimbra.

Para uma dimensão transnacional do ensino superior em Moçambique

Francisco Noa
Centro de Estudos Sociais Aquino de Bragança (CESAB), Maputo

RESUMO: *Trata-se de uma reflexão problematizadora e desafiadora sobre a importância do ensino superior em Moçambique numa perspetiva transnacional, sem necessariamente pôr em causa a relevância e legitimidade que encobrem as necessidades da sua afirmação local ou nacional. Temos como pressuposto, para este exercício, que existir passou a significar cada vez mais fazê--lo num plano onde se transcendem limites fronteiriços e onde a aprendizagem e a gestão da superação desses limites se impõe como um princípio vital. Ao ensino superior, pela história que o envolve, pelas responsabilidades que se lhe exigem, pela sua própria natureza enquanto fator de transformação, de atualização e de inovação, cabe-lhe estar na vanguarda de significação do mundo enquanto plataforma de dimensões múltiplas, diversificadas e interatuantes.*

Defender uma dimensão transnacional para o ensino superior em Moçambique não é um gratuito devaneio académico, é, acima de tudo, convocar e racionalizar as potencialidades que aquele encerra enquanto espaço particular de desenvolvimento do conhecimento e da própria sociedade.

À imagem da grande parte dos países saídos da dominação colonial, em África, Moçambique viu-se confrontado, por um lado, com um êxodo massivo de colonos que compunham, bem acima dos 90%, o corpo de quadros técnicos e de mão de obra qualificada existente na antiga colónia. Por outro lado, e como resultado dessa situação histórica, só uma percentagem insignificante de nacionais se encontravam à altura de responder aos desafios que se colocavam ao país em termos de desenvolvimento económico e social.

Por conseguinte, medidas reativas tiveram que ser tomadas pelos novos governantes, saídos da proclamação da Independência, em 1975. Assim, foi preciso recorrer a soluções internas que, entre outras, passaram pela colocação dos estudantes mais adiantados a lecionarem nas classes imediatamente inferiores e pela aposta massiva na educação, através da introdução do Sistema Nacional de Educação. Por outro lado, foram concomitantemente criados cursos e centros de formação de professores para praticamente todos os níveis de ensino, excetuando o universitário.

Entretanto, e com a convicção assumida de que só com o apoio da cooperação internacional se poderia dar o impulso que o país exigia para poder responder às exigências colocadas pelas diferentes áreas de atividade, Moçambique foi não só estabelecendo acordos de cooperação com diferentes países, como também recorreu à solidariedade internacional para obter a ajuda de que tanto necessitava quer em termos técnicos, quer em termos financeiros e materiais.

Neste sentido, se, por um lado, foram chegando recursos humanos e materiais provenientes de vários países, sobretudo dos aliados do Leste europeu e de alguns países nórdicos, por outro, muitos moçambicanos foram sendo enviados para se formarem e aperfeiçoarem em diferentes áreas de conhecimento que eram, então, oferecidas por esses países.

A grave crise económica vivida internamente, no início da década de 80, decorrente de uma seca severa e prolongada, do aumento das importações com a acentuada redução das exportações e da guerra civil que se arrastaria por cerca de dezasseis anos com todas as implicações sociais, económicas e infraestruturais, todos esses fatores, conjugados com o clima da guerra fria e a crise económica internacional que grassava à época, tornavam ainda mais vulnerável a situação do país.

Foi, pois, no sentido de reverter essa vulnerabilidade que foi necessário introduzir alterações profundas e estruturais que implicaram uma viragem radical da orientação e estratégia política e económica até aí seguidas. Passava-se, assim, de uma plataforma de cooperação assente nas afinidades ideológicas e nas redes de solidariedade internacional, dominadas pelos países do bloco do Leste, para um novo quadro de relações dominado pelo Ocidente, em que acordos com organizações como o FMI e o Banco Mundial conduziriam a novas dinâmicas sociais, económicas e políticas.

Apesar da melhoria dos indicadores económicos durante a década de 90, tal circunstância não evitaria que o país se colocasse entre os mais dependentes do mundo, embora, e talvez por isso, visse alargada a sua base de apoio externo. E o setor de educação, sobretudo a nível do ensino superior, tem recebido apoios externos assinaláveis, embora nem sempre suficientes, ao longo destes trinta e oito anos da Independência Nacional.

Quer do ponto de vista de princípios e de políticas quer de estratégias e instrumentos regulatórios, (ver, por exemplo, Lei 1/93 de 24 de junho, Resolução nº 8/95 de 22 de agosto do Conselho de Ministros, o Plano Estratégico de Educação, 1999-2003; o Plano Estratégico do Ensino Superior 2000-2010, a Lei nº 5/2003 de 21 de janeiro, a Lei nº 27/2009, o Plano Estratégico do Ensino Superior 2011-2020, recentemente aprovado pelo Conselho de Ministros), Moçambique apostou sempre num modelo de formação em que o perfil dos quadros formados estivesse sintonizado com as condições e necessidades do país em termos de desenvolvimento bem como com um determinado ideal de cidadania (Gómez, 1999; Mário *et al.*, 2003; Noa, 2010).

Se é verdade que, no âmbito educativo, do ponto de vista de internacionalização, esta tem sido dominantemente marcada pelo envio de estudantes para o exterior, contratação de docentes estrangeiros, receção de apoios materiais e financeiros, em regime de doações ou empréstimos, importação de conhecimento e de programas, entre outros, também se observa que, apesar de todas as dificuldades, as autoridades governamentais e as IES nacionais vão ganhando consciência, nem sempre de forma tão consistente e consequente, que só com uma aposta firme na internacionalização, o país pode pensar em dar saltos credíveis e sustentáveis, no que diz respeito ao desenvolvimento do ensino superior.

A internacionalização como fator de desenvolvimento do ensino superior e do país

Independentemente de se considerar que a internacionalização antecede ou que surge na sequência da globalização, o mais importante é reconhecer, nesse processo, uma das imagens de marca do nosso tempo e um dos grandes pressupostos para o desenvolvimento dos países, em geral, e do ensino superior, em particular.

A relação de implicação entre ensino superior e desenvolvimento socioeconómico foi sendo consolidada, durante o século XX, à medida que, cada vez mais, a pesquisa, dominantemente levada a cabo nas universidades, foi sendo colocada ao serviço do desenvolvimento tecnológico e da satisfação das necessidades da sociedade. Será, aliás, esta perspetiva desenvolvimentista da universidade que alimentará os princípios orientadores do ensino superior, nos países africanos, à medida que ia ganhando corpo a consciência de que a independência política tinha que estar inevitavelmente associada à independência económica.

Algumas experiências podem ser reveladoras sobre a relação entre conhecimento e desenvolvimento socioeconómico. Demonstrações apresentadas por Bloom, Canning e Chan (2005) revelam que enquanto os níveis de participação do ensino superior, em muitos países desenvolvidos, é superior a 50%, no caso dos países menos desenvolvidos, caso da África Subsariana, os níveis de participação do ensino superior são inferiores a 5%.

Entretanto, a internacionalização vai-se impondo, de modo acelerado, como uma plataforma decisiva para a troca e atualização de informações e de conhecimento trazendo novos e fortalecidos impulsos aos processos de desenvolvimento socioeconómico dos diferentes países e organizações.

Nunca, como agora, a circulação de pessoas, bens, ideias, modelos não só atingiu dimensões verdadeiramente planetárias, como também se impôs como condição de existência, funcionalidade e competitividade das instituições do mundo inteiro que aspiram a serem reconhecidas e bem sucedidas.

Daí que se vai impondo, a diferentes níveis, como um dado adquirido que, e segundo Nico Cloete (2011, p. 3), a partir de informações fornecidas por P. Santiago *et al.* (2008) e World Bank (1999, 2000), *"knowledge production, accumulation, transfer and application have become major factors in socio-economic development and are increasingly at the core of national development strategies for gaining competitive advantages in the global knowledge economy"*. Vários são os motivos que têm sido apontados, por diferentes autores, como estando por detrás desta perspetiva global, especialmente a nível do ensino superior:

- Manutenção da competição económica;
- Aposta no entendimento humano entre as nações;
- Geração de rendimentos através das propinas;
- Enriquecimento das experiências dos estudantes e do *staff* através do cruzamento de fronteiras;
- Incorporação de uma dimensão internacional no ensino e na pesquisa;
- Elevação do *status* internacional das IES;
- Desenvolvimento da qualidade dos produtos educativos e experiências dos estudantes;
- Preparação dos graduados para uma carreira global;
- Manutenção da segurança internacional e relações pacíficas;
- Exportação de serviços e produtos educacionais;
- Alcance de padrões internacionais.

Na esteira da globalização, a internacionalização requer não só elevadas competências académicas e profissionais, mas também competências multilingues, bem como habilidades e atitudes interculturais e sociais. Dada a aceleração e a profundidade com que se efetuam as transferências e as receções de imagens, símbolos, mensagens e as transformações e os impactos culturais que aí se assistem, a internacionalização concorre decisivamente para as reconfigurações identitárias das instituições do ensino superior e dos seus atores.

Isto é, passa-se de uma perspetiva nacional, territorial ou comunitária para uma perspetiva cosmopolita e internacional, em que a abertura de horizontes é potenciada por uma educação intercultural. Esta torna-se, no entendimento de Jonas Stier (2002), numa vantagem comparativa para os estudantes no momento em que demandam o mercado de trabalho, já de si, um espaço privilegiado de internacionalização. Espaço que exige, cada vez mais, criatividade, inovação e flexibilidade. Concluindo, Stier considera que *"the ambition for academia, from now on, should be to provide students with intercultural education of quality and adequacy for the global society"*.

O advento e o uso acelerado e massificado das novas tecnologias de informação e comunicação não só alteraram as visões do mundo individuais, institucionais e dos Estados, como também concorreram para o redimensionamento do conceito de fronteira nacional e, mais especificamente, do papel dos governos nacionais na área de educação.

Numa análise atenta sobre a internacionalização, Zha Qiang (2003) considera que este processo não é um mero fim em si, mas um importante recurso no desenvolvimento do ensino superior em direção, em primeiro lugar, a um sistema em linha com elevados padrões internacionais e, em segundo lugar, um recurso aberto e responsivo para o seu ambiente global.

Quatro diferentes abordagens são apontadas pelo mesmo autor para descrever o conceito de internacionalização. Assim, teriamos, internacionalização:

- *Por atividades*: as trocas de currículos e de estudantes, assistência técnica e estudantes internacionais;
- *Por competências*: desenvolvimento de competências, conhecimento, atitudes e valores nos estudantes, nos docentes e nos funcionários;
- *Por costumes*: criação de uma cultura ou clima que valoriza e apoia iniciativas e perspetivas internacionais e interculturais;
- *Por processos*: integração ou infusão de uma dimensão internacional no ensino, na pesquisa e nos serviços, através da combinação de um vasto leque de atividades, políticas e procedimentos.

Não esquecer que a internacionalização do ensino superior tem que ser vista numa perspetiva plural, tal como as próprias IES que são unidades multidimensionais e multifuncionais do ponto de vista pedagógico, científico, educacional, político, económico, cultural, tecnológico e ético.

Diferentes modelos de internacionalização do ensino superior podem também ser identificadas. Na perspetiva de Romuald Rudzki (1998), existe internacionalização: (i) proativa, (ii) reativa, (iii) oculta e (iv) de ausência deliberada. Se a proativa corresponde a uma estratégia pensada e deliberada, como princípio orientador, a reativa decorre de uma resposta institucional a uma situação determinada. A oculta é aquela que, mesmo existindo, acaba por ser pouco percetível. A última traduz-se na atitude de assumida recusa de travessia de fronteiras para um e para outro lado.

Jane Knight (1997), por exemplo, que tem uma reflexão pioneira e fecunda sobre a internacionalização do ensino superior, questiona até que ponto a exportação de produtos educacionais para mercados internacionais está, de facto, a contribuir para a dimensão internacional do ensino, pesquisa e serviços. Por esse motivo, cada vez mais se impõe definir o objetivo principal da internacionalização, isto é, entre o aumento da qualidade ou o desenvolvimento dos mercados de exportação, ou, simplesmente de importação do conhecimento. Isto é, a internacionalização só faz sentido, só é eficaz, se for de facto concebida e aplicada de forma estratégica e proativa.

Apesar da importância e do caráter estratégico da internacionalização do ensino superior em África, alguns riscos existem, tendo em conta as fragilidades manifestas desse subsistema de ensino no continente. É nesta ótica que a sul-africana Mala Singh (2011) alerta para alguns constrangimentos a ter em conta no processo de internacionalização.

Primeiro, a internacionalização pode, segundo o ponto de vista dela, conduzir à perda de recursos inteletuais e profissionais, através da fuga de cérebros e também a uma posterior marginalização do conhecimento produzido em África.

Segundo, existe a tendência de prevalecer, por um lado, a hegemonia da cultura e das línguas do Ocidente, em detrimento da cultura e das línguas africanas, das normas e das especificidades e, por outro, a homogeneização cultural e curricular devido à perda da identidade cultural das IES.

Terceiro, outro risco decorre da prevalência de lógicas neoliberais que implicam passar a tratar o ensino superior como uma mercadoria negociável. Seriam inúmeros os exemplos que comprovam como a perspetiva mercantilista do ensino superior se sobrepõe à sua função como formadora e como produtora e difusora de conhecimento.

Quarto, a persistência de desigualdades entre as IES do Norte e do Sul que se traduz na importação e imitação do modelo ocidental, e fácil penetração do conhecimento ocidental nos currículos do ensino superior em África.

É verdade que a internacionalização só faz sentido se vista dentro da sua própria historicidade, complexidade, diversidade e contextualização. Mas o que não pode ser negado, pelas múltiplas evidências com que nos vamos confrontando, e em contraponto a todos os ceticismos, é que a viabilidade e credibilidade do desenvolvimento tanto do próprio conhecimento e das instituições que o produzem e o disseminam, por um lado, como o das próprias nações, por outro, só são possíveis se houver uma assumida e reiterada política e estratégia de internacionalização.

Da transnacionalidade: abertura e desenvolvimento efetivos

A questão da internacionalização, em geral, e mais especificamente do ensino superior, adquire para os países africanos contornos delicados e problemáticos dada a longa história de uma relação desigual, que dura há mais de cinco séculos, entre esses mesmos países e o Ocidente.

Por outro lado, a descaraterização cultural e a imposição prolongada de valores vindos de fora determinam que, por uma questão de justiça histórica e de resgate da dignidade usurpada, os países africanos sintam a necessidade legítima de reafirmar e preservar os valores éticos e culturais que os distinguem. Significa que o processo de internacionalização pode desencadear situações de conflito, no momento em que a agenda nacional ou a especificidade cultural e identitária que se quer salvaguardar tiver que se confrontar com a necessidade de integração de dimensões externas ou globais.

Daí que para o queniano Oanda Ogachi, a internacionalização do ensino superior, em África, tem que ser mais do que a europeização ou americanização do sistema. Em certa medida, olhando um pouco para o que acontece em diferentes países, infere que *"the present stage of 'internationalization of higher education' is not different but a continuation of this historical process"* (Ogachi, 2010, p. 2). Ainda segundo ele, o tipo e a natureza do fluxo de conhecimento, a ilusão de qualidade nos polos estrangeiros criados em África, o surgimento e a glorificação do ensino superior privado e a sua questionável qualidade, o papel, muitas vezes difuso, da mobilidade dos estudantes, tudo concorre para tornar o ensino superior, em África, ainda mais periférico.

Se a isso aliarmos a ideia de internacionalização que parece estar subjacente ao aumento do acesso à informação, através dos meios eletrónicos, como a Internet, a contratação, sem planificação, de professores estrangeiros, a saída de docentes e estudantes para o exterior e a satelitização das IES nacionais, o quadro torna-se ainda menos animador.

Olhar para a internacionalização essencialmente como assinatura de protocolos ou de mobilidade de estudantes é reduzir essa mesma internacionalização à sua condição mais elementar e, de certo modo, inconsistente e inconsequente. Outros equívocos prendem-se com a quase endémica dependência financeira, e não só, em relação ao exterior, ou confundir fuga de cérebros (*brain drain*) com circulação de cérebros (*brain circulation*).

Coloca-se, portanto, aos países africanos, em particular, uma espinhosa mas desafiante opção que é a de criarem capacidade própria e sustentável para mergulharem na internacionalização.

Para Felix Maringe (2009), existem seis componentes fundamentais a observar na internacionalização e que estão indissoluvelmente ligados à ideia de transnacionalidade:

- Alteração do conceito de tempo e espaço;
- Aumento dos fluxos e interações culturais;
- Comunhão dos problemas mundiais;
- Predomínio de atores e organizações transnacionais;
- Interconexão e interdependência das sociedades;
- Sincronização de todas as dimensões.

Poderá parecer redundante falar-se em transnacionalidade, por fazer pairar a ideia de uma equivalência semântica com internacionalização. A primeira distinção que gostaríamos de avançar é que enquanto a internacionalização é um processo que implica a relação entre dois ou mais países, ou organizações pertencentes a cada um deles, concebemos a transnacionalidade como uma apetência, uma predisposição para uma entidade, individual ou coletiva, abrir-se ao mundo. Neste sentido, a transnacionalidade é um estado potencial que se materializa numa ação concreta que se traduz na internacionalização. É neste linha que se posiciona alguém como Gustavo Lins Ribeiro (1997, p. 3), para quem:

> Apesar de podermos falar claramente de transnacionalismo enquanto fenômeno econômico, político e ideológico, a transnacionalidade enquanto tal, isto é a consciência de fazer parte de um corpo político global, mantém, em muitos sentidos, características potenciais e virtuais. Esta é a razão porque prefiro considerar a condição da transnacionalidade do que a sua existência de fato.

Segundo, a transnacionalidade deve ser assumida como um princípio que significa sobretudo ir para além das fronteiras do próprio país, quer para levar alguma coisa "para fora" quer para trazê-la "para dentro". Mais do que uma relação entre países, caso da internacionalização, a transnacionalidade funciona, sobretudo, como uma predisposição para pensar e agir para além do que acontece internamente, numa perspetiva doméstica e restrita de funcionamento.

Terceiro, a transnacionalidade pressupõe visão, criatividade, abertura, ousadia, flexibilidade e inovação permanentes. Com um enfoque transnacional, as IES em África estão em condições de sair da situação cíclica de dependência e de evitar o equívoco, quase sempre nefasto, de confundir internacionalização com a adoção de modelos americanos ou europeus.

Finalmente, só uma visão transnacional pode assegurar uma verdadeira educação intercultural, que é uma das condições incontornáveis e determinantes do nosso tempo, caraterizado por movimentos e trocas globais de pessoas, bens, informações, conhecimento, tecnologias e experiências.

Elementos para uma dimensão transnacional do ensino superior em Moçambique

Alguns autores (Aigner *et al.*, 1992; Norfleets & Wilcox, 1992; Knight, 1994; Zha Qiang, 2003; Teferra & Knight, 2008), olhando para a multidimensionalidade e multifuncionalidade do ensino superior, têm avançado diferentes elementos para a internacionalização desse subsistema.

É, pois, baseando-nos em algumas dessas propostas, por um lado, e no percurso e experiências acumuladas no subsistema de ensino superior, em Moçambique, por outro, que apontamos elementos que consideramos decisivos não só para o enraizamento de uma perspetiva transnacional do ensino superior no país, mas também, e por implicação, para o desenvolvimento desse subsistema e do país em geral.

O facto de não termos desenvolvido, aqui, outros elementos como o financiamento e as infraestruturas não lhes retira o peso capital que eles possuem na concretização da dimensão transnacional do ensino superior. Apesar de eles exigirem um outro nível de aprofundamento, acabam, de certo modo, por estar implicitamente presentes na reflexão aqui desenvolvida.

Qualidade

O maior desafio que se coloca ao ensino superior em Moçambique, neste momento e para os tempos mais próximos, é, inequivocamente, o da qualidade. Houve um crescimento exponencial de IES e da população estudantil, num intervalo de tempo bastante curto, cerca de sete anos (2005-2012), em que se passou de um universo de 14 instituições para as atuais 42. Estamos a falar de um crescimento na ordem dos 300%. Claramente foram aqui privilegiados a expansão e o acesso, e é quase a olho nu que se detetam fragilidades estruturais insustentáveis a quase todos os níveis, sobretudo nos seus produtos mais visíveis, os graduados. Nada, absolutamente nada, pode continuar a justificar a opção pela quantidade em ostensivo detrimento da qualidade.

Referimo-nos atrás ao facto de as políticas educacionais, em Moçambique, estarem normalmente atracadas a um ideal de cidadania, sempre em articulação com diferentes contextos históricos, sejam eles internos ou externos. Hoje, esse ideal de cidadania, que deve continuar a subsistir, só faz sentido se tiver em conta os movimentos globais que configuram e reconfiguram as nossas existências individuais e coletivas.

Por conseguinte, só uma visão transnacional, que é quase intrínseca ao verdadeiro espírito universitário e às dinâmicas históricas e globais do ensino superior, fará com que as IES nacionais superem a tendência fortemente dominante de satisfação das necessidades domésticas e imediatas, e que tem, por detrás, as motivações mais variadas: políticas, comerciais ou de projeção pessoal ou familiar. Só alterando essa perspetiva será possível assegurar uma transformação profunda em todos os processos que caraterizam o estado prevalecente nas instituições. Tendo em conta que, cada vez mais, a qualidade institucional e dos programas é determinada pela avaliação externa e por padrões internacionais, a sobrevivência e o reconhecimento das IES faz-se em função da sua inserção no contexto regional e internacional.

A mobilidade dos estudantes e dos professores, por exemplo, que procuram prosseguir estudos ou participar de programas conjuntos de pesquisa, está cada vez mais refém da qualidade do ensino ministrado nas nossas instituições. É conhecido, por exemplo, o conjunto de entraves colocados a estudantes com o ensino pré-universitário ou a graduados do ensino superior, em Moçambique, para entrarem no sistema educacional sul-africano e que decorre da indisfarçada desconfiança em relação à alegada incapacidade daqueles para enfrentarem as exigências ali colocadas.

No *ranking* publicado anualmente sobre as 100 melhores IES africanas, pelo CSIS, *Ranking Web of World Universities*, a única instituição moçambicana que normalmente aparece é a Universidade Eduardo Mondlane (UEM), a mais antiga universidade do país. Sintomaticamente, e olhando para o *ranking* dos últimos 4 anos, a UEM passou consecutivamente pelos seguintes lugares: 23º (2009); 45º (2010), 61º (2011) e 62º (2012).

É verdade que foram sendo criados, no país, alguns instrumentos regulatórios, desde 2006, caso do Sistema Nacional de Avaliação de Qualidade do Ensino Superior (SINAQUES) e o respetivo órgão, o Conselho Nacional de Avaliação da Qualidade do Ensino Superior (CNAQ).

É também verdade que os discursos, aos mais diversos níveis e algumas medidas pontuais, sobretudo de caráter administrativo, evocam, com alguma frequência, a questão da qualidade. É igualmente verdade que diferentes instituições têm concretizado acordos de coperação internacional, assegurando a vinda de docentes estrangeiros, a transferência de programas de formação, a dupla certificação de cursos, etc. Mas também é verdade que são manifestas tanto a inoperência do sistema e do órgão em questão, como as inconsistências e inconsequências dos discursos e dos processos em prol da qualidade no ensino superior, em Moçambique, que passa tanto pelos princípios e práticas de gestão vigentes, tanto em termos pedagógicos como administrativos, pelo perfil dos docentes, muitos deles sem a formação, preparação e motivação devidas, pelo nível deficiente de entrada dos estudantes, pelas limitações infraestruturais e de equipamentos, etc. Sobre esta questão ver também Matos & Mosca (2009).

Por conseguinte, só uma convicta e efetiva política e estratégia transnacionais, que verdadeiramente interiorizem o conhecimento e as experiências acumuladas pelo mundo fora, no que de melhor é aí praticado, e que sem que se percam de vista as condições e experiências internas, permitirá às IES nacionais sairem da estreita e redutora margem em que se encontram. Isto é, quando a exigência da qualidade for reconhecida como sendo intrínseca à natureza e existência do próprio ensino superior.

Governação

Dado o facto de, no geral, as IES nacionais, apesar de serem consideradas dotadas de autonomia jurídica, administrativa, financeira, pedagógica e científica, serem tuteladas por um órgão governamental, neste caso o Ministério de Educação, é muito na articulação entre esta entidade e as IES que a governação do ensino superior é assegurada. Funcionam, neste momento, em Moçambique, dois órgãos de consulta, o Conselho do Ensino Superior (CES), órgão de consulta do ministro de tutela, e o CNES, órgão de consulta do Conselho de Ministros, que garantem não só a representatividade das IES nacionais na governação do ensino superior, mas também de outros atores importantes como sejam os empregadores e a sociedade civil.

Dada a marcada verticalização da estrutura social e política nacional, salvaguardado o grau mais ou menos alargado de participação de diferentes atores, as decisões dos destinos do ensino superior, em Moçambique, acabam, em última instância, por depender das autoridades governamentais. Daí que seja determinante que, a este nível, a visão transnacional prevaleça de forma inequívoca e consistente. Visão que garanta que as agendas nacionais fiquem mais valorizadas e consolidadas quanto maior for a capacidade de casá-las com aquelas que são as tendências e as mais-valias desenvolvidas internacionalmente. Isso permitirá que quer as políticas quer as estratégias seguidas tenham, à partida, o respaldo concetual e um capital de reconhecimento que permitam às IES nacionais perseguirem princípios e procedimentos que as identifiquem com as melhores práticas internacionais neste âmbito.

A falta de uma visão clara e firme em termos de internacionalização pode muito bem ser testemunhada na forma tímida e superficial como essa questão é abordada. Veja-se, a título de exemplo, o Plano Estratégico do Ensino Superior 2001-2010 (MESCT, 2000). Nele são poucas ou vagas as ações estratégicas referenciadas, no sentido da internacionalização. O objetivo estratégico, por exemplo, é assim definido: "promover e facilitar a integração regional e a cooperação multilateral e internacional na área do ensino superior", assumido como sendo da responsabilidade do Governo, ao mesmo tempo que se sugerem apenas duas opções políticas apontadas para (i) facilitar programas de intercâmbio e (ii) conceder a isenção de impostos e outros incentivos financeiros às IES.

Gestão

A gestão académica é reconhecidamente um dos elementos mais complexos e problemáticos do ensino superior em Moçambique. Se, nalguns casos, são notórias a falta de visão e de preparação dos gestores das IES nacionais, a diferentes níveis, noutros reconhecem-se compromissos determinados que transcendem a missão das próprias instituições e que, no geral, se traduzem por práticas de gestão cristalizadas e fechadas e que pouco se coadunam com o carácter evolutivo e aberto da atividade universitária.

A ausência ou a fraca presença e funcionalidade de órgãos colegiais nas instituições não só impossibilita uma gestão inclusiva e participativa, como também resulta num défice de democraticidade interna que legitima posturas e decisões autocráticas, claramente ao arrepio daqueles que são os princípios que regem o ensino superior enquanto lugar de afirmação da liberdade e da autonomia de pensamento, do confronto de ideias e da tomada de decisões que resultam de reflexões e discussões conjuntas e setoriais. E um olhar transnacional iria, pelo menos, fazer perceber aos gestores das IES nacionais quão desfasados se encontram não só dos princípios acima apontados, como daquelas que são as tendências dominantes e afirmativas da gestão universitária.

Ensino

Grande parte da internacionalização do ensino superior, em Moçambique, à imagem do que já tinha sido referido antes por autores como Oanda Ogashi (2010), atendo-se ao exemplo de diferentes países africanos, passa pela mobilidade de docentes e de estudantes, por um lado, e pela importação de currículos e programas, por outro. Fatalmente, trata-se de movimentos quase sempre num único sentido.

Assim, por um lado, as IES nacionais têm uma história, mais ou menos longa, de acolhimento de docentes estrangeiros, situação que, por ser recorrente e desequilibrada, levou a que o Governo determinasse cotas para a presença desses docentes nas IES moçambicanas. O contrário, entretanto, não se verifica, excetuando casos pontuais, de docentes que são contratados para lecionarem em IES estrangeiras.

Por outro lado, são regulares os casos de estudantes ou docentes que entram em projetos de graduação ou pós-graduação no estrangeiro. O movimento contrário é muito localizado e Moçambique tem uma longa tradição de acolhimento de estudantes de outros países. Ao abrigo de laços históricos de solidariedade, estudaram, sobretudo na Universidade Eduardo Mondlane, estudantes provenientes da Tanzânia, África do Sul, Zimbabwe, Angola, São Tomé e Príncipe, Guiné-Bissau. Situação que, de certo modo, ainda se verifica, em relação aos três últimos países, sobretudo para as áreas de engenharias e medicina.

Algumas universidades privadas têm também recebido alguns estudantes estrangeiros, facto, porém, que não resulta de nenhuma estratégia institucional, mas sim de circunstâncias determinadas que têm a ver com a presença desses estrangeiros, no país, por razões profissionais ou familiares.

Outro exemplo de internacionalização decorre da realização de cursos com dupla certificação, em especial a nível de pós-graduação, em que os cursos oferecidos além de serem desenhados no exterior, implicam a importação de programas, manuais e docentes. No caso dos cursos à distância que vão proliferando nos últimos tempos, os pacotes são quase sempre integralmente municiados pelos países que os oferecem. Experiências ainda por consolidar vão no sentido de a maioria desses programas ser concebida localmente, mas obedecendo a padrões internacionais de qualidade.

O grande desafio que se coloca a Moçambique é elevar, cada vez mais, a qualidade do ensino que é ministrado no país, incrementando poderosamente a qualidade dos docentes, aumentando as exigências no processo de aprendizagem, assegurando a avaliação regular dos programas e dos processos, consolidando o intercâmbio universitário e, sobretudo, estreitando a cooperação regional, de uma forma equilibrada, racional e eficaz, aproveitando superiormente, por exemplo, a experiência sul-africana. Não é casual o facto de regularmente, no *ranking* das 100 melhores universidades africanas, entre as primeiras 10, oito ou nove serem sul-africanas.

A recentemente atribuída tentativa de introdução do Processo de Bolonha, no país, no modo atabalhoado como foi realizada, falha de discussão séria, e com caráter impositivo, não só veio escancarar fragilidades institucionais, como também revelou a inexistência de uma visão verdadeiramente transnacional sobre o ensino superior.

Olhar e aprender efetivamente com a experiência regional pode ser um passo decisivo e realista. Aliás, já existem instrumentos de cooperação regional, portanto a nível da SADC (*Southern African Development Community*), como sejam o Protocolo de Educação, assinado em 1997, e a SARAU (*Southern African Regional Universities Association*), criada em 2006 (Kwaramba, 2009).

O Protocolo de Educação define os seguintes objetivos:

a. Aumentar e facilitar a mobilidade de estudantes e pessoal académico através da abertura de vagas específicas para candidatos da região e o seu tratamento como nacionais para efeitos de propinas e alojamento, bem como a transferência de créditos académicos entre IES da região;
b. Estabelecer programas e currículos conjuntos de cursos de graduação entre IES da região incluindo o incentivo dos grupos populacionais menos favorecidos, harmonização dos requisitos de admissão e garantia de qualidade de graduados para que possam ingressar nos cursos de pós-graduação e trabalhar na região de modo equivalente;
c. Facilitar a admissão de graduados das IES regionais em programas de pós-graduação, reconhecendo os graus obtidos nas IES e equipar (com meios materiais e humanos) as IES para levarem a cabo cursos de pós-graduação e investigação;
d. Promover o estabelecimento de Centros de Excelência;
e. Promover programas de investigação (aplicada) a nível regional.

No entanto, uma avaliação do que tem acontecido no país, no concernente à aplicação deste protocolo, leva-nos a concluir que os passos que foram dados estão muito aquém do desejável e do que está preconizado.

Investigação

No que ela tem de estruturante e duradouro, a tradição do ensino superior, mesmo a não universitária, reside no facto de este subsistema ser, cada vez mais, um espaço, por excelência, de produção, discussão, divulgação, transferência e aplicação de conhecimento. A despeito de algumas tentativas e de algum exercício em termos de pesquisa científica que uma ou outra IES vai desenvolvendo, através de departamentos determinados ou núcleos de pesquisa, porém sem o caráter sistemático e desprovido dos impactos que essa prática exige, este é claramente um dos domínios a nível do ensino superior, em Moçambique, em que o défice de realização e de resultados é ostensivo. São raríssimas, por exemplo, a nível das IES nacionais, publicações de carácter científico. Quando eventualmente existem são irregulares ou pontuais.

Fatores múltiplos e intercruzados, como sejam a falta de financiamentos, inexistência de infraestruturas e equipamentos apropriados e atualizados, falta de orientação, cultura e prática de pesquisa, dispersão dos poucos recursos existentes, priorização de outras agendas, entre outros, vão concorrendo para a descaraterização da atividade académica em Moçambique, tendo em conta o que se vai fazendo pelo mundo fora.

Naturalmente para um país profundamente carenciado como Moçambique, são muitas as justificações que podem ser encontradas para explicar o estado não só do país, mas a nível da produção de conhecimento. O que já não se justifica é que se persista no erro de não despertarmos para o mundo e dele retirar e capitalizar efetivamente vontades, conhecimentos e experiências que podem transformar as IES nacionais em parceiras fundamentais para o desenvolvimento socioeconómico do país e em parceiras credíveis para plataformas regionais e internacionais de produção de conhecimento.

Língua

Moçambique é um país que, dada a sua localização, pode ser considerado uma ilha linguística. Na verdade, encontra-se completamente rodeado por países que têm o inglês como língua oficial, nomeadamente África do Sul, Suazilândia, Zimbabwe, Malawi, Zâmbia e Tanzânia. Além do mais, se tivermos em conta que se trata de um país já de si multiétnico e multilingue, e com cerca de 18 línguas nacionais, que são as línguas maternas de grande parte da população moçambicana, o quadro geral adquire uma profunda complexidade. Complexidade que ganha cintilações acrescidas se nos lembrarmos que o inglês é reconhecidamente a língua de comunicação global em termos económicos, políticos, culturais e, muito particularmente, científicos.

A introdução do ensino da língua inglesa no ensino primário, sobretudo no privado, bem como no ensino secundário, a crescente utilização dessa língua entre os jovens e nos meios audiovisuais (rádio, televisão, Internet, telemóveis), o aumento da presença no país de anglofalantes, a profusão de institutos de línguas, as viagens regulares aos países vizinhos, a continuação de estudos no estrangeiro, têm, no geral, contribuído para que o número de falantes e a competência em língua inglesa se dissemine entre os moçambicanos.

No entanto, verifica-se, a nível do ensino superior, uma lacuna gritante no domínio da língua inglesa, quer entre estudantes quer entre docentes. Este facto tem concorrido para que a bibliografia de referência, normalmente em inglês, fique fora do alcance de uma parte significativa da população universitária. Por outro lado, nas áreas mais técnicas, que implicam lidar com equipamentos especializados, toda a informação se apresenta em inglês. Dada a relativa mobilidade que se vai verificando, sobretudo com a vinda de conferencistas e docentes internacionais, que fazem as suas intervenções normalmente em inglês, mais do que serem uma mais-valia, acabam por ser motivo de frustração e de inibição para uma parte significativa da audiência.

Para obviar a esta dificuldade estrutural, devem as IES nacionais promover de forma sistemática e intensa, formação complementar, de modo a que estudantes, docentes e funcionários adquiram competência na língua inglesa, condição essencial para assegurar uma verdadeira internacionalização do ensino superior em Moçambique. Diríamos mesmo em prol de uma cada vez mais incontornável cidadania global, por mais discutível que esta questão linguística seja. O mesmo deve ser feito em relação ao domínio dos meios informáticos. Vistas apenas como disciplinas instrumentais, deixadas quase sempre ao livre arbítrio dos estudantes, deviam passar a ter outro peso e outro nível de exigência no quadro das disciplinas lecionadas nas instituições. A ideia de transnacionalidade só faz sentido quando forem dominados os seus principais códigos, tanto a nível linguístico (a língua inglesa) quanto tecnológico (os meios informáticos).

Cultura

Até que ponto, tendo em conta as responsabilidades históricas que se colocam às IES e aos graduados, em África, o ensino superior deve ser visto apenas como um lugar de instrução? Ou pior ainda, tendo em conta as lógicas neoliberais e mercadológicas prevalecentes, traduzidas nos ideais de "empregabilidade" e do "saber fazer", esse mesmo ensino ser confundido ou transformado em gigantesco centro de formação profissional?

No célebre relatório para a UNESCO da comissão dirigida por Jacques Delors, *Educação: um Tesouro a Descobrir* (1996), onde são analisadas as tendências educativas para o século XXI, no capítulo dedicado aos quatro pilares da educação, além do "saber fazer", é destacado o "aprender a conhecer", "aprender a viver com os outros" e "aprender a ser". Claramente se sobrepõe a ideia da educação integral que deve permitir aos indivíduos não só desenvolverem competências técnicas determinadas, mas também alcançarem outras competências, sobretudo do ponto de vista intercultural. E aqui são convocadas múltiplas vertentes: pedagógica, científica, cultural, ética, intelectual, simbólica, social e emocional.

Isto é, trata-se de fundamentos que permitem enfrentar, com eficácia, os desafios de uma cidadania que, cada vez mais, vai muito além das paredes da universidade e das fronteiras nacionais. Isto é, estamos perante um mundo em que a ideia de transnacionalidade se torna estruturante e determinante na vida de cada um e de todos.

Mais do que nunca a migração de pessoas, bens, ideias, imaginários adquire dimensões e contornos até aí desconhecidos, criando novas configurações culturais, ou aquilo a que Arjun Appadurai denomina de "etnopaisagens". Sublinhando a importância da educação intercultural, Jane Knight (1997, p. 11) defende que *"the preparation of graduates who have a strong knowledge and skill base in intercultural relations and communications is considered by many academics as one of the strongest rationales for internationalizing the teaching/learning experience of students"*.

Como sabemos, a globalização é geradora ou catalisadora de desigualdades sociais e económicas, particularmente no que diz respeito ao acesso aos recursos e aos benefícios que essa mesma globalização engendra. Contudo, uma educação intercultural que se inscreve numa lógica transnacional permite, pelo menos, percecionar tanto as vantagens como os contrangimentos da globalização e sobretudo as desigualdades que ela desencadeia. Por outro lado, o efeito contrário é possível, visto que devido à rápida e massiva proliferação dos meios tecnológicos de comunicação e informação, a internacionalização pode concorrer decisivamente para a redução ou eliminação de assimetrias no acesso ao ensino superior, através, por exemplo, do ensino à distância.

É, sobretudo, nesta dimensão intercultural que surgem, com particular agudeza, as interrogações e as reservas em relação à necessidade de salvaguarda das identidades das IES nacionais. O que à partida é uma falsa questão. A interculturalidade já se coloca internamente tendo em conta que Moçambique, do ponto de vista étnico, linguístico e cultural, é já uma realidade múltipla e diversa. Espaço de múltiplas nações culturais, este é um país onde todos os dias se exercita a interculturalidade, mesmo que de forma não tão consciente.

Isto é, esta diversidade e toda uma multissecular experiência de conviver com a diferença é, à partida, um dos maiores trunfos para a afirmação e projeção, neste particular, de uma dimensão transnacional do ensino superior em Moçambique.

Conclusão

Estamos conscientes de que esta é uma abordagem com o seu grau de problematicidade, de controvérsia, também, mas não nos eximimos de assumir os aspetos desafiadores que ela coloca. Na verdade, não perdemos de vista, muito pelo contrário, a relevância e legitimidade inerentes às necessidades de afirmação local ou nacional do ensino superior em Moçambique, mas, hoje, mais do que nunca, não há como escapar às dinâmicas que esse nível de ensino exige, tendo em conta a sua inserção numa contemporaneidade e numa espacialidade cada vez mais planetárias. O que implica baralhar configurações hegemónicas, pois não se trata só de receber dos outros, mas também de disponibilizar o que se tem e que faz a diferença, pela positiva.

Temos como pressuposto, para este exercício, que existir passou a significar cada vez mais fazê-lo num plano onde se transcendem limites fronteiriços e onde a aprendizagem e a gestão da superação desses limites se impõe como um princípio vital. Ao ensino superior, em geral, pela história que o envolve, pelas responsabilidades que se lhe exigem, pela sua própria natureza enquanto fator de transformação, de atualização e de inovação, cabe-lhe estar na vanguarda da significação do mundo enquanto plataforma de dimensões múltiplas, diversificadas e interatuantes.

Defender uma dimensão transnacional não é um gratuito devaneio académico. É, acima de tudo, convocar e racionalizar potencialidades intrínsecas ao ensino superior enquanto espaço particular de desenvolvimento do conhecimento, das mentalidades e da sociedade no seu todo. E a transnacionalidade significa sobretudo isto: desagregar as zonas de conforto criadas e ferozmente defendidas pelos espíritos mais retrógrados da sociedade que, em nome de pertenças e especificidades socioculturais, recusam-se obstinadamente a perceber e aceitar que a terra afinal se move. E Moçambique não se pode alhear desse movimento, sob risco de uma autocondenação sem retorno.

REFERÊNCIAS

Aigner, J. S., Nelson, P., & Stimpfl, J. R. (1992). *Internationalizing the university: Making it works*. Springfield: CBIS Federal.

Bloom, D., Canning, D., & Chan, K. (2005). *Higher education and economic development in Africa*. In http://siteresources.worldbank.org/EDUCATION/Resources/278200-1099079877269/547664-1099079956815/HigherEd_Econ_Growth_Africa.pdf

Cloete, N., *et al*. (2011). *Universities and economic development in Africa. Pact, academic core and coordination*. Wynberg: CHET.

Delors, J., *et al*. (1996). *Educação: Um tesouro a descobrir. Relatório para a UNESCO da Comissão Internacional sobre a Educação para o Século XXI*. Porto: UNESCO & ASA.

Gómez, M. B. (1999). *Educação moçambicana. História de um processo: 1962-1984*. Maputo: Livraria Universitária.

Knight, J. (1994). *Internationalization: Elements and checkpoints*. Ottawa: CBIE.

Knight, J. (1997). Internationalisation of higher education: A conceptual framework. In Knight, J. & Wit, H. de (Eds.), *Internationalisation of higher education in Asia Pacific countries* (pp. 5-19). Amesterdão: European Association for International Education.

Kwaramba, M. (2009). *Internationalization of higher education in Southern Africa with South Africa as the major exporter*. In http://www.tips.org.za/files/11.Internationalization_-_SSD.pdf

Maringe, F. (2009). Strategies and challenges of internationalization in HE: An exploratory study of UK universities. *International Journal of Educational Management, 23* (7), 553-563.

Mário, M., *et al*. (2003). *Higher education in Mozambique. A case study*. Maputo: Imprensa & Livraria Universitária.

Matos, N., & Mosca, J. (2009). Desafios do ensino superior. In *Desafios para Moçambique 2010* (pp. 297-318). Maputo: IESE.

MESCT (Ministério de Educação Superior, Ciência e Tecnologia). (2000). *Plano estratégico do ensino superior em Moçambique 2000-2010*. Maputo: MESCT.

Noa, F. (2010). Ensino superior em Moçambique: Políticas, formação de quadros e construção da cidadania. In Costa, A. B., & Barreto, A. (Org.), *Actas do Congresso Internacional Portugal e os PALOP: Cooperação na área da Educação* (pp. 225-238). Lisboa: Instituto Universitário de Lisboa (ISCTE-IUL), Centro de Estudos Africanos, Escola Superior de Educação e Ciências Sociais – Instituto Politécnico de Leiria.

NORFLEET, L., & WILCOX, B. (1992). Internationalizing college campuses. *American Association of Community Junior Colleges*, August/September, pp. 25-28.

OGACHI, O. (2010). African higher education in the context of internationalization: Altruistic partnerships or global academic pillage. *Africa Review of Books/Revue Africaine des Livres*, 6 (1), 6-7.

QIANG, Z. (2003). Internationalization of higher education: Towards a conceptual framework. *Policy Futures in Education*, 1 (2), 248-270. In http://www.ses.unam.mx/docencia/2007II/Lecturas/Mod2_Qiang.pdf

RIBEIRO, G. L. (1997). *A condição da transnacionalidade.* Universidade de Brasília.

RUDZKI, R. E. J. (1998). *Strategic management of internationalization: Towards a model of theory and practice.* In http://hdl.handle.net/10443/149

SADC (Southern African Development Community). (1997). *Protocol on education and training.* In http://www.sadc.int/english/protocols/p_education_and_training.html

SINGH, M. (2011). Re-orienting internationalization in African higher education. *Globalisation, Societies and Education*, 8 (2), 269-282.

STIER, J. (2002). *Internationalisation in higher education: Unexplored possibilities and unavoidable challenges.* In http://brs.leeds.ac.uk/cgi-bin/brs_engine

TEFERRA, D., & KNIGHT, J. (Eds.) (2008). *Higher education in Africa: The international dimension.* Chestnut Hill, Massachusetts: Boston College and the Association of African Universities, Ghana.

II PARTE

Formação em Portugal de estudantes universitários moçambicanos[1]

Ana Bénard da Costa
Eleonora Rocha
Instituto Universitário de Lisboa (ISCTE-IUL)
Centro de Estudos Africanos – IUL

RESUMO: *A análise que se desenvolve neste capítulo procura compreender os efeitos da formação superior de moçambicanos em Portugal, sobre os processos de desenvolvimento de Moçambique e sobre as trajetórias pessoais e profissionais dos formandos. A reflexão é enquadrada com um breve apontamento sobre a evolução do ensino superior em Moçambique nas últimas duas décadas, apresentando-se igualmente alguns dados relativos ao número de moçambicanos que frequentaram instituições de ensino superior em Portugal nos mesmos anos. Seguidamente analisam-se as trajetórias de moçambicanos que estudaram ou estudam em universidades portuguesas, procurando compreender os fatores que influenciaram os seus percursos escolares e qual o impacto da experiência de formação em Portugal ao nível dos processos de estruturação identitários. Reflete-se ainda sobre as redes sociais e de cooperação no domínio do ensino superior que influenciaram a ida, a integração em Portugal e posteriormente a reintegração e os percursos profissionais daqueles que já regressaram a Moçambique. Por último, a análise retoma a questão inicial e debruça-se sobre os efeitos da formação superior de moçambicanos em Portugal no processo de desenvolvimento de Moçambique.*

[1] Este capítulo constituiu uma versão alargada do artigo publicado na revista *Cadernos de Estudos Africanos* (nº 23, 2012) intitulado "Formação de quadros superiores moçambicanos em Portugal: Trajetórias, identidades e redes sociais" (Costa, 2012).

Ensino superior em Moçambique

Moçambique é um dos países menos desenvolvidos do mundo (de acordo com o Índice de Desenvolvimento Humano em 2011 situava-se na 184 posição entre 187 países) e apenas uma pequena percentagem da sua população tem formação superior (2,3% em 2007). No entanto, entre o início dos anos de 1990 e 2012 o número de instituições de ensino superior em Moçambique aumentou exponencialmente (de três para 42). Por exemplo, em 2008 havia 23 instituições de ensino superior, entre públicas (11) e privadas (12) e o número de estudantes ascendia a 28.000, com cerca de 1.389 docentes a tempo inteiro (Governo de Moçambique, 2008). Em 2010, ou seja apenas dois anos depois, segundo outro autor (Noa, 2010), e de acordo com as informações disponíveis no blogue do Presidente da República de Moçambique e fornecidas pelo Ministro da Educação e Cultura (entrevista ao jornal *O País*, 8 de março de 2010, p. 9, citado em Noa, 2010), o número de estudantes ascendia a 78.000, distribuídos pelas referidas 38 instituições de ensino superior.

No quadro abaixo apresentam-se os dados dos censos de 1997 e 2007 (INE) relativos à percentagem da população com o nível superior concluído e à sua evolução entre esses anos e distribuição por províncias[2].

Como se pode verificar houve um aumento significativo de pessoas formadas ao nível do ensino superior entre os anos de 1997 e 2007, estando a maioria concentrada em Maputo (cidade e província) e as restantes distribuídas de forma desigual pelas outras províncias.

Se em termos globais do país o número de pessoas com ensino superior é relativamente reduzido face à população total (cerca de 20 milhões) e abaixo da média africana (5,5 por cento), em termos comparativos e analisando a situação do ensino superior de Moçambique ao longo dos anos, estes números revelam um crescimento exponencial que acarreta consigo um conjunto de problemas que têm sido amplamente discutidos nesse país. Francisco Noa (2010) coloca nos seguintes termos alguns destes problemas:

---

[2] Estes dados não significam que estas pessoas tenham concluído este nível de ensino na província onde residiam na altura da realização dos censos.

QUADRO 1 – *População com o nível superior concluído, 1997 e 2007 (em percentagem)*

	1997	2007
Maputo cidade	3,3	14,2
Maputo Província	0,8	5,7
Sofala	0,2	3,3
Gaza	0,1	1,3
Nampula	0,0	1,1
Manica	0,1	0,7
Inhambane	0,0	0,9
Niassa	0,0	0,9
Zambézia	0,0	0,6
Cabo Delgado	0,0	0,3
Tete	0,0	0,3
País	0,3	2,3

Fonte: INE, Moçambique

Sem pôr em causa a legitimidade deste alargamento, todo este processo não deixa, contudo, de suscitar algumas questões, nomeadamente sobre a sustentabilidade dessa expansão, sobre o papel de Estado na regulação da abertura e do funcionamento das instituições de ensino superior, sobre a credibilidade e a qualidade de muitas dessas iniciativas, sejam públicas ou privadas e sobre o impacto e a eficácia da política e das estratégias adotadas. (Noa, 2010, p. 232).

O contributo que o aumento exponencial de instituições de ensino superior em Moçambique e dos estudantes que as frequentam está a dar, ou poderá vir a dar, ao desenvolvimento de Moçambique tem sido muito discutido, e vários autores criticam as políticas que têm possibilitado este incremento do ensino superior, referindo que esta massificação tem gerado a deterioração da qualidade deste nível de ensino assistindo-se "a uma deterioração gradual da qualidade dos processos e, consequentemente, dos produtos (Noa, 2010, p. 227).

Outro académico, João Mosca (2009), critica este aumento exponencial do ensino superior duvidando que Moçambique necessite de tantos quadros superiores para o seu desenvolvimento e considerando que este país necessita sobretudo de técnicos. Alerta para o facto de a massificação gerar desemprego ou subemprego, e consequentemente insatisfação e frustração. Para este autor está-se a assistir atualmente à *"dumbanenguização"*[3] do ensino superior.

As críticas aqui citadas coincidem com muitas outras que se recolheram ao longo dos trabalhos de campo em várias das entrevistas realizadas em Maputo e em Nampula com professores e responsáveis de instituições de ensino superior. Estas críticas que fundamentalmente se relacionam com a qualidade do ensino, tiveram eco ao nível do Governo, que em 2010 "suspendeu o licenciamento de novas instituições de ensino superior devido à manifesta falta de qualidade patenteada por muitas delas" (Noa, 2010, p. 228). No entanto, importa referir que algumas destas críticas, nomeadamente relativas à qualidade (ou à sua ausência) do ensino superior, têm sido refutadas por alguns académicos moçambicanos. Por exemplo, Lourenço do Rosário (2010), reitor da universidade *A Politécnica*, refere que o termo "qualidade" é vago e impreciso e que necessita de ser contextualizado para ser aferido. Outros contestam o facto de estas críticas não se basearem em estudos científicos, sendo necessário "uma maior elaboração conceptual para podermos estabelecer a existência ou não do problema da qualidade no ensino superior em Moçambique" (Langa, 2010).

Estudantes universitários moçambicanos em Portugal

A par da formação superior realizada em Moçambique, a formação universitária de muitos moçambicanos continua a realizar-se no exterior, nomeadamente em Portugal. Embora não haja dados concretos que possibilitem traçar a evolução desta migração estudantil ao longo

---

[3] Este termo remete para *dumba nengue*, nome como eram e ainda são conhecidos os mercados informais de rua. Como tal, o autor refere-se à informalização do ensino superior (Nota das Autoras).

destas últimas duas décadas e para os diferentes destinos[4], existem algumas informações para Portugal e dados relativos ao número de moçambicanos qualificados no exterior. Assim, e de acordo com os dados fornecidos por um estudo do Banco Mundial editado em 2006 (Docquier & Marfouk, 2006), quase metade dos moçambicanos com formação superior residiam no estrangeiro (45.1%). Embora não haja dados estatísticos oficiais sobre o número de estudantes moçambicanos por países de destino, provavelmente uma parte destes moçambicanos na diáspora residiam ou residem em Portugal e/ou formaram-se neste país. De acordo com as informações disponíveis (GPEARI, 2009 e 2011), entre 1999 e 2007 o número de investigadores e docentes universitários moçambicanos em Portugal passou de 54 para 77. Nesses mesmos anos, o número de estudantes universitários moçambicanos em Portugal passou de 776 para 1006, tendo no ano letivo seguinte (2007-2008) diminuído para 983[5]. Grande parte destes estudantes frequentaram as universidades sem bolsas de estudo do governo português, pois, e de acordo com os dados disponíveis, os bolseiros

---

[4] Num estudo académico sobre estudantes moçambicanos em Portugal (Pondja, 2009) estão disponíveis dados que não foi possível confirmar. Baseando-se em dados da UNESCO retirados do site http://www.uis.unesco.org, em fevereiro de 2008, e que não se conseguiram localizar para este estudo, essa autora refere que Portugal é o país que acolhia nesse ano mais estudantes universitários moçambicanos (1436), seguido da África do Sul (906) e do Brasil (228).

[5] De acordo com as informações que Pondja (2009, p. 11) obteve junto da Embaixada de Moçambique em Portugal, haveria em 2008 cerca de 600 moçambicanos e estudar em universidades em Portugal. Segundo a autora este número é muito inferior ao citado pelo estudo da UNESCO que consultou, e segundo o qual havia nesse ano 1.436 estudantes universitários moçambicanos em Portugal (UNESCO, 2008, citado em Pondja, 2009, p. 11). A discrepância entre os dados relativos ao número de estudantes universitários moçambicanos em Portugal tem várias explicações que foram abordadas num outro estudo (Costa, 2010) e que se prendem, entre outros fatores, com questões identitárias e políticas. Por exemplo, nesse estudo refere-se que no ano letivo de 2005-2006 a Associação de Estudantes Moçambicanos em Portugal tinha 200 filiados e que no ano letivo de 2004-2005 existiam em Portugal 154 bolseiros moçambicanos com bolsas de estudo atribuídas pelo Estado português, sendo que 89 frequentavam o ensino público/privado, 59 o ensino militar e 4 o ensino diplomático (http://www.ipad.mne.gov.pt/index) (Costa, 2010, p. 227).

moçambicanos em Portugal, nesses anos, eram em número muito inferior: em 2002 havia 133 moçambicanos com bolsas do IPAD em universidades portuguesas, e desde esse ano o número de bolseiros tem vindo a diminuir (92 em 2007, 79 em 2008 e 75 no ano letivo de 2009-10)[6].

Ensino superior e desenvolvimento
A relação entre a formação superior realizada no país ou no estrangeiro e o desenvolvimento, neste caso concreto de Moçambique, não é uma relação linear e não pode ser analisada isoladamente. Nesta relação intervêm um conjunto múltiplo de fatores de ordem política, social, económica e cultural, tanto ao nível internacional, como ao nível do contexto macro do país, como ainda ao nível das províncias e cidades onde se localizam as universidades e, por último, ao nível das estratégias e práticas dos diferentes atores sociais. Este amplo conjunto, pleno de articulações e de implicações mútuas, interseta a vida das universidades, dos estudantes e dos quadros superiores e condiciona toda e qualquer relação que as universidades tenham com os processos de desenvolvimento a qualquer dos níveis, que estes possam ser considerados nacionais, provinciais ou locais. Simultaneamente, também não é fácil conhecer o efeito que a "fuga de cérebros" tem em Moçambique. Tal deve-se, em parte, a uma ausência de dados concretos sobre as dimensões deste fenómeno e ao facto de esses fluxos serem difíceis de analisar, como reconhecem alguns dos autores que abordaram o mesmo fenómeno noutros contextos e mesmo em termos globais, (ver Dilip *et al.*, 2011).

Desta forma uma das questões que este capítulo coloca, a de saber qual os efeitos da formação superior de moçambicanos em Portugal no processo de desenvolvimento do seu país, não tem resposta. No entanto, ao logo deste capítulo e através da análise das trajetórias de estudantes que frequentam ou frequentaram universidades portuguesas, procurar--se-á agregar um conjunto de informações e de dados que embora não

---

[6] Este assunto é desenvolvido no capítulo onde se aborda a cooperação de Portugal com Moçambique ao nível do ensino superior.

forneçam a resposta taxativa e impossível de obter sobre esta questão, contribuem para clarificar os processos de mudança sociais e culturais associados aos percursos formativos e profissionais de um conjunto de atores sociais que têm ou podem vir a ter um papel importante no desenvolvimento de Moçambique.

Estudantes universitários e quadros superiores moçambicanos: trajetórias familiares e percursos escolares
Analisam-se aqui um conjunto de 43 entrevistas e histórias de vida realizadas a 23 estudantes universitários e 20 quadros superiores que frequentam ou frequentaram universidades em Portugal. A pesquisa inclui informações recolhidas em Portugal (Lisboa e Porto) e em Moçambique (Maputo e Nampula) em trabalhos de campo realizados entre os anos de 2003 e 2011. A maioria da informação foi recolhida em 2010-11, anos em que se realizou trabalho de campo com 20 quadros superiores em Moçambique e 18 estudantes universitários moçambicanos em Portugal. Três dos atuais quadros superiores moçambicanos foram igualmente entrevistados em Portugal quando eram estudantes universitários (em 2005 e 2007) o que permitiu ter uma perspetiva das suas trajetórias através de diferentes relatos obtidos em anos e lugares diferentes (Portugal e Moçambique)[7]. Todos estes estudantes e ex-estudantes foram escolhidos por conveniência ou através do sistema "bola de neve" e todos realizaram parte ou a totalidade da sua formação superior em Portugal entre os anos de 1990 e 2011.

---

[7] O número de informantes sobre os quais se baseia a presente análise está relacionado com opções definidas pela equipa do projeto interdisciplinar que a enquadra. Este projeto teve em consideração o número total de estudantes de cada um dos PALOP que frequentavam as universidades portuguesas no ano letivo de 2007-2008 (ano letivo sobre o qual foi possível obter a informação mais recente). Face a esse número e ao tempo disponível para a realização do trabalho de campo em cada um dos países, definiu-se um número mínimo de entrevistas a realizar quer em Portugal, quer nos cinco PALOP.

FIG. 1 – *Nº de estudantes entrevistados em Portugal e grau de ensino que frequentam*

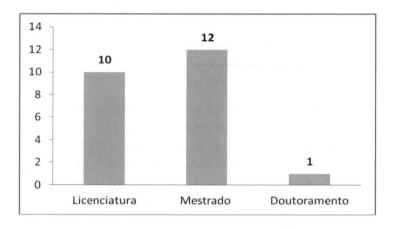

FIG. 2 – *Grau académico dos quadros superiores entrevistados em Moçambique*

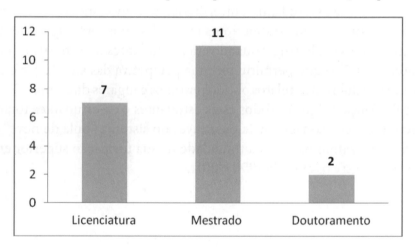

Pertencendo a gerações diferentes e com idades compreendidas entre os 18 e os 50 anos, estas 20 mulheres e 23 homens, maioritariamente estudantes (23) e professores universitários (11), experimentaram vivências diversas relacionadas com as idades respetivas, com a fase em que se encontram no seu percurso de formação ou profissional e com a sua origem socioeconómica e cultural.

A pertença a diferentes gerações constitui um elemento primordial de distinção na nossa análise, já que os diferentes contextos históricos e políticos adquirem em cada época e para cada faixa etária uma importância específica nos respetivos processos agenciais (Faria, 2012). Assim, a grande maioria (20) dos estudantes entrevistados em Portugal tem menos de 32 anos, enquanto a maioria (17) dos 20 entrevistados em Moçambique ultrapassa essa idade. Os dois estudantes mais velhos, respetivamente com 40 e 46 anos de idade, residem em Portugal há muitos anos, vieram fazer licenciaturas, "foram ficando" e na altura em que se realizou a entrevista frequentavam mestrados. Os mais novos dos entrevistados em Moçambique eram todos recém-licenciados.

Para além de partilharem o facto de durante alguns anos das suas vidas terem vivido (ou viverem) em Portugal e aí adquirido (ou estarem a adquirir) parte ou a totalidade da formação superior que agora possuem, a maioria destes informantes (32) faz parte da primeira geração de licenciados da respetiva família[8]. Dos doze informantes que têm pelo menos um dos progenitores licenciados, nove têm menos de 30 anos. Os dois informantes mais velhos que têm o pai licenciado, num dos casos este progenitor formou-se já em adulto e no outro caso adquiriu uma formação média no tempo colonial que posteriormente foi equiparada a curso superior: "Ele é médico, não chegou a fazer propriamente o ensino superior, aprendeu naquelas formações coloniais" (QS9[9], sexo feminino, 30 anos).

Assim, para além de o critério geracional permitir fazer algumas distinções no conjunto dos informantes, considera-se importante ter em consideração outros critérios relacionados com o facto de os informantes pertencerem ou não à primeira geração de licenciados da família e de serem não descendentes de famílias de assimilados[10].

---

[8] Incluímos aqui um informante que apesar de não ter pais licenciados tem membros da família da geração dos pais (tios) com mestrado e um avô licenciado.
[9] Por motivos de preservação do anonimato dos entrevistados optou-se por codificar os entrevistados com números, de acordo com o seu grau de formação (quadro superior – QS, ou estudante – E), o sexo e a idade.
[10] De acordo com este estatuto que foi abolido em 1960, o "assimilado" era todo o africano que tivesse mais de 18 anos, falasse corretamente a língua portuguesa, exercesse uma

Estes últimos critérios baseados tanto na "herança" de capital escolar de nível superior (ver Faria, 2012; Bourdieu & Passeron, 1964) como na herança de um estatuto social e cultural ao qual está associado igualmente o capital escolar[11] (embora não de nível superior), permitem isolar um grupo de 24 entrevistados – descendentes de famílias de assimilados e/ou de progenitores com curso superior – dos restantes que não descendem de famílias que foram assimiladas no tempo colonial, nem de progenitores com formação superior.

Considera-se a distinção baseada nestes critérios como particularmente elucidativa dos processos de mudança social e cultural que ocorreram em Moçambique nestas últimas décadas e do papel que a formação superior aí desempenhou e desempenha. Os outros critérios que poderiam ser utilizados, nomeadamente socioeconómicos ou relacionados com as zonas geográficas de origem das famílias dos informantes (rurais ou urbanas) e que também se mencionam adiante neste texto ou se incorporam nos critérios acima mencionados ou não são relevantes para a compreensão dos fatores que estruturam estes percursos estudantis.

O relevo dado ao facto de os informantes descenderem de progenitores com cursos superiores e/ou de famílias assimiladas deriva de estes fatores permitirem afirmar a sua pertença a uma certa elite[12] moçambicana. Porém esta pertença a uma elite é raramente assumida pelos entrevistados e só em alguns casos estes responderam afirmativamente a esta questão, embora quando levados a refletir sobre o assunto alguns

---

profissão da qual tirasse o rendimento necessário à subsistência própria e das pessoas da sua família a seu cargo ou possuísse bens suficientes para o mesmo fim, tivesse um bom comportamento e tivesse adquirido a educação e os costumes necessários à aplicação integral do direito público e privado dos cidadãos portugueses. Os restantes africanos eram considerados "indígenas" e não cidadãos de pleno direito (cf. Castro, 1980, p. 413).
[11] Todos aqueles que descendem de famílias de assimilados são filhos de pai alfabetizado, alguns destes com a instrução primária e outros com cursos médios.
[12] O significado que aqui se atribui ao termo "elites" é lato e consideramos, na esteira de Andrea Behrends e Carola Lentz (2004, p. 4), que pertencem a elites os indivíduos que ocupam posições de liderança em várias esferas (políticas, económicas, culturais ou intelectuais) nas quais participam regular e decisivamente nos processos de decisão.

mudassem a sua opinião conforme o exemplo que aqui se apresenta: "Hum... não creio... o que chamam elite moçambicana? Se eu voltar para Moçambique farei parte dos quadros superiores. Se considerarem que os quadros superiores são uma elite, talvez" (E2, sexo feminino, 32 anos).

Porém e independentemente de os informantes assumirem a sua descendência de famílias que foram assimiladas no tempo colonial ou de progenitores com um curso superior como um fator de distinção, tal não invalida o facto de estes fatores serem elementos socialmente distintivos. E efetivamente os que se encontram nesta situação ocupam (os próprios ou os pais) uma situação de destaque em termos económicos, sociais e profissionais, sendo a sua posição atual na sociedade moçambicana, ou resultado de estratégias de ascensão social delineadas há várias gerações ou fruto das oportunidades de ascensão social e económica geradas no pós-independência.

O facto de terem um progenitor com curso superior constitui, indiscutivelmente, um elemento de distinção social e cultural num país onde a percentagem da população com este grau académico era e ainda é muito reduzida, apesar de ter aumentado significativamente nas últimas duas décadas (em 1990 apenas 0,27 por mil habitantes tinha um curso superior, passando para 0,96 em 2002 e 2,3 em 2007) (MESCT, 2003, p. 32; INE, 2007; Costa, 2011). Igualmente, os descendentes de famílias que eram assimiladas no tempo colonial fazem parte de uma ínfima minoria da população moçambicana – as estimativas[13] apontam para um total de cinco mil descendentes de assimilados no final da época colonial, numa população que rondaria os 8.200.000 (Sheldon, 2002, citado em Sumich, 2008, p. 324) – que durante o período colonial tinha um conjunto de privilégios que a destacava da restante e largamente maioritária população "indígena", nomeadamente isenção de

---

[13] "A estimativa talvez peque por defeito, já que inclui apenas as famílias mais importantes da classe dos assimilados" (Sumich, 2008, p. 324).

trabalhos forçados, acesso facilitado à residência urbana, à educação e ao emprego, e um conjunto de direitos civis[14].

Por outro lado, apesar de esse estatuto referir que era necessário ter mais de 18 anos para poder ser assimilado, os filhos de um assimilado eram considerados assimilados e como tal o estatuto era herdado. As conotações deste estatuto perduraram muito para além da sua abolição e as famílias que um dia foram assimiladas continuaram assim a ser conhecidas e a autodesignarem-se, mesmo após a abolição do estatuto, o que explica os motivos por que muitos dos informantes referiram o facto de o pai ter sido assimilado no tempo colonial mesmo quando se referem a épocas posteriores à abolição deste estatuto.

Se muitos dos elementos deste grupo fizeram parte da FRELIMO durante a luta pela libertação, ascendendo após a independência a lugares de poder dentro da elite política que governou o país, houve outros que por não terem aderido à luta anticolonial foram olhados com desconfiança e marginalizados ou mesmo perseguidos nesse período (cf. Hall & Young, 1997; Pitcher, 2002). Paralelamente, muitos dos ex--assimilados perderam parte do seu poder económico após a independência nacional. Nomeadamente devido ao facto de as profissões que exerciam – enfermeiros, professores, ferroviários e pequenos funcionários públicos – terem perdido muito do prestígio e valor económico e social que auferiam no período colonial, sobretudo após a liberalização económica mas também no período socialista. Nesta época, por exemplo, aqueles que eram, como os pais de um informante, senhorios, perderam as casas devido às nacionalizações do parque imobiliário: "Foi um momento muito marcante... o processo de desapropriação foi muito complicado (...) Tínhamos a casa na Mafalala alugada mas perdemo-la nessa altura" (QS17, sexo masculino, 48 anos).

Tal obriga a ter cuidado com generalizações excessivas acerca do lugar hierárquico ocupado por este grupo nas diferentes fases que se seguem ao período pós-independência. No entanto, não impede que

---

[14] Os assimilados estavam sob a alçada da lei civil, ao contrário dos indígenas, que estavam sujeitos à lei "consuetudinária". Sobre este assunto ver Mondlane (1969), O'Laughlin (2000), Penvenne (1989), Sumich (2008), Zamparoni (2000, 2006).

se constate que a descendência de famílias de assimilados constitui ainda um fator gerador de distinção social indissociável do facto deste grupo ter tido acesso a uma certa formação escolar durante o período colonial e de tal ter tido repercussões em termos da estratificação social observável após a independência, devido, entre outros fatores, ao êxodo dos quadros superiores de origem portuguesa e à sua substituição por quadros nacionais de nível médio. Como refere Sumich (2008, p. 337), após a independência assiste-se em Moçambique, e especialmente em Maputo, a um enorme aumento da mobilidade social, pois "o êxodo dos portugueses deixara vagos praticamente todos os cargos profissionais e administrativos do país e, pela primeira vez, os moçambicanos viam-se promovidos às posições anteriormente ocupadas pelos colonialistas".

A importância que a família assimilada e letrada assume na educação formal dos seus descendentes é ainda comprovada pelo facto de a maioria dos informantes que partilham esta situação referirem que não constituíram uma exceção na sua geração pois muitos dos seus irmãos frequentam ou já concluíram cursos superiores. Os informantes nesta situação (das várias faixas etárias) fizeram ainda questão de salientar que não foi a falta de oportunidades que impediu os irmãos de frequentar a universidade quando nem todos tinham ascendido a este nível de ensino.

Por todos estes motivos, os descendentes de famílias assimiladas, para além de expressarem algum orgulho por esse facto, mencionam a influência marcante dos membros da família que possuíam uma formação escolar no seu percurso estudantil.

> [Quem mais o influenciou?] O meu tio-avô que se chamava S. L., pertencia ao primeiro grupo de professores negros formados na Manhiça. Tinha uma cultura muito grande e juntava latim e grego com a quarta classe [...], os meus avós quer maternos e paternos tinham uma formação escolar (QS18, sexo masculino, 50 anos).

Os restantes entrevistados, não descendentes de famílias de assimilados ou de pais com cursos superiores, relataram que o seu percurso escolar foi uma exceção na família (na grande maioria dos casos foram os únicos da sua geração que frequentaram a universidade) e que este se deveu em grande parte a apoios familiares que, entre outros fatores, envolveram entreajudas, trocas e retribuições entre os diferentes parentes.

> Na minha família não ligavam a isso [aos estudos] mas os meus irmãos não me impediam de fazer, achavam que era bom mas nunca me incentivaram [...] acho que o mérito é meu. Mas os meus irmãos trabalhavam e eu estudava, sem isso não teria conseguido [...] É normal este tipo de ajuda. Eu devo ao meu irmão mais velho, tenho uma dívida de gratidão com ele. Ele tem dois filhos e eu vou apoiá-los, tenho de apoiar (QS7, sexo masculino, 34 anos).

> Os irmãos mais velhos começaram a assumir as despesas dos irmãos mais novos [...] lembro-me que nunca pedi aos meus pais dinheiro para pagar propinas, os meus irmãos é que pagavam, eles é que compravam roupas e por isso não me preocupava com outras coisas senão com o avançar na escola [...]. No meu caso sentia a preocupação de todos até na decisão de vir para cá (Portugal) prosseguir os estudos. Eles é que mandam dinheiro e não os meus pais porque são reformados. Pode ser essa a razão, os mais velhos rapidamente são pressionados para entrar no mercado de trabalho e a preocupação é de garantir que os mais novos estudem (E22, sexo masculino, 30 anos).

A relação entre o grau de escolarização dos pais dos informantes, a descendência de famílias assimiladas e a situação económica que estes tiveram na infância e na juventude também pode ser constatada nesta análise. Assim, a maioria dos filhos de pais licenciados ou descendentes de famílias de assimilados afirmaram que não passaram dificuldades económicas na infância e juventude, quer fossem jovens no tempo colonial, no período socialista pós-independência ou posteriormente, como os discursos abaixo exemplificam:

> Nós somos de uma classe média alta, sempre tivemos um bom Natal, roupa nova para cada festa, tivemos dinheiro para ter explicações. Os meus irmãos estudaram, os mais velhos têm ensino superior (QS2, mulher, 27 anos).

Eu nasci em Moçambique de famílias que para a época eram privilegiadas, portanto eu não posso dizer que fui um menino que passou fome [...]. Em Portugal tive a grave experiência de ser operário nas férias, fui trabalhar na fábrica de massas. E aquilo permitiu-me entrar em contato com pessoas de condição social baixa e foi um ensinamento muito grande, aprendi o que significava "trabalho". (QS18, sexo masculino, 50 anos).

Os restantes relatam fases difíceis – "Durante muitos anos a minha mãe teve três empregos" (E5, sexo feminino, 25 anos) e privações: "Houve momentos muito difíceis em que tínhamos uma refeição por dia e não era das melhores" (QS8, sexo masculino, 35 anos).

Quando penso na minha infância [...] passámos dificuldades, a minha mãe tinha que acordar às quatro da manhã para formar uma bicha muito grande para comprar açúcar, arroz ou pão [...]. Em casa tínhamos um quintal muito grande e plantávamos milho, abóboras. Os meus pais sempre tiveram machambas, e era uma das estratégias para ultrapassar as dificuldades (E23, sexo feminino, 25 anos).

Para além desses elementos que permitem distinguir estes dois grupos, ressaltam na análise dos percursos de vida do conjunto dos informantes algumas semelhanças que se passam a destacar.

A maioria dos entrevistados frequentou escolas públicas ao longo da sua formação básica e secundária. No entanto, enquanto apenas um dos informantes entrevistado em Maputo referiu que tinha frequentado uma escola privada no final do ensino secundário, vários dos estudantes universitários entrevistados em Portugal (6) relataram que ao longo do seu percurso escolar tinham frequentado escolas e até universidades privadas em Moçambique (surgidas sobretudo após o processo de liberalização económica[15]). Alguns dos informantes que frequentaram a escola pública referiram que essa frequência não esteve relacionada

---

[15] Algumas destas escolas privadas, destinadas à elite formada por filhos de expatriados e por filhos das famílias moçambicanas privilegiadas, como sejam a Escola Internacional e a Escola Portuguesa, surgiram ainda no período socialista.

com questões económicas mas com princípios educativos que o pai incutia e com os valores por ele defendidos.

> Sou da classe média. O nosso pai é uma pessoa muito honesta, a nossa elite é muito corrupta, [ele] nunca roubou, não ostenta, ele é [da classe] média alta. Andámos nas escolas públicas por opção, podíamos ir para as privadas mas o nosso pai só queria que nos aplicássemos e dizia que nas privadas os professores eram idênticos (QS9, sexo femenino, 35 anos).

Outros ainda, disseram que frequentaram escolas públicas apesar de os pais lhes terem proposto a frequência de escolas privadas, de elite:

> Os meus pais quiseram transferir-me para o colégio Kitava de Maputo, que é o colégio das famílias nobres que acabava de abrir, mas eu não queria que os meus pais gastassem muito dinheiro apesar de eles poderem pagar, nessa altura abriu o ensino pré-universitário na Josina Machel e fui para lá (E19, sexo masculino, 29 anos).

Em termos das regiões geográficas onde estudaram, cerca de metade (22) frequentou o ensino básico e secundário em Maputo/Matola e os restantes em cidades provinciais. Porém, enquanto os mais velhos (com mais de 40 anos) interromperam a sua formação ao nível do secundário ou num nível médio (deste grupo, os quatro mais velhos frequentaram todos a Escola de Formação de Professores) e só posteriormente frequentaram o ensino superior, a maioria dos mais novos prosseguiram sem grandes interrupções o seu percurso escolar até ao ensino superior e alguns para níveis pós-graduados (mestrados).

Todos, à exceção de um dos informantes, viveram com a família (nem sempre com os pais, à vezes com tios/as, avós, primos ou com os irmãos) durante a infância e juventude e até completar o ensino secundário. O informante que teve de sair de casa dos seus familiares fê-lo por estes, na altura, residirem numa localidade onde já não havia o nível de ensino que ia frequentar e posteriormente por decisão governamental. O relato do percurso escolar deste entrevistado (de 50 anos) é elucidativo do modo como o Governo/FRELIMO condicionou de forma decisiva a formação de toda uma geração de moçambicanos e, como tal, considera-se importante transcrevê-lo aqui:

> O meu ensino foi todo na Zambézia, uma parte no Chinde, outra parte em Quelimane e outra parte na Maganja da Costa. Com o 8 de março fui para Maputo, vivi dois anos no colégio, um tempo fora da família. Estava no quinto ano em 1977 e vim para Maputo exatamente porque nessa altura houve uma decisão do Governo de interromperem o sexto e sétimo anos. Enviaram as pessoas com mais formação para cursos, como por exemplo o de formação de professores. E vim para Maputo para a formação de professores de português. Estive um ano na faculdade, na preparatória e ao fim desse ano fui colocado no Niassa. Voltei em 1981 para a Faculdade de Educação para ser formado, para ensinar a sétima, oitava e nona classes e a décima e décima primeira classes. Simultaneamente, a universidade estava preocupada com o seu próprio corpo docente e com o bacharelato. Na altura já era monitor, e com o bacharelato comecei a pertencer ao quadro do corpo docente da universidade como assistente estagiário, e depois assistente (QS18, sexo masculino, 50 anos).

Ou seja, logo a seguir à independência o destino deste jovem, à semelhança de muitos outros da sua geração e que possuíam, como o próprio refere, "mais formação", foi traçado pelo Governo sem qualquer influência da sua vontade pessoal. Como refere outro informante: "No ano em que terminei o propedêutico não fazíamos escolhas, éramos orientados em função de uma orientação" (QS16, sexo masculino, 48 anos).

Outro informante, ao refletir sobre essa época sobre a forma como as decisões governamentais condicionavam, às vezes de forma irreversível, a vida dos cidadãos, relata:

> Em 1977 com a história do 8 de março praticamente acabaram a décima e décima primeira classes. As pessoas com a nona classe tinham várias saídas, ou iam fazer o propedêutico, ou iam para curso de formação de professores, ou para institutos técnicos [...]. Outros foram levados para países do Leste, tive amigos meus que foram para Cuba e nunca mais os vi. E muitos de nós fomos enviados para o propedêutico que era a continuação do 8

de março, onde tínhamos a secção de letras e de ciências. Eu fui para a secção de letras e uns anos depois fomos compulsivamente enviados para o curso de formação de professores. Foi contra a nossa vontade e contra a vontade dos nossos pais mas diziam que era uma prioridade do país. Havia ali critérios um pouco obscuros, diziam que os filhos de camponeses, operários é que iam estudar para fora. E eu? Mas sou filho de quê?! (QS17, sexo masculino, 48 anos).

Ambos informantes (e outros da mesma geração) referiram o dia 8 de março de 1977 como uma data marcante nas suas vidas e no seu percurso estudantil. Importa aqui recordar que foi nesse dia que Samora Machel se reuniu na cidade de Maputo com estudantes, professores e responsáveis do setor da educação e anunciou a supressão dos então sexto e sétimo anos do liceu, devendo os alunos desses níveis passar a frequentar cursos de formação de professores, cursos agrários, o exército ou o curso pré-universitário (Gómez, 1999, p. 311). Samora Machel implementava uma medida tomada no III Congresso da FRELIMO (fevereiro de 1977) "onde se definiu a necessidade de formação rápida de quadros para todos os setores da vida social e económica, como forma de assegurar a normalização da vida em todo o país" (Guebuza, 2004). Parte destes jovens foram enviados em regime de internato para um centro apelidado, exatamente, "8 de março". Quer os jovens do Centro 8 de Março, quer os restantes jovens desta geração e que tinham à volta de 20 anos ficaram conhecidos como os da *Geração 8 de março* e foram afetados a várias tarefas, consideradas prioritárias para o desenvolvimento do país, de forma a contribuirem para colmatar a falta de quadros provocada pelo êxodo dos portugueses (Guebuza, 2004; Mosca, 2010; Gómez, 1999).

A influência determinante do governo moçambicano no destino estudantil dos cidadãos deste país não é exclusiva à "geração 8 de março", continua por toda a década de 80 e, embora mais raramente, também pela década seguinte, como o testemunham dois outros entrevistados alguns anos mais novos:

Quando conclui a décima primeira classe, na altura a minha paixão era Economia, só que o Governo decidiu que devia criar a escola de Jornalismo e foi assim. Eu era uma pessoa que gostava de escrever e ouvia rádio. Saio de Gaza e venho para Maputo para estudar jornalismo. Foi a primeira vez que vim para Maputo. Em 1987 eu tinha 19 anos [...] frequentava o internato [...]. Era um curso muito rápido de um ano, seis meses de aulas e seis meses de prática. Conheci lá pessoas que... e eu queria ser como eles (QS13, sexo masculino, 43 anos).

Fiz a licenciatura em Administração em Moçambique e tornei-me administrador no Magistério Primário de Maputo e aí, eu e os meus colegas fomos obrigados a vir para Portugal fazer uma pós-graduação. Foi em 1996 e fiz uma pós-graduação na Universidade Católica de Viseu (E18, sexo masculino 40 anos).

Estas decisões governamentais vão condicionar todo o futuro profissional destes informantes. Estes primeiros cursos onde ingressaram por imposição governamental levam-nos a obter formação superior nessas mesmas áreas e se alguns, por acontecimentos diversos, voltaram posteriormente a estar profissionalmente ligados às suas áreas iniciais de preferência, a maioria continuou o caminho que o governo de Moçambique traçou na sua juventude.

Estudar em Portugal

Para além dos aspetos acima referidos que aproximam ou distinguem as diferentes gerações, um outro fator diferencia o grupo dos mais velhos (com mais de 32 anos) do grupo dos mais novos. Este relaciona-se com o facto de a grande maioria dos primeiros terem, após a conclusão da licenciatura em Portugal, regressado a Moçambique e só posteriormente retornado a Portugal para realizar formações de nível mais avançado. Esta era uma obrigatoriedade imposta pelo governo moçambicano, que lhes tinha concedido bolsas de estudo (ao abrigo dos acordos de cooperação com Portugal):

Fui fazer o mestrado quatro anos depois, essa era a prática. Nós depois da licenciatura tínhamos que fazer quatro anos de trabalho e só depois disso é que podíamos continuar, e compreende-se porque as pessoas eram poucas (QS16, sexo masculino, 48 anos).

Se alguns não cumpriram esta regra e ficaram em Portugal, fizeram-no "por sua conta e risco", perdendo a bolsa. Para evitar problemas desenvolveram estratégias como aquela que nos relata este informante:

> Fiquei oito anos em Portugal, eu teria feito a licenciatura em três anos mas percebi que podia fazer o mestrado mas tinha que ter autorização do governo moçambicano e também autorização de Portugal para permanecer, e pensei "se eu volto a Moçambique vou ficar oito anos à espera de uma oportunidade", então decidi suspender algumas cadeiras para justificar a minha permanência em mais um ano e permanecer em Portugal e assim fiz a minha licenciatura em quatro anos [...]. Quem patrocinou a minha vida foi o professor M.C., do Departamento de Línguas da Faculdade. Eu funcionava como bolseiro daquele departamento (QS18, sexo masculino, 50 anos).

Por outro lado, enquanto todos os mais velhos foram estudar com bolsas, a grande maioria dos mais novos ou foram por sua iniciativa (16) ou ainda por decisão dos pais ou tios. Contando, sobretudo, com apoio de familiares e tendo por vezes beneficiado de isenção de propinas em universidades privadas (ISPA, Lusófona) ou de poderem ingressar nas universidades públicas ao abrigo do Regime Especial que permite aos nacionais dos PALOP entrarem diretamente nas faculdades públicas portuguesas pagando propinas iguais aos alunos portugueses mas sem estarem sujeitos, como estes últimos, aos *numerus clausus*.

A garantia de poderem frequentar a universidade contitui um dos motivos principais que levou alguns destes informantes mais novos (4) a irem para Portugal, pois, e de acordo com as suas informações, não tinham conseguido lugar nas universidades públicas em Moçambique.

> Havia três possibilidades, ou ir para Universidade Eduardo Mondlane ou para Relações Internacionais e a terceira era ir para Portugal. Fiz o exame na UEM e reprovei, no Instituto de Relações Internacionais também chumbei [...] então fui para lá sem bolsa e meus pais ajudaram um pouco. O meu irmão foi para lá com uma bolsa do IPAD e eu consegui entrar por Regime Especial no mesmo curso do meu irmão que foi Gestão e Administração Pública (QS4, sexo masculino 30 anos).

Para além do apoio de familiares durante a sua estadia em Portugal – e o facto de terem familiares residentes em Portugal foi frequentemente apontado como um motivo para terem ido estudar para esse país – muitos destes estudantes trabalharam em empregos esporádicos (restaurantes, *call centers*) durante esse seu período de formação. Tal também aconteceu a alguns dos informantes mais velhos, que o fizeram como forma de completar o orçamento que a bolsa proporcionava ou em períodos em que se viram privados desta.

Assim, enquanto, com apenas uma exceção, a geração mais velha foi encaminhada para a formação no exterior pelo governo moçambicano – independentemente de as redes académicas entre Portugal e Moçambique terem também aí desempenhado um importante papel – muitos dos membros da geração mais nova vieram por sua iniciativa, incentivados por familiares, em alguns casos ao abrigo de acordos entre universidades e associações ou empresas ou, ainda nos casos em que essa formação se limitou à frequência de mestrados, fizeram-no com o apoio e por sugestão de professores de licenciatura que os ajudaram no processo de obtenção de bolsa.

Para muitos destes informantes, a escolha de Portugal parece resultar de um conjunto de circunstâncias que os ultrapassaram e não de decisões individuais relacionadas com os seus interesses académicos. Foram estudar para Portugal porque para lá foram enviados pelo Governo:

> Em 1986 fui estudar para Portugal porque a Faculdade de Letras estava encerrada. Portugal foi escolha do Ministério dos Negócios Estrangeiros pois existia um acordo de cooperação na área das línguas e linguística (QS15, sexo feminino, 46 anos).

Ou porque foi para este país que a bolsa lhes foi atribuída: "Inicialmente era para irmos ao Brasil [...] e algo aconteceu com o Brasil e fomos para Portugal pela embaixada portuguesa em 1990" (QS13, sexo masculino, 43 anos) ou ao abrigo de acordos entre universidades e associações:

> Conhecia uma pessoa com amigos a estudar em Portugal que me disse que me podia ajudar. Fiz uma série de formações sobre adaptação, enqua-

dramento [...] quem as organizou foi o Comité Amizade Moçambique-
-Portugal. Éramos 114, depois houve um período de seleção muito longo,
dois anos, até que ficámos 35 e viemos no tal regime especial. Escolhi o
curso, mas o acordo do Comité era apenas com a Lusófona, para onde fui
estudar (E15, sexo masculino, 30 anos).

Também existem alguns casos onde a existência de parcerias universitárias proporcionou a vinda para Portugal: "Fiz o mestrado em
Moçambique em parceria com a Universidade Clássica de Lisboa. Fiz o
primeiro ano em Maputo e parti para Lisboa em 2008 para fazer a dis-
sertação de mestrado" (QS12, sexo masculino, 38 anos). Como adiante
veremos, se o impacto de parcerias entre instituições de ensino superior
de ambos os países é diminuto, quer ao nível das decisões de partir,
quer em termos da sua estadia em Portugal, as redes entre académicos
de ambos os países constituíram, em paralelo com as redes familiares
e de amizade, um dos elementos facilitadores do seu acesso a bolsas de
estudo e a formações superiores em Portugal.

Porém, e independentemente do enquadramento de partida, a maioria dos informantes afirmaram que tiveram algumas dificuldades nos
primeiros tempos de adaptação à vida em Portugal. São mencionados
problemas de racismo, questões relacionadas com as diferentes manei-
ras de falar e escrever português e é referido o pouco contato com
colegas portugueses:

> Partiam do princípio de que o preto não fala português, ao nível de colegas
> achei divertido, as pessoas que não conheciam "África-pretos" e pergun-
> tavam: "Mas tu falas português e escreves?". Achei divertido um professor
> de língua inglesa... ele pensou que eu fosse... chamou-me e eu levantei-me
> e vira-se para a turma e diz "vocês não têm vergonha". Ele pensava que me
> estava a elogiar. Estes equívocos foram muito importantes porque para mim
> a questão não era racismo mas ignorância (QS18, sexo masculino, 50 anos).

> Não posso dizer que a integração foi fácil, porque dizem que o português é
> igual mas no fundo não é igual... a maneira de falar, escrever e os professores
> veem logo [...] os nossos apelidos [...]. Na verdade existe discriminação em

Portugal, na escola as pessoas convivem mas saem da escola e a situação é outra, nunca ia para casa dela [estudante portuguesa], encontrávamo-nos no café. [...] Os filhos podem aceitar [...] mas agora os pais, os avós é muito complicado... Lembro-me de uma situação caricata de um colega que foi para casa de um colega português [...], saiu e deixou a porta aberta, esqueceu-se de algo e quando voltou a avó disse "eu não quero negros aqui". [...] Eles são muito frios e uma das coisas que não gosto é de serem muito frios. São muito fechados (QS2, sexo feminino, 27 anos).

Os primeiros tempos foram difíceis [...] logo no dia seguinte já estava a pedir para voltar para casa [...]. Os primeiros três meses foram os piores [...]. Era mais a cultura porque a gente aqui não tem o mesmo tipo suporte que temos lá. É todo o mundo individual [...] é cada um por si [...] não há tanta união como a gente tem lá (E4, sexo masculino, 18 anos).

No entanto, a maioria referiu que muitas dessas dificuldades foram ultrapassadas e que "com o tempo" se sentiram integrados no meio social e académico que frequentavam. Embora alguns (7) mencionem que tiveram amigos portugueses, a maioria socializou com compatriotas, com estudantes oriundos dos outros PALOP e com estudantes *Erasmus*.

Se alguns referem o protagonismo que adquiriram junto dos estudantes do seu país, ou mesmo, de uma forma geral, no meio académico – "Fui o primeiro africano a coordenar uma residência universitária em Braga" (QS11, sexo masculino, 37 anos), outros mencionam a existência de alguns conflitos entre os moçambicanos de diferentes proveniências geográficas, sociais e políticas:

Assistia-se lá a uma segregação entre pessoas do sul de Moçambique e os que vêm de outras províncias. O regime de acesso às universidades é tratado ao nível da embaixada e há muitos estudantes da Beira para Portugal [...] e como sabe a cidade da Beira é governada por pessoas que não são da FRELIMO [...]. A maior parte deles nem sequer regressou e alguns conseguem conciliar a vertente académica com a profissional e demoram mais tempo porque reprovam (QS4, sexo masculino, 30 anos).

Identidades em reconstrução

As clivagens que ocorrem em Portugal entre diferentes grupos de estudantes moçambicanos em função das suas proveniências sociais, partidárias ou regionais (étnicas) caminham em paralelo, como igualmente se verificou numa análise realizada com estudantes moçambicanos em Portugal (Costa, 2010), com os processos de reconstrução identitários por que passam estes estudantes.

Antes de avançar nesta parte da análise importa precisar que neste texto se abordam as questões identitárias como sendo essencialmente processuais, "identificações em curso" nas palavras de Boaventura Sousa Santos (1994, p. 119), considerando que "toda a identidade, ou melhor, toda declaração identitária, tanto individual quanto colectiva (mesmo se, para um colectivo, é mais difícil admiti-lo), é então múltipla, inacabada, instável, sempre experimentada mais como uma busca que como um facto" e tem por isso um "carácter profundamente construído, processual e situacional" (Agier, 2001, p. 7). Partindo desta perspetiva teórica (Jenkins, 1996), e entendendo todas as "declarações identitárias", nas suas diferentes dimensões e manifestações (individual, étnica, regional, nacional, continental, linguística ou política), como resultantes de processos simultâneos de identificação, oposição e articulação entre o semelhante (o nós) e o diferente (os outros) (Costa, 2007, pp. 32-34), procura-se, neste capítulo, compreender as dinâmicas através das quais se estruturam as identidades culturais e sociais plurais dos estudantes[16] que aqui se analisam.

Pensar as questões identitárias de estudantes que vivem numa situação de transnacionalidade entendida esta "como um conjunto de múltiplos laços e interações que relacionam pessoas ou instituições entre diferentes fronteiras e Estados-Nações" (Vertovec, 1999, pp. 447-466), implica ter em conta que essa situação específica constitui um fator estruturante da sua personalidade. Para muitos deles, esta vivência em

---

[16] Entendendo, na sequência das conceções processualistas de Victor Turner (cf. Turner, 1969; Turner & Bruner, 1986) e da sua definição da experiência como um fenómeno social e culturalmente formulado, que os agentes sociais são o "produto complexo da inter-relação de vários contextos sociais e culturais" (Pina Cabral, 2000, p. 872).

Portugal foi também uma nova vivência de si próprios, na medida em que tomaram consciência daquilo que os distinguia dos muitos "outros" com os quais interagiram.

O confronto com outra cultura, a distância em relação ao país de origem, a aprendizagem dos outros (dos vários "outros") com quem se relacionaram, tudo isso se, por um lado, contribuiu, por oposição, para reforçar as várias dimensões em que a identidade destes estudantes se baseava antes da sua chegada a Portugal, por outro lado pôs em causa muitos dos alicerces a partir dos quais essas identidades se construíam. Este processo é simultaneamente lento e gradual, brusco e por choques. Essa transformação identitária não implicou um abandono total das referências em que se alicerçava a sua identidade anterior e a sua substituição por novas referências. Pelo contrário, implicou uma articulação complexa em que vários tipos de combinações foram possíveis e em que o abandono de certas referências coexistiu, paradoxalmente, com o reforço de outras. As novas referências tanto foram articuladas com as anteriores num processo sincrético, como coexistiram em "universos" paralelos, mesmo sendo antagónicas e contraditórias entre si. Essa coexistência pode ainda ser, consoante os casos, harmoniosa ou fonte de graves conflitos a diferentes níveis.

A ida para Portugal não foi a ida para um qualquer país estrangeiro. Foi a ida para um país do qual Moçambique foi colónia. Grande parte destes estudantes já nasceu num Moçambique independente, mas as memórias e as relações perduram, e todos eles construíram uma imagem mais ou menos idealizada de Portugal (negativa ou/e positiva). Alguns tinham aí familiares, e conheciam "histórias" da relação de Moçambique com Portugal, outros referem os estereótipos que traziam e como estes foram sendo postos em causa. Por exemplo, um dos informantes relata o seguinte sobre este assunto:

> Em relação à ideia que eu trazia, já formatada, é muito diferente: "os portugueses são maus. Porquê? Vocês foram os nossos colonizadores" [...] então as pessoas têm essa noção. [...] Mas não é aquilo que eu vejo no dia a dia. Não é nada do que as pessoas diziam em relação à ideia que eu já trazia formatada (E11, sexo masculino, 29 anos).

Sendo muitos dos informantes, como vimos, descendentes de "assimilados" com todas as implicações (culturais, educacionais) que a posse deste estatuto tinha para aqueles que a ele ascendiam, sendo por isso, educados em famílias com uma história de proximidade à cultura portuguesa. E, como também já foi referido, muitas destas famílias detêm ainda hoje posições sociais de destaque na sociedade moçambicana.

> Éramos uma família bastante abastada e o meu avô ainda pertencia àquela classe dos assimilados, ainda se fazia essa distinção. Os assimilados é o seguinte, quando foi a época do colonialismo, tínhamos os negros que trabalhavam no duro e depois tínhamos aqueles negros que aceitavam converter-se ao modo de vida dos colonos: aprender a língua, viver como se fossem [...] aquela parte da socialização [...] e ele era desse tipo, falava a língua portuguesa melhor que nós as duas [...] exatamente [...] a gramática perfeita, sem nenhum *bué* e coisas desse tipo e por causa disso nós éramos bastante abastados, tínhamos uma fazenda gigantesca, tínhamos gado, tínhamos culturas. Naquela época não existia assim dinheiro, as pessoas não eram ricas por ter dinheiro, eram ricas por terem propriedades e por ter bens materiais (E7, sexo feminino, 24 anos).

A chegada a Portugal é o encontro com um desconhecido extremamente familiar. Ou seja, trata-se de algo que desconhecem mas sobre o qual formaram imagens, e com o qual partilham elementos de identidade extremamente importantes, nomeadamente a língua portuguesa, e a maioria tem o português como língua materna. Apenas nove informantes referiram que em casa falavam outras línguas que não o português e muitos são originários de províncias do Norte e Centro do país.

> Eu tenho dificuldade em dizer isso [...] porque os meus são do Norte. A minha mãe é de Nampula, o meu pai é de Pemba e eu nasci em Maputo. Claro que falo a língua da minha mãe, que é macua. Eu considero sempre as minhas línguas maternas o macua e o ronga. Português é língua de comunicação (E2, sexo feminino, 32 anos).

> Apesar de falar português nós temos a nossa identidade cultural. A minha língua é chona. Esta língua é falada no distrito de Manica. Há quem lhe

chame chimanica [...] é a primeira, mesmo quando eu vou lá de férias com os meus pais eu comunico em chona. Com os meus familiares todos falo tudo em chona (E11, sexo masculino, 29 anos).

Independentemente de a grande maioria dos informantes ter a língua portuguesa como língua materna, muitos dos entrevistados (7) quando chegaram a Portugal depararam-se com dificuldades relativamente à compreensão e expressão do português – "Quando cheguei tive dificuldades em perceber. Vocês falavam muito rápido e também acho que vocês tinham dificuldade em perceber-me" (E12, sexo feminino, 25 anos).

Assim, o confronto destes estudantes com Portugal põe em relevo as dimensões identitárias relacionadas com a nacionalidade moçambicana, algo de extremamente complexo e que para alguns, eventualmente e pela primeira vez, se sobrepõe a outros níveis identitários que os estruturavam no seu país de origem (pertença étnica, regional, linguística, religiosa, cultural).

Se a dimensão nacional da identidade destes estudantes – o ser "moçambicano" – adquire em Portugal lugar preponderante no conjunto das diferentes dimensões em que se baseia a construção da sua identidade social, isso não garante, só por si, que o "ser-se moçambicano" seja algo de evidente para os próprios. Pelo contrário, a identidade nacional moçambicana está longe de ser um dado adquirido, existe como um processo cuja génese é relativamente recente e que está ainda em construção[17].

Mas o processo de transformação identitária por que passam os estudantes moçambicanos em Portugal é ainda, obviamente, um processo simultaneamente individual e coletivo. Individual, porque cada um tem uma experiência única de si e das suas múltiplas identidades sociais. Cada um reconstrói as várias dimensões em que essa identidade social se estrutura, nomeadamente a dimensão nacional, em função

---

[17] Vários autores moçambicanos se debruçaram sobre questões relacionadas com a identidade moçambicana. Ver, por exemplo, Ngoenha (1998), Macamo (1998), Serra (1998), Santana (2011).

da forma como interpreta e manipula os diferentes quadros de referência que fazem parte da sua memória e da sua história particular e coletiva. Coletivo, porque a maior parte dos estudantes moçambicanos em Portugal interage entre si. Por isso, a experiência dos outros – dos mais velhos e que já estavam em Portugal há mais anos, dos que vieram com eles na mesma altura –, a forma como essa experiência interfere na experiência individual de cada um, fazem parte desse processo de transformação identitário. Simultaneamente, essa experiência coletiva de reconstrução identitária faz-se por identificações e oposições "internas" (na relação com os outros estudantes moçambicanos) e "externas" (na relação com estudantes não moçambicanos). Internamente, porque dentro do grupo de estudantes moçambicanos há, como já foi mencionado, vários subgrupos. As diferentes identificações e oposições entre si contribuem para reforçar certas dimensões específicas da identidade social de cada indivíduo em detrimento de outras. Externamente, esse processo construiu-se face aos grupos de estudantes não moçambicanos com os quais interagiram e face aos quais se identificaram, ou se opuseram, consoante as circunstâncias, consoante o tempo de estadia em Portugal, e consoante as suas posições relativas nos diferentes grupos de estudantes com os quais se identificavam[18].

Muitas das identificações e oposições que estruturam a identidade social destes informantes durante a sua estadia em Portugal relacionaram-se com o facto de serem identificados e de se identificarem como africanos e negros e de serem vítimas de racismo ou de práticas discriminatórias nas suas vivências quotidianas. A condição de africano e negro cria em Portugal, de imediato, uma identidade "outra" (mesmo para aqueles que já nasceram em Portugal e são descendentes de segundas e terceiras gerações de imigrantes). O facto de estes estudantes partilharem com outros estudantes a cor da pele, associada a um conjunto significativo de práticas culturais, mais ou menos estereotipadas,

---

[18] Para uma discussão mais abrangente sobre os processos de recriação identitários nas comunidades moçambicanas residentes em Portugal e sobre a sua relevância para a construção da identidade moçambicana, ver Santana (2011) e Costa (2010).

gera a criação de comunidades específicas africanas no meio estudantil universitário.

Redes sociais e cooperação ao nível do ensino superior
A criação de comunidades específicas africanas no meio estudantil universitário explica a existência em certas universidades de associações de estudantes africanos ou a organização de eventos coletivos como a Semana Africana. Estas comunidades, cujas afinidades são atravessadas por estereótipos reforçados pelo olhar português em relação ao negro e a África, congregam-se em torno dos referentes identitários relativos à sua condição de africanos e por oposição aos outros estudantes portugueses e estrangeiros que frequentam universidades portuguesas.

O grau de organização dos estudantes universitários africanos depende ainda do apoio institucional que as universidades e respetivas associações de estudantes disponibilizam para a constituição de núcleos diferenciados. Assim, se há universidades que não têm qualquer núcleo de estudantes africanos, outras há que têm apenas um núcleo ou associação de estudantes africanos (por exemplo a Universidade Lusófona) e outras ainda que em certos anos têm núcleos por nacionalidade mas que noutros anos, por os estudantes que os dinamizaram terem entretanto saído, podem já não ter nenhum. A história desses diferentes núcleos ou associações é diferenciada, mas está longe de ser coesa e existem conflitos, desconfianças e desavenças no meio universitário "africano", entre os estudantes originários dos diferentes países, como existem conflitos entre aqueles que, originários de um mesmo país, se identificam de forma diferente com as suas raízes em função do tempo de estadia em Portugal, de opções políticas divergentes e das diferentes circunstâncias das suas vidas.

> Aqui em Portugal há muitos grupos, há o grupo da associação, muitos que os pais são ministros, ou eram, ou parecido. Eu não sou da associação embora tenha sido convidado para fazer parte da associação. Acho que não me traria vantagens, vou jogar futebol com eles, quando há festas, tenho as minhas festas aqui em Lisboa também. Mas às atividades da Associação não vou porque é constituída por esse grupo que se juntaram por causa

desse tipo de laços. Bolseiros somos poucos. A distinção entre grupos cá, tem sobretudo a ver com política, em Moçambique para se estar bem tem de se ser [...] para se ser bom funcionário em Moçambique é preciso ser da política e da FRELIMO, não da RENAMO. Aqui em Lisboa nota-se os que estão ligados à FRELIMO, aqueles que os pais são bem destacados na FRELIMO também são aqui [...], se há os da RENAMO eu não sei quem são. Mas é perigoso não ser da FRELIMO, só o simples facto de ver as coisas com outros olhos... não ser da FRELIMO é ser da RENAMO, é complicado (QS7, sexo masculino, 34 anos).

A existência destes grupos demonstra a importância das afinidades existentes dentro de cada grupo e o facto de estas serem prévias à vinda dos estudantes para Portugal e perdurarem após o regresso a Moçambique. Através dessas afinidades as redes sociais perpetuam-se, consolidam-se e reproduzem-se, influenciando, como adiante se analisará, a vida de todos os que a elas pertencem.

Para além da pertença a associações académicas (especificamente africanas ou organizadas por países), a maioria dos entrevistados mencionou a importância de diverso tipo de redes sociais[19] em termos do apoio e enquadramento, quer ao nível da decisão de partir, quer em termos da sua integração em Portugal, quer posteriormente na sua reintegração em Moçambique.

Em primeiro lugar destacam-se as redes académicas e o papel de relevo que professores e colegas tiveram neste processo, quer em Moçambique, quer em Portugal.

A ideia (de ir para Portugal) foi do professor I.A. Vi o anúncio para a bolsa e candidatei-me, fiquei à espera. Fui a Portugal de férias e lá soube que tinha ganho a bolsa mas só tive a bolsa oito meses depois [...]. Trabalhava em cafés, hotéis, dava para pagar o quarto, viver. Comecei o mestrado um mês depois [...]. Recebi a bolsa com retroativos. O professor I.A. apoiou para acelerarem a bolsa, ligou para lá e dois meses depois tive a bolsa (QS9, sexo feminino, 35 anos).

[19] Para uma discussão sobre este conceito, ver Costa (2009, 2010) e Faria (2011).

Fui para o mestrado em Estudos Africanos porque pedi ao M.E. (professor) que me lesse a tese de licenciatura, no fim ele gostou e foi ele que perguntou se eu queria ir, disse que sim e vim. Foi ele que tratou de tudo (QS7, sexo masculino, 34 anos).

Seguidamente é referida a importância das redes familiares, e onze dos entrevistados referem que foram estudar para Portugal porque tinham familiares que aí residiam. Por último, surge a menção a redes empresariais. Estas redes são apenas mencionadas pela geração mais nova pelo facto de terem possibilitado a concessão de bolsas de estudo para Portugal e, posteriormente, terem facilitado a inserção profissional em Moçambique. Por exemplo, três informantes realizaram no final da licenciatura estágios em bancos portugueses que têm participação em bancos moçambicanos e quando regressaram arranjaram trabalho nesses bancos. Uma das informantes foi estudar para Portugal ao abrigo de um acordo entre uma empresa moçambicana e uma universidade privada portuguesa, em que a primeira financiava as viagens e a estadia e a última garantia a isenção de propinas:

Soube pelo meu pai do lançamento de bolsas de estudo para Portugal para filhos de trabalhadores da empresa (Aeroportos de Moçambique). A empresa tinha uma parceria com a Universidade Lusófona e com alguns ministérios, custeavam os bolseiros dando mesada para cobrir as despesas de estadia, pagavam as passagens aéreas e a universidade tratava das propinas. O concurso era limitado somente a duas vagas, concorremos duas pessoas, eu e uma colega da província de Tete e fomos admitidas. Com as vagas a empresa pretendia preencher um vazio na área de Marketing, Publicidade e Relações Públicas, e nós teríamos colocação após o regresso (QS1, sexo feminino, 21 anos).

Por outro lado, apesar de muitos dos que já regressaram a Moçambique mencionarem que fizeram amigos e contatos académicos e profissionais durante a sua estadia em Portugal e de essa estadia ter sido em muitos casos bastante longa (entre um e dez anos e a média da duração das estadias foi de cinco anos e meio), ocorrendo numa altura decisiva do seu ciclo de vida em termos da criação de laços de amizade e de afinidades disciplinares e profissionais, a manutenção dessas relações após o seu regresso foi mais rara e poucos mencionam a sua importância em termos de progressão na carreira ou de inserção em redes académicas ou empresariais internacionais.

Paralelamente, os contatos e conhecimentos mencionados e que se estabeleceram durante a sua permanência em Portugal não foram desenvolvidos maioritariamente com portugueses mas com colegas moçambicanos e com outros colegas provenientes dos PALOP. Há exceções, nomeadamente três estudantes fizeram boas amizades com estudantes portugueses, um dos ex-estudantes casou-se com uma portuguesa e refere o apoio de professores portugueses durante a sua permanência em Portugal; um outro realça que os contatos com os professores que conheceu no mestrado continuaram após o seu regresso a Moçambique. No entanto, nenhum mencionou que, por sua iniciativa, por iniciativa das instituições que frequentaram em Portugal ou daquelas que lhes deram a bolsa de estudo, se tivessem desenvolvido parcerias ou colaborações entre as faculdades e os institutos superiores onde estão inseridos atualmente como professores e diretores, e aqueles que frequentaram em Portugal.

Assim, apesar de pertencerem a gerações diferentes, os informantes abrangidos por este estudo realçam o mesmo facto: a ausência de estruturas ou mecanismos de apoio que ajudem na consolidação de redes académicas e profissionais entre os dois países, redes essas que, por sua iniciativa e isoladamente, os entrevistados não conseguem (por vários motivos) manter. Quando essas redes existem, elas efetivam-se sobretudo ao nível das direções (das universidades, faculdades e empresas), como se mencionou acima para o caso dos bancos e da parceria entre uma empresa dos Aeroportos de Moçambique e a Universidade Lusófona. Ou então mantêm-se ao nível dos contatos individuais, informais e esporádicos, de onde podem, por vezes, surgir algumas oportunidades profissionais (por exemplo convites para participar em congressos) mas sem qualquer tipo de estruturação que possibilite a sua continuidade ou desenvolvimento.

Apesar de existirem algumas parcerias inter-universitárias entre Portugal e Moçambique (IPAD, 2010) que têm como base redes académicas e de amizade que remontam, algumas delas, ao período colonial, tal facto não impede que se constate que, efetivamente, não existem iniciativas formais, estatais ou privadas que promovam, de uma forma global e sustentada, os contatos entre os moçambicanos que estudaram em Portugal e as universidades que estes frequentaram ou a instituição portuguesa que financiou a sua formação. É provável que esta situação se altere muito rapidamente, quer devido à expansão das redes sociais virtuais, quer, sobretudo, pelas alterações que o sistema universitário internacional tem vindo sofrer. E se a cooperação ao nível do ensino superior entre Portugal e Moçambique, ainda no início dos anos 90, consistia, sobretudo, em programas de bolsas, existem hoje alguns protocolos de cooperação inter-universitária que envolvem formações conjuntas (por exemplo um dos entrevistados frequentou uma licenciatura e um mestrado em Direito em Moçambique ao abrigo de uma destas parcerias, e por esse motivo foi defender a tese em Portugal) e programas internacionais que possibilitam a ligação das universidades de diferentes países (*Erasmus Mundus*, EDULINK).

Impacto da formação superior de moçambicanos em Portugal no processo de desenvolvimento de Moçambique
Por um conjunto de razões mencionadas no início deste capítulo é difícil aferir qual o impacto que a formação superior de moçambicanos em Portugal teve ou tem no processo de desenvolvimento de Moçambique. Para além dos aspetos já mencionados, outros contribuem para a dificuldade de fornecer respostas a esta questão e que se relacionam com os diversos significados (ou dimensões) do termo desenvolvimento (desenvolvimento económico do país ou desenvolvimento humano e social? Desenvolvimento do sistema universitário, em termos quantitativos ou qualitativos?) e com a falta de dados disponíveis que permitam enquadrar e comparar a formação superior que os moçambicanos receberam em Portugal com as formações do mesmo nível obtidas em Moçambique ou noutros países. Ou seja, a ausência desses dados não permite o isolamento da variável "local de formação" relativamente à

variável "nível de formação" e das implicações de ambas para o desenvolvimento de Moçambique, e como tal não é possível extrair conclusões. Por todos estes fatores apresentam-se neste capítulo as opiniões que sobre esta matéria têm os vários entrevistados e que nos elucidam sobre todo um conjunto questões que se relacionam com os vários sentidos que o conceito de desenvolvimento pode encerrar.

As respostas fornecidas – explicitamente a questão foi colocada de forma aberta, com o objetivo de aferir os vários significados que os atores sociais atribuem à expressão "contribuir para o desenvolvimento de Moçambique" – variaram muito. Houve quem se limitasse a afirmar que a contribuição para o desenvolvimento deveria vir sobretudo da instituição onde atualmente trabalham, outros afirmaram que a responsabilidade de promover o desenvolvimento era de todos os moçambicanos, e muitos mencionaram a importância da educação, e da formação de quadros superiores em particular, como um fator fundamental na promoção do desenvolvimento do seu país. Porém houve quem criticasse os governantes moçambicanos por serem corruptos e por isso não promoverem o desenvolvimento de Moçambique – "Quem está lá no poder só enche os bolsos para os seus familiares. O que prejudica a maioria. É o povo que paga impostos" (E11, sexo masculino, 29 anos) – ou, expressando aquilo que em muitas outras conversas informais foi igualmente veiculado, demontraram dúvidas relativamente à possibidade de os "interesses instalados" permitirem que a formação que adquiriram possa ser aplicada:

> A minha formação em Portugal pode contribuir para o desenvolvimento do país. Podemos mudar e contribuir para o desenvolvimento do país, no entanto, a questão é se vamos mudar. Isso é outra coisa porque se coloca a vertente política [...], existe ainda uma certa resistência por parte de quem está no poder, não estão abertos a novas ideias, ou seja em vez de se olhar quem se formou fora como uma mais-valia é visto como ameaça (QS4, sexo masculino, 30 anos).

Outros ainda comentam o estado de desenvolvimento de Moçambique e mostram-se céticos em relação às possibilidades de mudança:

É que a nível rural (....) está fora. Completamente fora daquilo que nós classificamos como uma sociedade. Tu não podes exigir mais de uma pessoa. Tu tinhas pessoas a dizer quando eu perguntava – Ah, mas já procurou fazer o teste [de HIV]? Ah, já. Mas se a gente não morrer disso há de morrer de fome. Qual é a diferença? [...] O que é que tu podes esperar de uma mãe que nem [de?] comer tem para dar à filha? Esperas que ela chegue a casa e faça os deveres de casa com ela, não?! [...] Para aquela mulher o único objetivo do dia dela é dar de comer aos filhos e é que ninguém morra à fome e ninguém morra de doenças (E5, sexo feminino, 25 anos).

Por outro lado, há também sentimentos de frustração relativos às dificuldades que encontram em Moçambique para implementar melhorias académicas e profissionais, e inevitáveis comparações entre os recursos de que dispõem as universidades portuguesas e moçambicanas:

Estou a chegar mas com muito trabalho e estamos aqui a introduzir o mestrado em Química e pediram-me a mim para fazer o plano temático. Há doutores em Química, só que não há equipamento. Eu desde que cheguei aqui só tenho trabalho, tinha muitas ideias mas... aqui nesta universidade não tem nada a ver com Aveiro (QS8, sexo masculino, 34 anos).

Porém alguns dos estudantes quando confrontados com esta questão, mostraram-se otimistas em relação ao futuro e ao que esperam que a sua geração e as gerações vindouras possam fazer para promover o desenvolvimento do país:

Já temos jovens que querem trabalhar para o país, e quando digo isto não é ir trabalhar para o governo, é fazer alguma coisa para complementar aquilo que falta ao país [...]. As pessoas idealizam aquilo que o país lhes pode dar, o lucro que podem obter, que é um pouco triste [...] e o facto de os jovens terem essas ideias é bastante avançado contando que há 30 anos atrás estávamos em guerra e a única coisa em que se pensava era fugir, esconder-se. Hoje em dia pensamos em desenvolvimento, estudar, trabalhar para que os nossos filhos possam fazer melhor do que aquilo que nós vamos poder fazer, tenho a certeza que a luta não vai acabar por aqui, nem nós vamos conseguir fazer um décimo daquilo que o país precisa mas tenho ideia que se eu penso assim hoje, os meus filhos vão pensar melhor, acredito que os meus filhos vão fazer mais do que pensar (E7, sexo feminino, 24 anos).

Por fim, muitos daqueles que detêm responsabilidades académicas responderam a este tópico falando, sobretudo, em termos críticos da situação atual do desenvolvimento do ensino superior em Moçambique.

Estou muito pessimista, a minha experiência diz-me que desde 1986, que é o ano que comecei a ensinar, para cá houve uma degradação muito lenta da qualidade [...]. Por outro lado, a mim parece-me que o país está formar quadros superiores que não precisa ou pelo menos que não pode absorver (QS18, sexo masculino, 50 anos).

Assim pode-se concluir, em resultado deste estudo de caso, e para os informantes que contatámos, que a formação superior de moçambicanos em Portugal teve um impacto em termos de progressão na carreira e ascensão social dos formandos pois, com a exceção de uma jovem recém-chegada de Portugal e que, de qualquer forma, tem "emprego garantido", todos conseguiram uma colocação nas suas áreas de formação e todos consideram que a posição que ocupam atualmente se deve ao facto de terem, recentemente, ou há anos atrás, estudado em Portugal.

[A formação em Portugal] trouxe mudanças consideráveis. Para conseguir emprego foi muito importante. Para o Centro [de investigação onde trabalha] também foi muito bom pois fiquei em primeiro lugar, tinha mestrado. Foi muito importante profissionalmente como pessoa também, estar fora obriga a conviver de outra forma que não é parecida com a de cá (QS7, sexo masculino, 30 anos).

Eu não sei se teria sido igual [se tivesse estudado noutro país], eu não tive outra experiência de formação fora de Moçambique que não tivesse sido Portugal, portanto tenho consciência daquele contributo. Não tenho dúvidas de que a formação que eu recebi, a formação na universidade mas também aquilo que a vida em Portugal me permitiu ver, eu acho que contribuiu imenso para o que eu consegui fazer depois de regressar (QS18, sexo masculino, 50 anos).

Mas em Portugal para além do diploma aprenderam, como nos refere um dos informantes:

> A experiência de poder relativizar muitas coisas serviu para amadurecer – dois anos fora sozinho – e interagir com outras pessoas [...]. O aproveitamento foi muito bom e deu-me autoconfiança, "tenho qualidade". Logo que voltei, fui logo abandonado pelo meu professor [de quem era assistente antes de ter ido estudar para Portugal] (QS6, sexo masculino, 33 anos).

No entanto, importa frisar que em todos estes testemunhos não é tanto o país de formação que surge valorizado mas sim o facto de terem obtido um grau universitário no estrangeiro. Isto, apesar de todos mencionarem a importância da frequência das universidades em Portugal para a sua carreira profissional, e muitos referirem que se não tivessem tido essa formação não estariam a desempenhar as funções que presentemente exercem.

Reflexões finais

Apesar de este capítulo se centrar na análise de um conjunto muito diversificado de atores sociais, em termos etários e geracionais, origens geográficas, culturais e socioeconómicas, das trajetórias familiares e educacionais, e da atual situação socioprofissional, foi possível isolar um conjunto de aspetos partilhados pela maioria, que importa destacar.

Assim, há que referir o facto de a maioria fazer parte da primeira geração de licenciados da família respetiva e de os apoios e incentivos familiares terem sido mencionados como muito significativos para a sua progressão escolar. A análise do percurso estudantil e profissional dos informantes demonstra, igualmente, que se alguns ascenderam, por mérito próprio (e com o suporte das famílias) ao núcleo ainda muito restrito do mundo académico e universitário[20] moçambicano, outros, devido à posição social e económica que a família já detinha, foram "naturalmente", pela própria família para aí encaminhados como é o caso de todos aqueles que descendem de famílias de assimilados e/ou de progenitores com cursos superiores. Por último, há todos aqueles que foram encaminhados para esta formação superior impulsionados por decisões do governo de Moçambique.

Esta análise demonstra ainda a fragilidade das redes sociais, académicas e profissionais geradas no decurso da estadia em Portugal, sendo esta fragilidade explicada pela falta de estruturas de apoio institucionais portuguesas e moçambicanas.

Por último, mencionando os motivos que dificultam a aferição de conclusões relativamente ao impacto que a formação superior de moçambicanos em Portugal teve ou tem no processo de desenvolvimento de Moçambique, apresentam-se diversas opiniões dos entrevistados sobre essa temática. Salienta-se que embora esse impacto seja difícil de aferir, é possível, no entanto, concluir que, em termos individuais, de progressão na carreira e de ascensão social dos formandos, esse impacto foi considerado muito importante e frequentemente salientado pelos entrevistados.

---

[20] Em 2010 apenas 1,9% da população moçambicana (20 milhões de habitantes) frequentava o ensino superior, cerca de 75 mil estudantes, enquanto a média africana era de 5,5%. (*O País*, 8 de março de 2010, p. 9).

REFERÊNCIAS

AGIER, M. (2001). Distúrbios identitários em tempos de globalização. *MANA*, 7 (2), 7-33.

BEHRENDS, A., & LENTZ, C. (2004). Hard work, achievement and luck: Biographical narratives of a Ghanaian elite. Comunicação apresentada na *African Studies Association Annual Meeting*, Nova Orleans, novembro de 2004.

BOURDIEU, P., & PASSERON, J.-C. (1964). *Les héritiers. Les étudiants et la culture*. Paris: Les Éditions de Minuit.

CASTRO, A. (1980). *O sistema colonial português em África*. Lisboa: Caminho.

CARVALHO, C. (2011). O Centro de Estudos Africanos e a cooperação em Educação. In Costa, A. B., & Barreto, A. (Org.), *Actas do Congresso Internacional Portugal e os PALOP: Cooperação na área da Educação* (pp. 41-48). Lisboa: Instituto Universitário de Lisboa (ISCTE-IUL), Centro de Estudos Africanos, Escola Superior de Educação e Ciências Sociais – Instituto Politécnico de Leiria.

COSTA, A. B. (2007). *O preço da sombra. Sobrevivência e reprodução social entre famílias de Maputo*. Lisboa: Livros Horizonte.

COSTA, A. B. (2009). Emigração de quadros, formação superior e desenvolvimento: O caso de Moçambique. *Pro-Posições, 20* (1) (58), pp. 127-145.

COSTA, A. B. (2010). Estudantes moçambicanos em Lisboa: Dinâmicas identitárias e processos de mudança social e cultural. In Havik, P. J., Saraiva, C., & Tavin, J. A. (Org.), *Caminhos cruzados em História e Antropologia. Ensaios de homenagem a Jill Dias* (pp. 265-280). Lisboa: Imprensa de Ciências Sociais.

COSTA, A. B. (2011). O impacto das instituições de ensino superior nos processos de desenvolvimento local de Moçambique: O caso de Nampula. In Fauré, Y., & Rodrigues, C. (Org.), *Descentralização e dinâmicas do desenvolvimento local em Angola e Moçambique*. Lisboa: Almedina.

COSTA, A. B. (2012). Formação de quadros superiores moçambicanos em Portugal: Trajetórias, identidades e redes sociais. *Cadernos de Estudos Africanos*, 23, pp. 131-158.

DILIP, R., *et al.* (2011). *Leveraging migration for Africa remittances, skills, and investments*. Washington, D.C.: The World Bank.

DOCQUIER, F., & MARFOUK, A. (2006). International migration by education attainment in 1990-2000. In Ozden, C., & and Schiff, M. (Eds.),

International migration, remittances, and the brain drain. Washington, D.C.: The World Bank.

FARIA, M. L. (2011). *Redes sociais: Problematização do conceito e sua relevância para a investigação em curso.* Comunicação apresentada no Seminário Teórico do Projeto de Investigação "Formação superior e desenvolvimento: Cooperação Portuguesa com os PALOP", Centro de Estudos Africanos – ISCTE – IUL, 17 de março de 2011.

FARIA, M. L. (2012). *Educação avançada e desenvolvimento. A cooperação portuguesa com os PALOP – O caso de Angola.* Relatório do Projeto "Formação superior e desenvolvimento: Cooperação portuguesa com os PALOP (2010-2012)". Lisboa, Instituto Universitário de Lisboa (ISCTE-IUL), Centro de Estudos Africanos-IUL.

GUEBUZA, A. (2004). A geração de 8 de Março. Antes e depois. In http://http://macua.blogs.com/moambique_para_todos/2009/03/a-gera%C3%A7%C3%A3o-de-8-de-mar%C3%A7o.html (consultado em 15 de junho de 2011).

GÓMEZ, M. B. (1999). *Educação moçambicana: História de um processo: 1962-1984.* Maputo: Livraria Universitária, Universidade Eduardo Mondlane.

GOVERNO DE MOÇAMBIQUE. (2008). Instituições de ensino superior em Moçambique. In http://www.portaldogoverno.gov.mz/Informacao/edu/subfo_inst_ens_sup/ (consultado em 1 de novembro de 2008).

GPEARI (Gabinete de Planeamento, Estratégia, Avaliação e Relações Internacionais). (2009). Ciência, tecnologia e ensino superior. Cooperação entre Portugal e a Comunidade de Países de Língua Portuguesa [Dados Estatísticos]. In http://www.gpeari.mctes.pt (consultado em 10 de outubro de 2011).

GPEARI (Gabinete de Planeamento, Estratégia, Avaliação e Relações Internacionais). (2011). Relatório vagas e inscritos no ensino superior 2000-2001 a 2009-2010. In http://www.gpeari.mctes.pt (consultado em 7 de novembro de 2011).

HALL, M., & YOUNG, T. (1997). *Confronting Leviathan: Mozambique since independence.* Londres: Hurst & Company.

INE (Instituto Nacional de Estatística). (2007). In http://www.ine.gov.mz/ (consultado em 10 de maio de 2011).

IPAD (Instituto Português de Apoio ao Desenvolvimento). (2010). Evaluation of the indicative cooperation programme Portugal-Mozambique (2007-2010). In http://www.ipad.mne.gov.pt/index.php?option=com_content&task=view&id=160&Itemid=191 (consultado em 27de março de 2011).

JENKINS, R. (1996). *Social identity*. Londres & Nova Iorque: Routledge.

LANGA, P. (2010). Entrevista ao *Jornal Notícias*, 30 de agosto de 2010. In http://www.jornalnoticias.co.mz/pls/notimz2/getxml/pt/contentx/1079054 (consultado em 10 de fevereiro de 2011).

MACAMO, E. (1998). A influência da religião na formação de identidades sociais. In Serra, C. (Dir.), *Identidade, moçambicanidade e moçambicanização* (pp. 35-70). Maputo: Livraria Universitária, Universidade Eduardo Mondlane.

MESCT (Ministério do Ensino Superior, Ciência e Tecnologia). (2003). Indicadores de ciência e tecnologia em Moçambique, 2002-2003, Portal do Governo de Moçambique. In http://www.portaldogoverno.gov.mz/Informacao/ciencia_e_tecnologia/indcadores_c_t_moc.pdf (consultado em 21 de setembro de 2008).

MONDLANE, E. (1969). *The struggle for Mozambique*. Londres: Penguin Books.

MOSCA, J. (2009). "Oração de sapiência na Universidade Politécnica" (documento disponibilizado pelo autor).

MOSCA, J. (2010). "Geração da Independência". SAVANA, 12.03.2010. In http://comunidademocambicana.blogspot.com/2010/05/geracao-da--independencia.html (consultado em 14 de junho de 2011).

NOA, F. (2011). Ensino superior em Moçambique – Políticas, formação de quadros e construção da cidadania. In Costa, A. B., & Barreto, A., *Actas do Congresso Internacional Portugal e os PALOP: Cooperação na Área da Educação* (pp. 225-252). Lisboa: CEA/ISCTE. In http://blogs.esecs.ipleiria.pt/coopedu/

NGOENHA, S. E. (1998). Identidade moçambicana: Já e ainda não. In Serra, C. (Dir.), *Identidade, moçambicanidade e moçambicanização* (pp. 17-34). Maputo: Livraria Universitária, Universidade Eduardo Mondlane.

O'LAUGHLIN, B. (2000). Class and the customary: The ambiguous legacy of the indigenato in Mozambique. *African Affairs*, 99, pp. 5-42.

O PAÍS (2010), 8 de março de 2010.

Penvenne, J. (1989). "'We are all Portuguese!" Challenging the political economy of assimilation: Lourenço Marques, 1870-1933. In Vail, L. (Ed.), *The creation of tribalism in Southern Africa* (pp. 255-288). Berkeley & Los Angeles: University of California Press.

Pina Cabral, J. (2000). A difusão do limiar: Margens, hegemonias e contradições. *Análise Social, XXXIV* (153), 865-892.

Pitcher, A. (2002). *Transforming Mozambique: The politics of privatisation, 1975--2000*. Nova Iorque: Cambridge University Press.

Pondja, C. (2009). *Um olhar sobre os moçambicanos em Portugal: Estudantes no ensino superior*. Tese de Mestrado em Migrações Inter-Etnicidades e Transnacionalismo, 4 de maio de 2009 (FCSH), Universidade Nova de Lisboa (UNL), Lisboa, Portugal.

Rosário, L. (2010). "O ensino superior e cooperação internacional – A universidade africana e o mundo (Conclusão)". *Notícias*, 26.11.2010. In http://www.jornalnoticias.co.mz/pls/notimz2/getxml/pt/contentx/1134428 (consultado em 21 de abril de 2011).

Santana, E. P. (2011). *Moçambicanidades disputadas. Os ciclos de festas da independência de Moçambique e da comunidade moçambicana em Lisboa*. Lisboa: Fim de Século.

Santos, B. S. (1994). *Pela mão de Alice: O social e o político na pós-modernidade*. Porto: Afrontamento.

Serra, C. (Dir.) (1998). *Identidade, moçambicanidade e moçambicanização*. Maputo: Livraria Universitária, Universidade Eduardo Mondlane.

Sheldon, K. (2002). *Pounders of grain: A history of women, work and politics in Mozambique*. Portsmouth, New Hampshire: Heinemann.

Sumich, J. (2008). Construir uma nação: Ideologias de modernidade da elite moçambicana. *Análise Social, XLIII* (2), pp. 319-345.

Turner, V. (1969). *The ritual process: Structure and anti-structure*. Harmondsworth: Penguin Books.

Turner, V., & Bruner, E. M. (Org.) (1986). *The anthropology of experience*. Urbana & Chicago: University of Illinois Press.

Vertovec, S. (1999). Conceiving and researching transnationalism. *Ethnic and Racial Studies*, 22 (2), 447-462.

Zamparoni, V. D. (2000). Frugalidade, moralidade e respeito: A política do assimilacionismo em Moçambique, c. 1890-1930. In *X Congresso Internacio-*

nal da Associação Latino-Americana de Estudos Afro-asiáticos, Rio de Janeiro, 2000. In http://bibliotecavirtual.clacso.org.ar/ar/libros/aladaa/valde.rtf (consultado em 31 de janeiro de 2012).

ZAMPARONI, V. D. (2006). A política do assimilacionismo em Moçambique, c. 1890-1930. In Delgado, I. G., Albergaria, E., Ribeiro, G., & Bruno, R. (Org.), *Vozes (além) da África: Tópicos sobre identidade negra, literatura e história africanas* (pp. 145-176). Juiz de Fora: UFJF.

Educação avançada e desenvolvimento. Formação de estudantes angolanos em Portugal

Margarida Lima de Faria
Instituto de Investigação Científica Tropical – IICT

Ermelinda Liberato
Centro de Estudos Africanos – ISCTE-UL

RESUMO: *A evolução das gerações de estudantes angolanos a estudar em Portugal vem acompanhando a sucessão das mudanças sociais que caraterizam a história recente de Angola. Os muitos estudantes que ingressaram no ensino superior foram resgatados dos mais variados contextos sociais, sendo que muitos provêm, hoje, de famílias com fraquíssima ligação à escola. Contudo, existem processos contínuos de reprodução de capital escolar no seio de famílias escolarizadas que, atravessando o tempo colonial e o pós-colonial, mais não fizeram do que o passar às novas gerações. No presente capítulo, e com base na análise de trajetórias de vida de estudantes angolanos que realizam ou realizaram o ensino superior em Portugal, comparam-se esses "herdeiros" com os "novos estudantes" (fruto da importância atribuída à formação escolar posterior à independência) e o modo como construíram as suas trajetórias escolares, e como as foram articulando com as oportunidades possibilitadas quer pelo Estado angolano em cooperação com o Estado português, quer pelas suas famílias. Analisa-se o modo como viveram a experiência da passagem pelo ensino superior em Portugal (em termos das identidades que construíram e das redes sociais que estabeleceram) e como se sentem identificados com uma ideia de "elite" e/ou enquanto agentes de desenvolvimento do seu país.*

No caso de Angola, o investimento em educação secundária e pós-secundária dos filhos foi encarado por muitas famílias (sobretudo da classe média urbana) como uma forma de investir em capital escolar num período (pós-independência) marcado pela deslocalização das populações, pela interrupção da produção e pela concentração na procura de soluções de sobrevivência entre as quais se inscreveu esse investimento. A prossecução da educação escolar foi igualmente utilizada para proteção dos jovens, sobretudo dos rapazes, evitando desse modo o seu recrutamento militar.

Na base da escolha de Portugal, quer para a prossecução desses níveis de ensino, quer para proteção da família no período de agudização da situação de instabilidade interna (de 1992 a 2002), a existência de redes sociais, sobretudo familiares, ligando os dois países, resultantes de processos históricos comuns, foi determinante. Para além destas redes, há ainda que ter em consideração a avaliação que os estudantes, e as famílias, fazem de Portugal quanto à qualidade da sua formação universitária, ao reconhecimento antecipado do valor dos seus diplomas, assim como quanto a uma série de outras condições sociais, simbólicas e afetivas, todas formando parte integrante dos processos de decisão e devendo ser, por isso, ponderadas pelas organizações que gerem a cooperação nesta área específica de intervenção.

Outra questão fundamental é a das alterações das condições de financiamento da educação superior no estrangeiro. Se o acesso a esse nível de ensino foi, durante um tempo, determinado por acordos intergovernamentais possibilitando a concessão massiva de bolsas de estudo do próprio Estado angolano, assim como de países politicamente aliados, este esforço é hoje, cada vez mais, desempenhado pela família – principal financiador das carreiras escolares dos seus descendentes.

Assim, se é particularmente interessante compreender o lugar que Portugal presentemente ocupa, no contexto de um mercado de ensino superior relativamente aberto e por isso em concorrência com "velhos" e "novos" destinos académicos, possibilitando toda uma série de leituras que cruzam processos mais longos de formação e de ligações que unem este país à sua antiga metrópole, há que ter, no entanto, em conta que bem para além dessa ligação histórica, a frequência do ensino superior em Portugal, por estes estudantes, reflete cada vez mais situações decorrentes de processos de decisão individual e gozando de uma autonomia sem precedentes na história da relação de Portugal com este país. Essa nova relação afeta a perceção e representação que os estudantes dessas "diásporas estudantis" (Gusmão, 2007) têm da antiga metrópole colonial, cada vez mais percecionada como uma porta de entrada para a Europa e através dela para países desenvolvidos e com regimes democráticos.

As dinâmicas sociais, económicas e políticas que se vão desenrolando a partir da independência sugerem-nos uma análise que atravessa diferentes momentos políticos aqui representados por duas gerações: (i) a de estudantes que frequentaram o ensino superior em Portugal, tendo obtido o seu diploma, e tendo já regressado ao país; (ii) a dos estudantes que frequentam atualmente o ensino superior português. Por razões históricas esta análise compara, inevitavelmente, a situação de um grupo: (i) o dos "bolseiros" do Estado angolano, com outros dois: (ii) o dos "herdeiros de capital escolar" e (iii) o dos "novos estudantes" – estes dois últimos, mais jovens, e suportados essencialmente pelas suas famílias. No caso dos "herdeiros" referimo-nos a um grupo de estudantes cujos progenitores são eles próprios possuidores de diplomas escolares de nível superior. No caso dos "novos estudantes" referimo-nos a estudantes cujos pais perceberam a importância do investimento em capital escolar, ainda que não tenham sido escolarizados para além de níveis de escolaridade primária e secundária, ou seja, correspondem à primeira geração que chega ao ensino superior no seio de cada família.

A escolha de agrupar os estudantes por gerações (entendidas como comunidades de idade fortemente articuladas com os processos históricos de mudança social) baseia-se no pressuposto que cada geração cria para si mesma as suas condições de receção, e assimilação, de situações de contato com a diferença, sendo também livre de atribuir sentidos aos acontecimentos e de reler, de modo próprio, passados e raízes culturais comuns. A construção de cadeias de significados, relacionadas com a experiência de vivência fora do país – e no caso presente com a experiência destes jovens formandos em Portugal – é, deste modo, aqui entendida como um processo "agencial" de características únicas para uma geração, desenrolando-se em contextos espácio-temporais próprios, gozando de alguma independência em relação às políticas de integração ou às narrativas de identificação que as enquadram. Cada geração é por isso, em si mesma, um reflexo de fatores de mudança particularmente importantes pelas repercussões que vai tendo na construção de visões do mundo e de expetativas de livre exercício da cidadania.

Na presente análise basear-nos-emos na abordagem de Pierre Bourdieu (Bourdieu & Passeron, 1964) utilizada na sua obra *Les Héritiers*, hoje tornada "clássica" (Masson, 2001; Doray & Murdoch, 2010) na compreensão das mudanças sociais que operam no interior do universo dos escolarizados. No caso francês, descrito por Bourdieu, assiste-se, durante a década de 60 do século XX, ao processo de substituição dos "herdeiros" de famílias escolarizadas, por "novos estudantes"[1] resultantes da massificação do ensino superior e dos apoios do Estado francês. Ainda que a nossa abordagem se centre num contexto geográfico e temporal diverso, assim como em mudanças que ocorrem não no interior de um país mas no universo dos que têm outro país como destino, considerámos úteis estas distinções conceptuais pelo modo como relacionam situações económicas e sociais, definidas pela origem familiar, com oportunidades de acesso e sucesso no sistema escolar.

No período pós-independência, assiste-se ao ingresso no ensino superior português de estudantes angolanos oriundos de famílias não escolarizadas, muitos dos quais "bolseiros" do Estado angolano. No entanto, hoje, fruto da escolarização da primeira geração e das mudanças estruturais do regime, há um novo grupo de "novos estudantes" que chegam ao ensino superior português sem o apoio do Estado. Esta passagem da situação de "bolseiros" à de "novos estudantes" reflete uma outra descontinuidade – também descrita por Bourdieu e Passeron – que se nos afigura especialmente interessante enquanto contributo para a reflexão sobre as possibilidades de desenvolvimento e de democratização do regime angolano, por via destas novas gerações escolarizadas fora do país. Bourdieu atribuía aos "herdeiros" – ou seja aos grupos

---

[1] Outras designações são utilizadas para a diversidade estes "novos estudantes": "estudantes não tradicionais", "estudantes de primeira geração" (Doray & Murdoch, 2010, p. 6).

estudantis com disposições para o ensino "herdadas" – uma atitude mais criativa e crítica do que a dos grupos de "novos estudantes" que lhes seguiram historicamente.

No entanto, esta nova geração estudantil, quer seja herdeira do capital escolar familiar, quer seja recém-chegada ao ensino, está numa situação mais autónoma (porque se libertou da dependência do regime), recentrando as suas trajetórias escolares em decisões dos próprios, sendo, por isso, potencialmente mais criativa que a anterior[2]. A situação internacional é, por outro lado, substancialmente diferente da dos anos 60 descrita pelos sociólogos franceses. Para Comaroff e Comaroff hoje são os jovens, ou jovens adultos, que no contexto da liberalização económica melhor têm demonstrado a sua capacidade de adaptação, a sua capacidade de circulação e de estabelecimento de ligações entre locais, através do espaço transnacional (Comaroff & Comaroff, 2005). Ser jovem num país africano "jovem", recentemente pacificado e democratizado, e em franco crescimento económico, significa, só por si, ter possibilidades acrescidas[3] de inventar um futuro para si próprio.

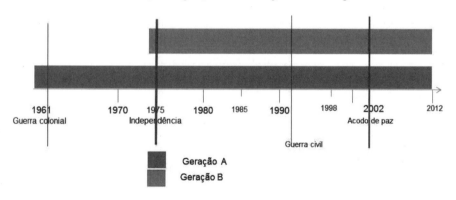

FIG. 1 – *Geração A e geração B e cronologia histórica angolana*

---

[2] E criadora de "cidadania" e, consequentemente, de ideais democráticos.
[3] Em relação aos jovens de gerações passadas e de outros contextos histórico-geográficos.

No presente estudo, definiu-se como metodologia principal a entrevista semidiretiva a estudantes que frequentam o ensino superior em Portugal; e a profissionais que, nas capitais dos países, tendo realizado o ensino superior em Portugal, já regressaram e se integraram no mercado de trabalho, estando a utilizar as competências adquiridas. Para o caso angolano, estes dois universos permitiram, como vimos, comparar duas "gerações" e suas "histórias de vida", que se desenrolaram no interior de contextos históricos substancialmente diversos.

Foram realizadas entrevistas a setenta indivíduos: vinte e cinco da geração mais velha (geração A) – em Luanda – e quarenta e cinco indivíduos da geração mais nova (geração B) – estas últimas realizadas nas cidades de Lisboa (30) e Porto (15). A duração média das entrevistas foi de 1h e 30m.

Geração A (mais velha)

- Adultos (com idades compreendidas entre os 35 e os 65 anos);
- Iniciaram a escolarização no período anterior à independência, tendo definido a sua trajetória superior no período pós-independência;
- Frequentaram o ensino superior durante o reacender da guerra civil (1992);
- Os seus percursos escolares foram erráticos, tendo sido forçados a interromper e, em muitas situações, a mudar de curso;
- Entraram para o ensino superior com uma idade superior à idade média europeia.

Geração B (mais jovem)

- Jovens ou jovens-adultos (com idades compreendidas entre 21 e 35 anos);
- Iniciaram a escolarização no período pós-independência;
- Os seus percursos escolares foram relativamente contínuos (ainda que possam ter sido forçados a passar um tempo em Portugal). Viveram o período da guerra civil durante a sua formação escolar primária e secundária, tendo alguns sido enviados, temporaria-

mente, para Portugal após 1992 (sobretudo os rapazes, para fugir ao recrutamento militar);
- Entraram para o ensino superior com uma idade equivalente à média europeia;
- Em alguns casos a sua passagem pelo ensino superior coincide (temporalmente) com a dos seus pais.

Cooperação internacional com Angola na área do ensino superior
No período pós-independência, um dos instrumentos da cooperação dos países politicamente "amigos" é, como vimos, a formação superior de quadros angolanos nas suas universidades. Neste âmbito, perfilam-se todos os países do Bloco de Leste (sobretudo a ex-URSS[4] e a ex-RDA), exigindo aos estudantes esforços consideráveis de aprendizagem da língua e cultura, e ainda Cuba. Nestes países estava igualmente garantida a "formação ideológica" dos estudantes, tornando-se, com o seu regresso, em confiáveis quadros políticos (ainda que com uma formação deslocada do contexto africano que iriam encontrar).

Durante o período das guerras civis, em que as oportunidades de investimento económico eram escassas e de muito difícil concretização, o investimento em educação é, para a classe média angolana (sobretudo os descendentes dos "assimilados" ou os filhos das novas elites urbanas), uma forma de "semear hoje para colher mais tarde". Como vimos, a decisão de envio dos jovens para o estrangeiro é cada vez mais uma decisão familiar e os destinos vão progressivamente alargando-se a outros países (Inglaterra, EUA e mais tarde ao Brasil).

Também os países vizinhos – sobretudo a África do Sul (pós-*apartheid*) e a Namíbia – surgem como escolhas privilegiadas pelas famílias.

> Depois do fim do *apartheid* começaram a ir estudar para a África do Sul. O ensino era muito bom. Tinha um bom método de ensino. O nível de vida era barato. Com a minha mesada, na África do Sul, faria uma vida milionária (E2, sexo feminino, 23 anos).

---

[4] O atual presidente José Eduardo dos Santos formou-se na ex-URSS em "Engenharia de Petróleos".

Na altura da consolidação da paz, em 2002, Angola tem uma população estimada em 14.602.002 habitantes (INIDE, s/d). Com a crescente liberalização da sociedade e economia angolanas e a instalação no seu território de investimento estrangeiro das mais diversas proveniências, há uma revalorização do diploma escolar, com contornos totalmente distintos, decorrente do facto de os seus detentores serem, cada vez mais, forçados a competir no mercado internacional. As mudanças que estas reconfigurações operam na estrutura económica e social do país abrem caminho para o surgimento de mecanismos de transmissão de um tipo diferente, tornando os títulos escolares, particularmente os superiores, em bens com importância não desprezível no mercado de emprego. Em resultado da avaliação desta nova necessidade do país, e das clientelas daí decorrentes, as expetativas de sucesso surgem cada vez mais associadas a vantagens comparativas, com possíveis resultados económicos, em substituição das antigas vantagens políticas. A importância do reconhecimento internacional dos diplomas conduz ao aumento da procura de cursos superiores em países onde os cursos são também mais competitivos[5].

Gozando da estabilidade decorrente da paz e da reorganização das estruturas de funcionamento do Estado, gozando ainda de uma nova liberdade de escolha, muitos veem nessas condições uma oportunidade para prosseguir estudos que tinham ficado interrompidos.

Também neste novo contexto multipartidário, o ingresso massivo de pessoal na administração pública angolana leva à consolidação do Processo de Reforma Administrativa que institui formas mais transparentes de recrutamento, novos mecanismos de avaliação e o reforço da capacidade fiscalizadora e inspetiva dos serviços públicos. A educação avançada apresenta-se, agora, como uma forma de conquista da liberdade e de acesso a lugares de decisão. O mercado tem tendência a ser cada vez menos regulado e o regresso ao país da primeira leva de

---

[5] É interessante também constatar até que ponto estas novas oportunidades, que correspondem a um período recente da história angolana, surgem não apenas para os jovens, como também, e em simultâneo, para a geração dos seus pais.

estudantes, com diploma, vem provar a importância da posse desse reconhecimento formal para aceder ao mercado de trabalho.

Mesmo as elites patrimoniais e politicamente instaladas, não veem como não enviar os seus filhos para universidades estrangeiras de qualidade; universidades em que o reconhecimento é garantido para a competição que os espera, ainda que cada vez tenham menores certezas de que as redes políticas que até ali foram uma garantia de sucesso, sejam futuramente eficazes para o ingresso no mercado de emprego.

O governo angolano continua, como vimos, a investir na formação de quadros fora do país. O *Diário da República*, angolano, de 15 de abril de 2009 refere-se ao aumento do número de estudantes bolseiros do Instituto Nacional de Bolsas de Estudo (INABE) no exterior (que passa de 1.316 para 2000), em 2009.

> No ano 2009, a gestão das bolsas de estudo externas contará com um aumento significativo do número de bolseiros no exterior (controlados pelo INABE) a expensas do Governo angolano. Em consequência aumentarão as despesas com estes estudantes (*DR*, 2009, p. 1742).

Este decreto introduz, igualmente, uma nova modalidade de recrutamento que "será a partir de cada província". São ainda referidas "a abertura e supervisão de novas secções de apoio aos estudantes angolanos no exterior, respectivamente na Argélia, no Brasil e na Namíbia" assim como a realização de "seminários de capacitação técnica e *workshops*, com o envolvimento das entidades nacionais e estrangeiras que lidam direta ou indiretamente com estudantes externos".

Estudantes com bolsas do Instituto Nacional de Bolsas de Estudo
Segundo dados do INABE, em Janeiro de 2011 são 1.974 os estudantes angolanos que frequentam universidades no estrangeiro, na situação de bolseiros. A esmagadora maioria (1.640) frequenta licenciaturas, 69 frequentam mestrados, e 218 doutoramentos.

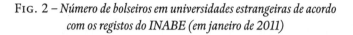

FIG. 2 – *Número de bolseiros em universidades estrangeiras de acordo com os registos do INABE (em janeiro de 2011)*

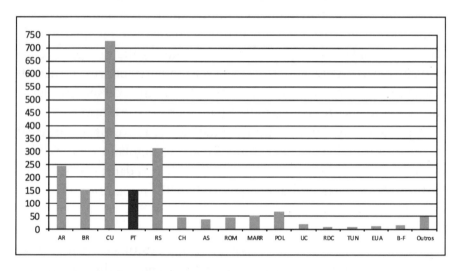

Fonte: Dados do INABE facultados em janeiro de 2011
Nota: "Outros" representa a totalidade de bolseiros dos países que recebem menos de 10

Vemos na figura acima (Fig. 2) como (em 2011) Portugal ocupa o 5º lugar (recebendo 148 bolseiros) no conjunto dos países de envio de estudantes com bolsa do Estado angolano. Com mais bolseiros que Portugal estão, logo a seguir, o Brasil (em 4º lugar, com 153), a Argélia (em 3º com 245), a Rússia (em 2º com 312), ocupando Cuba o primeiro lugar (com 728 estudantes bolseiros). É visível o perpetuar da importância dos países tradicionalmente "aliados". Ou seja, a influenciar esta escala de prioridades estão protocolos de cooperação bilaterais (nem sempre com origem em Angola). O Brasil é disso um bom exemplo. Na década de 1990, assiste-se a uma reaproximação e intensificação nas relações entre Angola e este país, devido a uma reorientação da política externa brasileira privilegiando, a partir de então, as relações com o continente africano. Essa reaproximação Brasil – Angola intensifica-se a partir de 2003, com o governo de Lula da Silva, que elege Angola como um dos "principais sustentáculos da política brasileira" (Liberato, 2012). Ainda de referir as ligações à China (com 45 bolseiros), um número superior ao dos EUA (apenas com 13), sendo a China um dos países que mais tem investido na economia angolana.

Estudantes sem bolsa do INABE

O número de estudantes angolanos no exterior sem bolsa do INABE (ou seja financiados pelas famílias) é hoje, contudo, superior ao dos bolseiros do Estado. De acordo com dados governamentais, publicados no *Diário da República* de Angola, em 2009 Portugal ocupava um lugar de destaque (o 2º lugar) como país de eleição para a realização de cursos de graduação e pós-graduação, sendo a Namíbia a primeira opção. Estas estatísticas referem-se às licenças (vistos) contabilizadas pelos consulados angolanos no estrangeiro, deixando de fora todos os que delas não necessitam, por terem dupla nacionalidade.

FIG. 3 – *Distribuição dos estudantes angolanos no exterior não bolseiros do INABE*

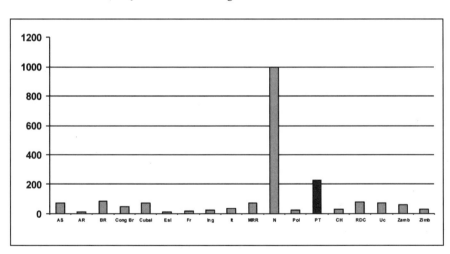

Fonte: *Diário da República*, Decreto executivo nº 101/09, de 12 de outubro

Temos, assim, para o ano de 2009 (Fig. 3), a predominância de estudantes angolanos no país vizinho, Namíbia (com 1000 alunos), a uma distância grande de Portugal (com 225 alunos). Seguem-se a Rússia

(100), o Brasil (85), a RDC (80), a África do Sul (75), a Ucrânia (73), Marrocos (72), e Cuba (70). Um dos inquiridos explica estas oscilações de destinos.

> Para já Angola teve movimentos de formação... modas. É um bocado de modas. Portugal é para quem tem dinheiro, não é para toda a gente, por exemplo nos anos 80 não era toda a gente que podia vir para Portugal. Durante essa altura as pessoas candidatavam-se a bolsas de estudo e iam para os países de Leste, mas a seguir aos países de Leste, Portugal era o que tinha mais saída (E2, sexo feminino, 23 anos).

Estudantes angolanos inscritos no ensino superior português
Segundo os dados do Gabinete de Planeamento, Estratégia, Avaliação e Relações Internacionais do Ministério para a Ciência, Educação e Ensino Superior português (GPEARI do MCTES), no ano letivo de 2008-09, Portugal recebeu nas suas universidades 6.225 novos alunos estrangeiros (para um total de 111.613 alunos de nacionalidade portuguesa), representando o fluxo de estrangeiros cerca de 5,6 por cento do total de alunos inscritos nesse ano. Ainda segundo esta mesma fonte, os alunos provenientes do continente africano representaram 52 por cento do total dos alunos estrangeiros.

Este relatório refere ainda que os estudantes africanos provêm em maior número de Angola, logo de Cabo Verde; seguem-se os estudantes de Moçambique, que no entanto representam apenas cerca de 1/4 do total dos alunos de cada um daqueles outros dois países. De salientar, ainda, que nesse ano letivo o número de estudantes cabo-verdianos foi superior (ainda que com uma pequena diferença) ao dos estudantes angolanos; o número de estudantes moçambicanos – que ingressaram no 1º ano – foi proporcionalmente inferior ao total dos alunos inscritos.

Quer os alunos inscritos pela primeira vez, quer os diplomados, de nacionalidade angolana e cabo-verdiana são em número superior aos de nacionalidade moçambicana; sendo os cabo-verdianos os mais numerosos, seguem-se os angolanos (cujo número se vem mantendo mais ou menos constante).

Ainda que, como vimos, o número dos estudantes que se encontram em Portugal com bolsa seja relativamente baixo, o peso dos estudantes angolanos no ensino superior português é significativo no contexto dos PALOP.

Os dados do governo português estão, no entanto, longe de ser coincidentes com os do governo angolano. No mesmo ano de 2009, os estudantes angolanos no ensino superior português são, como vimos – de acordo com o MCTES – 3.587. Ou seja, um número muito superior aos registados no mesmo ano pelo governo angolano: 148 bolseiros do INABE e 225 sem bolsa do INABE (o que totaliza apenas 373). Esta disparidade numérica dever-se-á provavelmente ao facto de muitos destes estudantes estarem em Portugal desde o final do secundário, e/ou terem dupla nacionalidade, não sendo por isso contabilizados pelas autoridades consulares. Estes dados vêm, no entanto, reforçar a constatação, também deduzida das entrevistas, de que o esforço da vinda para Portugal é cada vez mais suportado pelas suas próprias famílias.

Esse investimento das famílias relaciona-se, de perto, como vimos, com mudanças de regime. Um ex-estudante do ensino superior português, da geração A, entrevistado em Luanda, que acompanhou o processo de transição de um para o outro regime (passando da situação de "encaminhado" para a de "autónomo"), descreve-o da seguinte forma.

> Comecei a trabalhar no processo de bolsa em 1989, no fim consegui esse processo de bolsa. Houve barreiras no meio que eu consegui ultrapassar. Depois veio o multipartidarismo e o processo mudou. Eles deixavam o processo ao próprio estudante, o estudante deixou de ser encaminhado. E quando isso calhou, quando foi autorizado [1992], calhou para fazer um estágio em Portugal (QS20, sexo masculino, 50 anos).

Um estudante mais jovem, da geração B, refere-se também a essas mudanças.

> Dantes não havia mesmo qualquer possibilidade. E agora as pessoas têm de ser apoiadas pelas suas famílias. Porque havia bolsas do governo, por exemplo do INABE, mas ficava-se 6 a 8 meses sem receber a bolsa, e agora

o INABE parece que fechou ou qualquer coisa assim, e deixaram os estudantes sem qualquer tipo de apoio (E2, sexo feminino, 23 anos).

Estes números, assim apresentados em bruto, escondem as vontades individuais, e familiares, que determinaram a candidatura de cada aluno ao ensino superior português, assim como as avaliações subjacentes à eleição deste destino, por oposição a outros que tenham surgido no seu campo de possibilidade. É deste modo necessário um estudo qualitativo, baseado nos testemunhos dos próprios estudantes sobre as suas trajetórias de vida, que dê conta da subjetividade que se esconde por detrás dos valores numéricos.

Trajetórias de vida de estudantes angolanos que estudam ou estudaram em Portugal: geração A e geração B

No decurso das entrevistas realizadas a estes estudantes sobre as suas trajetórias de vida e à luz dos acontecimentos mais relevantes que foram ocorrendo em Angola, foi-nos possível identificar três contextos sociais facilitadores de acesso ao ensino superior português, com referências históricas distintas:

(i) Os que acederam à escolarização avançada por via de protocolos políticos que, longe de serem contínuos, decorreram de momentos politicamente propícios que tiveram lugar no período pós-independência e resultaram do esforço de formação acelerada de quadros: os "bolseiros" (muitos tendo obtido educação secundária com o auxílio das igrejas católicas e protestantes antes da independência) – geração A.

(ii) Os que acederam à escolarização avançada por via de processos contínuos ligados a uma historicidade educativa incorporada pelas famílias, ou seja com pais, e nalguns casos mesmo avós, formados no ensino superior e integrados na sociedade angolana em situações profissionais que fazem uso desse capital escolar – geração B – os "herdeiros".

(iii) Os que acederam à escolarização avançada por via de processos mais recentes ligados à valorização da aquisição de capital escolar incorporada pelas famílias no período pós-independência e que se reflete no incentivo dessas mesmas famílias ao esforço escolar e posteriormente no seu investimento na educação superior dos filhos (às vezes com enormes custos) – geração B – os "novos estudantes".

Pierre Bourdieu e Jean-Claude Passeron (1964) assentam a sua análise no papel desempenhado pelas famílias, de diferentes origens sociais, na aquisição de competências conducentes ao sucesso escolar. Os (estudantes) "herdeiros" são-no, de acordo com estes autores, por terem "herdado" o "capital escolar" das famílias e mais do que essa ligação à escola, por possuírem uma "cultura escolar" que lhes facilita a via para o sucesso. Ou seja, é no seio das classes sociais escolarizadas que se criam as condições para a prossecução bem-sucedida da escolaridade. Ao "diletantismo" burguês dos "herdeiros" opõe-se o esforço e a perseverança dos estudantes originários das famílias operárias, agrícolas ou de pequenos comerciantes, com uma maior dificuldade em "assimilar" e em "adquirir" (por iniciativa própria) a cultura das elites escolarizadas. Se os primeiros possuíam quase naturalmente o "dom" indispensável ao sucesso escolar, os segundos esforçavam-se por incorporar esse "dom" (que eles próprios atribuíam, não a si próprios, mas ao conhecimento adquirido na escola) através de um processo considerado, pelos autores, de verdadeira aculturação. Os primeiros, mais criativos, levariam menos a sério os estudos, mantendo com o ensino escolar uma relação de relativa distanciação, enquanto que "para os estudantes das classes mais desfavorecidas a escola permaneceria a única via de acesso à cultura, e isso seria válido para todos os níveis de ensino" (Bourdieu & Passeron, 1964, p. 37). Dependendo das "condições à partida" dos estudantes, assim as imagens que formulavam da sua formação superior poderiam ser percecionadas como um futuro "impossível", "possível" ou "normal". Esta perceção, por seu turno, seria determinante, quer na escolha das suas vocações, quer no seu próprio sucesso escolar. A diferença entre estes dois grupos em termos da facilidade de integração no meio escolar é descrita por Bourdieu & Passeron do seguinte modo:

É nos meios mais cultivados que [os pais] têm menor necessidade de pregar a devoção à cultura ou de tomar em mãos, deliberadamente, a iniciação à prática cultural. Por oposição ao meio pequeno-burguês em que os pais não podem transmitir outra coisa para além, na maior parte das situações, da boa vontade cultural (Bourdieu & Passeron, 1964, p. 36).

No caso angolano, podemos falar de um processo semelhante ao identificado por estes autores franceses, nalguns aspetos, ainda que diametralmente oposto noutros.

Para os "bolseiros", que chegam ao ensino superior por reconhecimento de ordem político-simbólica, o "dom" atribuído ao conhecimento vai sendo incorporado ao longo da sua trajetória estudantil, progredindo por via da incitação ao esforço escolar protagonizada quer pelo próprio meio escolar, quer pelas famílias (mesmo não tendo sido escolarizadas), acrescido do reconhecimento de terem sido "eleitos", de lhes ter sido dada essa oportunidade pelo regime. Quanto à situação dos "herdeiros", também observada no caso angolano, esta corresponde a estudantes que provêm das classes médias urbanas, com pais escolarizados acima da média; ou seja, correspondem ao antigo grupo de "assimilados" ligados às grandes cidades costeiras (com particular destaque para as elites intelectuais de Luanda). Finalmente, o apoio das famílias (não escolarizadas ou medianamente escolarizadas) que carateriza os "novos estudantes" reflete-se num ambiente familiar de incitação ao esforço escolar que, desde a infância, se vai impondo de modo rígido (como veremos) com implicações na própria regulação da vida familiar (e esta entendida de forma alargada).

Quanto às situações de "diletantismo" descritas por Bourdieu para o contexto francês, estas são sobretudo observáveis (pelo menos assim são descritas pelos inquiridos) no comportamento dos filhos das elites económicas/políticas de formação recente (no atual contexto de liberalização económica) cuja integração em lugares "confortáveis" da sociedade angolana, após obtenção do diploma, está (ou é percecionada como estando) antecipadamente assegurada. Estes não aparecem, contudo, entre o universo dos entrevistados pois vão preferencialmente para universidades inglesas e americanas e, mais recentemente, para o Brasil. São descritos do seguinte modo pelos entrevistados da geração B.

É uma classe alta que não teve acesso aos estudos e eu acho que isso passa bastante para os filhos. Querem que os filhos façam um curso não sabendo o valor de estudar e aprender, então não se importam que o filho vá para uma universidade qualquer boa ou má, não se interessam muito. Os filhos vão para brincar, dão-lhes os carros na mesma, dão-lhes tudo, e eu acho que acaba por ser mau, porque eu vejo muitos angolanos que a vida deles é à noite, é o que vestem, o carro em que andam, e não estão a investir em educação (E2, sexo feminino, 23 anos).

A mesma entrevistada refere ainda:

Um problema grave que está a verificar-se é que os que vão para os EUA e Inglaterra fazem uns cursos que nem sequer são bacharelatos, uns cursinhos de um ano e meio, e como vêm do estrangeiro são logo aceites (E2, sexo feminino, 23 anos).

"Bolseiros", "herdeiros" e "novos estudantes"
Para uns, a aprendizagem da cultura de elite é uma conquista, que têm de pagar caro; para os outros, é uma herança que incorpora simultaneamente a facilidade e a tentação da facilidade (Bourdieu & Passeron, 1964, p. 42).

É particularmente interessante verificar como neste gráfico (Fig. 4), referente à escolaridade do pai, onde foram inseridos os 25 indivíduos inquiridos em Luanda e os 45 inquiridos em Portugal, está refletida a história recente de Angola. Apenas o pai dos menores de 35 anos (sobretudo no caso dos "herdeiros") é formado em níveis de ensino superior[6]; na geração A, em que a maioria (60 por cento) tem mais de

---

[6] Na geração A ("bolseiros") foram identificados 4 indivíduos cujo pai possui o ensino superior, sendo igualmente da geração mais jovem (que do ponto de vista etário correspondem à geração B ainda que estejam neste grupo por já terem regressado e já estarem integrados no mercado de trabalho em Luanda).

45 anos, o pai possui em geral baixo capital escolar (possui a instrução primária ou considera-se alfabetizado) ou é mesmo não escolarizado.

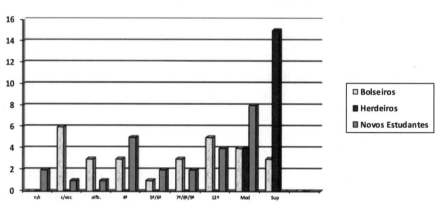

FIG. 4 – *Número de estudantes quanto ao nível de instrução do pai – bolseiros, herdeiros e novos estudantes*

Bolseiros

A maioria dos inquiridos – da geração A – tem entre 45 e 60 anos. Assistiram à mudança do regime colonial para o pós-colonial. Devem a prossecução dos estudos à independência do seu país, posto que as suas oportunidades de acesso ao ensino superior no Estado colonial eram, à partida, ínfimas.

Nesta geração, alguns são mesmo filhos de camponeses tendo beneficiado muitíssimo com a independência, que lhes deu a possibilidade de progredir nas suas carreiras escolares; ainda que o primeiro "impulso" (para progressão do ensino primário e secundário) tenha ocorrido no período colonial, tendo sido, em muitos dos casos, resultante da ação das missões religiosas (católicas e sobretudo protestantes). Outros são filhos de funcionários do Estado colonial e de trabalhadores manuais especializados ("assimilados"). Há ainda o caso daqueles cujos pais fizeram carreiras políticas e/ou militares ligadas à luta anticolonial, sendo que o acesso ao sistema escolar era também uma forma de premiar antigos combatentes.

Os meus pais andaram nas matas na guerra contra o colonialismo (QS4, sexo masculino, 37 anos).

Há ainda pais de estudantes que, sendo relativamente jovens no período da independência, limitaram-se a incorporar o sentido patriótico da "educação para todos" protagonizado pelo regime.

O investimento dos meus pais na minha educação foi muito importante. Era o lema do partido: "o lugar das crianças é na escola" e naquela altura fazia-se tudo o que o partido dizia (QS24, sexo masculino, 38 anos).

Estes indivíduos, hoje reintegrados na sociedade angolana, começaram a sua educação escolar antes da independência. Os seus destinos foram traçados, na maioria das situações, por acontecimentos que não controlaram ou que não anteciparam racionalmente.

Mais do que garantir o acesso ao curso e ao estabelecimento de ensino que, no momento, parece oferecer a maior rentabilidade económica e/ou simbólica [...] a simples frequência do ensino superior, independentemente do tipo de área escolhida apresenta-se como um feito suficientemente importante para ser apresentado [...] como uma promoção social, dado o caráter de excecionalidade que esta trajetória escolar representa no quadro espacial onde os seus protagonistas se inserem (Fonseca, 2003, p. 231).

O acesso ao ensino superior tendo correspondido, para alguns, a uma sucessão ininterrupta de milagres e esforços (Bourdieu & Passeron, 1964, p. 40).

Deu-se, desse modo, um considerável alargamento da base social dos diplomados angolanos, que passou a incluir indivíduos provenientes de estratos mais baixos. Fomos encontrá-los em cargos de docência e/ou de gestão de universidades (sobretudo na Universidade Agostinho Neto, ainda que todos com "um pé" em universidades privadas). Procurámos diversificar os lugares profissionais ocupados, tendo entrevistado outros cujas competências académicas foram reconhecidas noutras esferas, com maiores benefícios económicos, sendo hoje técnicos superiores em empresas, ocupando lugares de direção de bancos ou desempenhando cargos em organismos governamentais. As suas escolhas foram, por isso, relativamente limitadas.

> A escolha do meu destino [escolar] foi do INABE. Era a entidade que pagava os meus estudos (QS6, sexo masculino, 48 anos).

Apanharam os tempos do PUNIV (Pré-Universitário) e dos cursos impostos pela classe dirigente, no final dos anos 70 e 80. Alguns passaram pelos países de Leste ou por Cuba, onde fizeram cursos de pequena duração, antes de fazerem as suas licenciaturas em Portugal. Muitos dos que estão hoje ligados ao ensino fizeram, como vimos, cursos de formação de professores (no ISCED – Instituto Superior de Ciências da Educação). Os que têm lugares de direção nas universidades fizeram doutoramentos em Educação e Formação de Professores em universidades portuguesas (*e.g.* Universidade do Minho). O sentido que atribuem ao ensino superior é dominantemente político, enquadrando-o no esforço nacional de formação de quadros.

"Herdeiros" e "novos estudantes"

Estes estudantes mais jovens, da geração B, que entrevistámos em Portugal, e têm na sua maioria idades entre 21 e 35 anos, fizeram o ensino primário no período pós-independência. Foi uma geração fortemente marcada por um ensino primário bastante politizado, assente em narrativas de bravura e heroicidade ligadas à luta anticolonial, ou seja, fortemente influenciadas pela ideologia socialista, de que guardam (boas e menos boas) memórias.

> Nós tínhamos que cantar o hino quando chegássemos à escola, depois tratávamos os professores por "camarada", os colegas por "camarada", tínhamos assim um estilo... quando entrasse alguém tínhamos de nos levantar e dizer "bom dia camarada professora", "bom dia camarada diretor", os livros eram extremamente políticos e ideológicos. Tínhamos histórias do pioneiro Zeca ou do Gangula que foram emboscados pelas tropas portu-

guesas, foram torturados até à morte mas não revelaram a verdade (E2, sexo feminino, 23 anos).

Eu sou da geração que ainda defendia com muito orgulho os símbolos da nação. Hoje em dia há uma grande crise nesse sentido. Mas eu tenho muito orgulho em ter pertencido a essa fase e tenho muito boas recordações dessa fase (E15, sexo masculino, 34 anos).

Também para esta geração (à semelhança da anterior) o ensino é incorporado (por imposição das famílias) de um *ethos* de formação pessoal, ligado à formação do seu caráter, havendo no seu processo de inculcação a imposição de hábitos escolares e a exibição de comportamentos rígidos e disciplinadores, por parte dos pais.

Outra das motivações para a prossecução dos estudos, no que respeita aos indivíduos desta geração mais jovem, no caso dos rapazes, resulta, como vimos, da fuga ao recrutamento militar.

O meu namorado, os meus amigos homens, todos os anos têm que fazer um recenseamento com os papéis a dizer que estão a estudar... e houve um período foi há uns cinco anos em que eles estavam a fazer um recrutamento muito feroz e houve muitos rapazes que ficaram em Portugal, sem ir a Angola, com medo (E2, sexo feminino, 23 anos).

Vir para Portugal foi uma consequência. Chegou a um ponto que a guerra civil em Angola começou a alastrar-se para lá de várias gerações e quando chegou à minha fase de entrar para a tropa, como sou o único filho rapaz no meio de quatro meninas, a minha mãe teve medo. Assim vim para Portugal como uma consequência (E29, sexo masculino, 28 anos).

Os períodos em que se agudizam os conflitos armados no interior do país, por volta de 1977 e até aos acordos de Bicesse (1991) e, logo, a partir de 1992 (agravando-se ainda mais por volta de 1998) e até 2002[7], levaram a deslocações várias da totalidade ou parte das famílias. Portu-

---

[7] Estabelecimento definitivo da paz.

gal é um dos destinos recorrentemente referido. Há quase sempre um ou outro elemento da família que se desloca, ou deslocou, a Portugal num dado momento do seu percurso de vida (sobretudo, como veremos em seguida, no caso dos "herdeiros" que possuem maior capital económico). Portugal foi, deste modo, para os indivíduos desta geração, um "lugar seguro" onde existiam familiares (ainda que de relação longínqua) e onde o ensino "funcionava".

Os "herdeiros"

Para os "herdeiros" é importante o volume de capital escolar herdado. A maioria destes estudantes tem pais com cursos superiores ou médios (estes últimos em menor número)[8]. É notável que algumas das mães (mais do que os pais) têm estudos pós-graduados (são mães que acompanharam os filhos em Portugal e acabaram elas próprias por se inscrever também em mestrados e doutoramentos). São descendentes de uma elite (intelectual) angolana que se vem reproduzindo há várias gerações.

> O meu avô investiu na educação dos filhos. Como o meu avô na altura não fugiu a esta questão da assimilação, entre aspas, era visto como um cidadão similar naquela altura, e sempre conviveu com brancos, e sempre trabalhou com brancos... pensava já de outra forma... em vez de fazer resistência, como muitos fizeram, e perderam um bocadinho, ele aceitou isso e foi induzindo os filhos nessa ordem (E6, sexo masculino, 28 anos).

Alguns destes jovens ingressaram, antes de virem para Portugal, na Escola Portuguesa em Luanda, uma escola de elite, onde fizeram o ensino secundário de acordo com o calendário[9] e o modelo de ensino português.

---

[8] De notar que em três dos casos apenas as mães fizeram mestrados. A vinda das mães com os filhos para Portugal e a sua relativa disponibilidade por estarem fora do mercado de trabalho deu-lhes essa possibilidade.
[9] Com períodos de verão e inverno europeus.

Portugal foi a minha primeira escolha, como estava na Escola Portuguesa, foi como se já estivesse encaminhado mesmo, foi isso (E1, sexo masculino, 20 anos).

"Novos estudantes"

Os pais dos entrevistados a que chamámos de "novos estudantes" não possuem escolaridade ou têm baixos níveis de escolaridade. Não puderam, por isso, transmitir-lhes mais do que "boa vontade cultural", usando uma expressão de Pierre Bourdieu, tendo-lhes, no entanto, inculcado (de forma por vezes rígida) a importância da aquisição de formação escolar.

> Ele [pai] chamava-nos a atenção para a importância do estudo. Achava que graças ao estudo que ele teve – que não foi muito mas que dava para sobreviver na altura – ele chamava-nos a atenção para isso. E ele dizia mesmo "eu estou a investir em vocês, e portanto eu não estou aqui a deitar dinheiro fora!" e quando tínhamos assim maus resultados ele chamava-nos a atenção: "eu ando a gastar aqui o meu dinheiro, não é para vocês estarem aqui a brincar...". Era um tipo muito rigoroso (E8, sexo masculino, 35 anos).

Para estes "novos estudantes" a ligação entre escolarização e mobilidade social é evidente, acalentando também a expetativa de virem um dia a ser úteis ao seu país.

> Em Angola há uma velha frase que diz assim: "Em Angola rico não vai à escola". E nós como não éramos ricos, nós tínhamos de ir à escola. Isso incentivava-nos. Nós sempre sonhávamos em um dia estar nas esferas decisivas do país e para alcançar isso, nós tínhamos que estudar, tínhamos que nos esforçar, tínhamos que acatar o conselho dos nossos pais (E16, sexo masculino, 34 anos).

"Identidades" e "alteridades" construídas durante a estadia em Portugal: a geração mais jovem

A inserção forçada destes jovens no sistema de ensino português, muitos tendo ingressado a meio do ano escolar, não se fez sem um penoso esforço de adaptação e aculturação. A saída do país de origem e o afastamento dos pais, numa idade em que o caráter se está a formar (Costa, 2003), constitui uma experiência intensa no que respeita à sua construção identitária.

Os jovens das gerações mais jovens constroem a sua alteridade por referência a três grupos "outros" dos quais dizem distinguir-se:

(i) "Terem vindo estudar para Portugal"/por oposição a outras escolhas como "ter ido para Londres ou EUA";
(ii) Serem "africanos" (ainda mais do que "serem angolanos"/por oposição a serem "portugueses";
(iii) Terem vindo "estudar para fora do seu país"/ por oposição "a ter ficado em Angola".

Se vir para Portugal representa, simbolicamente, "estar aqui na Europa", sobretudo como já vimos para quem tenha dupla nacionalidade, contudo, não será o mesmo que estudar em Londres ou nos EUA, afigurando-se esta escolha como socialmente diferenciadora. Para se distinguirem destes estudantes "outros" avaliam-nos como sendo fraco o seu investimento em capital escolar, dado que dele não necessitam por serem herdeiros de quantidades consideráveis de capital económico e simbólico. Acusam-nos do seu investimento escolar ser pouco sério e desviado por motivações fúteis ligadas a consumos e prazeres imediatos. Finalmente dizem que, ao contrário deles próprios, os jovens que estudam em Londres e nos EUA têm fraco desejo de servir o país e de contribuir para o seu desenvolvimento.

Sentem-se também diferentes dos jovens portugueses da sua geração, que acusam de "pouco animados", "fechados sobre si próprios" e pouco atentos ao "outro". Chocam-se com comportamentos que veem como desrespeitadores, sobretudo na relação com pais e professores, chegando a considerar esses comportamentos uma ameaça.

> Uma coisa que me escandaliza muito, e que não escandaliza os portugueses... e que deu para perceber que não escandalizava as minhas colegas portuguesas desde a escola primária, era o respeito pelo mais velho. Portanto eu via as minhas colegas tratarem os pais de uma maneira! Que

se eu tratasse os meus pais assim era um escândalo, porque eu considero mesmo um escândalo... porque em África, não só em Angola, porque os mais velhos são considerados mais velhos, e o ensinamento vem sempre do mais velho. [...] Tratam os professores por tu, entram na sala, saem da sala para atender o telefone, entram a comer, e isso escandaliza-me muito... eu não consigo levantar a voz a um professor, até mesmo quando me exalto, eu penso duas vezes e prefiro virar as costas. Já fui, já... por acaso já vivi alguns atos de discriminação por parte de alguns professores, e nessa altura podia-me ter exaltado e ter ofendido... e não me exaltei, não ofendi, porque é a educação que eu tenho, não consigo... apesar que eu já percebo que às vezes estou a comer o meu bolo e já não me importo de estar a comer o resto e de entrar na sala de aula... e paro para pensar: olha... isto há uns anos atrás eu não faria... (QS22, sexo feminino, 23 anos).

Essa insegurança ligada à perda de algo que é seu agudiza-se quando passam a ser responsáveis por irmãos mais novos, que também vêm estudar para Portugal. Queixam-se ainda da falta de entreajuda e convivialidade nas zonas habitacionais. Quanto aos aspectos positivos que tentam emular dos jovens portugueses, sublinham a sua consciência crítica e a liberdade de pensamento, resultantes da vivência democrática e do amplo acesso à informação.

Referem também a sua preocupação quanto ao regresso, e de se sentirem distantes dos seus amigos de infância, que não saíram de Angola. Definem-nos como não partilhando os seus interesses, considerando-os alheados do que se passa à sua volta, em consequência do isolamento em que cresceram. Criticam o seu desinteresse pelos acontecimentos do mundo e a sua focalização unicamente no consumo de ostentação e em atividades socialmente inúteis. Quando vão de férias a Angola sentem que são olhados de modo diferente. Quer as competências escolares, quer a vasta informação a que passaram a ter acesso, são, quer por "eles" quer por esses "outros", interpretadas como factor de distinção.

Analisar-se-ão, em seguida, os dois subgrupos identificados no interior desta geração B.

Representações de "elite"

Os "novos estudantes" reconhecem que a sua situação escolar os aproxima das elites ainda que para além do capital escolar refiram em alguns casos a importância do "nome da família" na sua aproximação às "elites do poder"[10] que, por sua vez, colhe o seu capital simbólico por referência ao "passado" de resistência anticolonial. Uma estudante educada quase exclusivamente pela mãe (dado que perdeu o contato com o pai, zairense, que diz não ter conhecido) descreve-a como tendo sido ex-combatente ("guerreira") e militante do MPLA.

> Eu aqui em Angola classifico-me numa classe social, mas também agora já não é assim, porque temos o fator nome, família, religião, orientação política, passado também, já não me vejo a pertencer a uma classe baixa... talvez à elite. Já há novos-ricos em Angola (E31, sexo feminino, 35 anos).

Esta classificação "pelo nome" de famílias é referida por outro entrevistado, do mesmo grupo.

> Basta o apelido. Pelo apelido sabe-se logo a que família pertence (E1, sexo feminino, 42 anos).

No entanto, a pertença à "elite", ou mesmo a possibilidade de vir a dela fazer um dia parte, é, pelos "herdeiros", da geração B, veementemente recusada, dadas as conotações negativas que associam à própria designação. Descrevem-na não como uma situação meramente social, mas como uma condição ética, de conotação negativa. A aproximação a esses grupos é por eles sentida, antes de mais, como uma ameaça à integridade dos seus valores morais. No entanto não estão seguros de lhe conseguir resistir.

> – E sente que vai pertencer a uma elite, quando voltar?
> – Eu acredito que não, tenho a certeza que não.

---

[10] "Elite do poder" sendo "formada por todos os que, direta ou indiretamente, participam no processo de tomada de decisões do Estado" (Fonseca, 2003, p. 63).

– Porquê? A palavra "elite" é uma palavra que considera pejorativa?
– Tenho a certeza... Não, para mim não é pejorativa. Hmmm... é que a questão da... Hmmm... a questão componente... as características em torno das elites... não só de Angola, mas de qualquer país, vão contra... vão contra os meus pressupostos básicos: as minhas convicções morais, as minhas convicções de fé...
– Mas pode ser uma elite de um tipo novo...
– Bem, isto... Eu até disse uma coisa que eu disse mal. Eu disse "tenho a certeza que não" mas não posso dizer isso com certeza. Eu gostaria de permanecer uma pessoa... porque veja, da mesma forma que eu tenho perspetivas profissionais eu tenho as minhas perspetivas espirituais também (E38, sexo masculino, 26 anos).

Trata-se pois de um conceito que, para estes estudantes, se apresenta com uma carga emotiva negativa, pela sua associação às "elites do poder". O estudante, que recusou ser conotado com a "elite", aceita, porém, que para contribuir para o desenvolvimento do país tenha de o fazer em articulação com esses grupos.

Mas vou-lhe ser honesto com uma coisa, isto agora é uma questão que eu lhe vou dizer abertamente e é uma realidade: que os lugares... porque eu tenho amigos que já estão a trabalhar lá, tenho amigos meus que foram meus colegas do ensino de base e estão a trabalhar lá, então, ainda há muita influência... das elites nos cargos superiores, os cargos de topo, não é? Os cargos de decisão. Ainda são influenciados por estas elites. Então, não é meu objetivo ir contra isso, eu quero fazer a minha parte (E38, sexo masculino, 26 anos).

Nesta distinção entre o "seu" lugar e o dos "outros", há ainda a consciência do seu percurso, como estudantes, se assemelhar com o dessa "elite"; sendo o diploma reconhecido como uma via, inevitável, de acesso ao "lado de lá".

O governo é composto por figuras que um dia foram estudantes... Eu não sei o que será de mim amanhã. Mas se tiver de estar do lado de lá, eu quero estar do lado de lá, mas em defesa daquilo que é público (E15, sexo masculino, 34 anos).

Trata-se no entanto de uma "passagem" que não querem que se concretize totalmente. Querem manter a sua formação moral, continuando a servir princípios de alcance nacional, resistindo a deixar-se influenciar. O investimento na obtenção de diplomas constitui-se, deste modo, como uma "profissão de fé", ainda que experimentando alguma incerteza quanto ao seu real valor, ou seja quanto à concretização da utilização desses diplomas em situações profissionais que a justifiquem, e/ou com o alcance coletivo que desejam. A sua posição de escolarizados acima da média é, deste modo, vista pelos próprios com um misto de otimismo e pessimismo.

Representação de "desenvolvimento" e como se veem a contribuir para o desenvolvimento de Angola
A realização da formação superior no exterior é, como vimos, entendida pelos entrevistados como um investimento pessoal, pois o regresso a Angola perspetiva-lhes melhor integração profissional, que se traduz em melhor rendimento e, consequentemente, em melhores condições de vida. Procurámos, contudo, ver como relacionam essa formação e o regresso dos quadros (em geral), numa perspetiva macro, com o desenvolvimento do seu país.

A maioria dos estudantes entrevistados salientou o seu desejo de retornar a Angola de modo a poderem não só exercer a sua profissão, mas igualmente transmitir os conhecimentos adquiridos em Portugal àqueles que não tiveram a mesma oportunidade. No entanto, em resultado das diferentes trajetórias de vida, educativas e profissionais, cada grupo geracional assumiu diferentes perspetivas em relação não só ao seu contributo para o desenvolvimento, como também em relação às suas próprias expetativas.

Assim, quando nos referimos à perceção da relação entre formação superior e desenvolvimento, a primeira questão prende-se imediatamente com o próprio conceito de desenvolvimento. Quando questionada sobre o significado que atribuem a este conceito, a geração "mais velha" (dos "bolseiros") fez de imediato uma distinção entre desenvolvimento económico e desenvolvimento humano.

> Desenvolvimento para mim não é só a criação de negócios. Para mim o desenvolvimento tem que ser humano. Estamos no bom caminho, mas ainda estamos muito longe. Estamos no caminho do desenvolvimento mas temos que dar mais atenção à juventude. Angola perdeu os valores. A nova geração ou conheceu a guerra ou está a conhecer Angola no pós-guerra e claro que sem valores. É preciso rebuscar os valores, os psicólogos e analistas têm muito que trabalhar. Temos gerações muito traumatizadas (QS25, sexo masculino, 50 anos).

Outro entrevistado relaciona desenvolvimento com crescimento económico.

> As perspetivas são boas. Estamos a crescer. O desenvolvimento é uma outra etapa. O desenvolvimento já implica qualidade, acabar com a fome, reduzir a pobreza, qualidade de vida, outros padrões. Neste momento só estamos a crescer. Temos boas perspetivas de futuro. O desenvolvimento é o cume e primeiro temos que crescer e fazer a verdadeira distribuição (QS11, sexo masculino, 59 anos).

A geração mais velha vai assim ao encontro do conceito de desenvolvimento humano criado pelo Programa das Nações Unidas para o Desenvolvimento (PNUD) na década de 1990. Esse conceito centra o desenvolvimento na pessoa humana e na satisfação das suas necessidades básicas para que as pessoas tenham "vidas longas, saudáveis e criativas" (PNUD, 1990, p. 9), bem como oportunidades de escolha – "liberdade política, direitos humanos garantidos e o respeito próprio" (PNUD, 1990, p. 33).

Os "herdeiros" fizeram também essa distinção entre desenvolvimento económico e desenvolvimento humano, porém mostraram ter um posicionamento mais crítico em relação ao desenvolvimento económico que se verifica em Angola, questionando a sua sustentabilidade, distinguindo na sua crítica "crescimento" de "desenvolvimento" económico.

Estamos na fase do crescimento, não do desenvolvimento. Estamos na fase do "crescimento económico". Não há rede de transportes públicos funcional. A cidade está a crescer de forma desordenada, não há estudos. O crescimento económico não está a ser sustentado. Não se criam estradas, escolas, arruamentos, canalizações de água e esgotos, instalação elétrica. Primeiro constrói-se e depois trata-se disso. Agora impera o capitalismo selvagem (QS24, sexo masculino, 38 anos).

Um outro entrevistado "jovem" relacionou crescimento com desenvolvimento, ainda que questionando os beneficiários do desenvolvimento.

Por um lado sim há desenvolvimento porque há construção. Mas as coisas que se fazem não são para os nacionais porque os preços que aplicam são incompatíveis. Fazem-se para alguém mas não para quem vive aqui. Constroem-se casas mas quem compra são as pessoas que já têm casas, são sempre os mesmos. Os jovens precisam de casas e emprego, mas não há. Quando há desenvolvimento também há o outro lado. Não há fiscalização e cada um faz o que quer. Quando a educação começar a melhorar talvez se veja melhoria no resto (QS3, sexo feminino, 34 anos).

Os "mais jovens" (novos estudantes) assumiram um posicionamento menos crítico em comparação com os "herdeiros", concentrando-se preferencialmente no desenvolvimento económico, não desvalorizando o desenvolvimento humano mas, talvez pela sua juventude, apresentam uma abordagem mais materialista dos efeitos da educação naquilo que consideram "desenvolvimento".

Não sei se é bom o caminho mas está a desenvolver-se. Em alguns aspetos está melhor e noutros está pior. A cidade está a ficar mais cidade, mais internacional, mas não sei se é bom ou não (QS13, sexo feminino, 24 anos).

Está muito diferente. Já vemos empresas privadas e investimento. Claro que ainda temos muito trabalho e muita coisa tem que mudar, mas antigamente a vida era mais difícil. Agora temos mais facilidades. Tudo é caro, mas pelo menos já existe e temos essa opção. Estamos no bom caminho. Temos que continuar a trabalhar e dar o nosso contributo (QS1, sexo feminino, 22 anos).

Partindo da definição de desenvolvimento do PNUD, ou seja que o seu objetivo principal é a criação de um ambiente habilitador para que as pessoas tenham vidas longas, saudáveis e criativas, muitos dos inquiridos não consideram que essa realidade se verifique em Angola.

Se formos a ver o bem-estar desse povo, este povo é o mais sofrido do mundo, o sistema de saúde está de rastos, mata mais do que cura, não tem material médico, não tem profissionais de saúde, ninguém se responsabiliza, as condições de higiene são assustadoras (QS24, sexo masculino, 38 anos).

Aqui em Luanda não se vive. Quem diz que em Luanda as coisas estão boas é mentira. Como podes viver bem se não tens água na torneira, não tens energia. Para pores os teus filhos na escola tens que pagar senão ele não vai a escola. Até o trânsito está a matar muita gente e não é só mais velhos, muitos jovens estão a ter ataques do coração por causa do stress (QS4, sexo masculino, 37 anos).

Assim, do ponto de vista dos estudantes entrevistados, prevalece atualmente em Angola a ideia de que o crescimento económico, em vez de contribuir para a melhoria das condições de vida da população angolana, tem tido o efeito contrário.

Nesse sentido procurámos averiguar junto dos inquiridos qual o papel que se atribuem como agentes do processo de desenvolvimento angolano. Todos foram unânimes em afirmar que estão, de algum modo, a trabalhar para o desenvolvimento de Angola.

Neste momento estamos a lançar as bases para o desenvolvimento do país, temos que começar por algum lado. Angola já está a formar quadros, dentro do país (QS6, sexo masculino, 60 anos).

Estou a trabalhar nesse sentido, de ajudar para o desenvolvimento de Angola. Regressei a Angola para dar o meu contributo (QS4, sexo masculino, 37 anos).

Sim. Achei que tinha que voltar e quero dar o meu contributo porque acho que somos nós que construímos as cidades. Quero estar em Luanda e ajudar neste processo de reconstrução (QS14, sexo masculino, 23 anos).

Esse contributo passa essencialmente pelo desempenho da sua atividade profissional.

Sim, de certa forma dou o meu contributo. Dou aulas a jovens que serão os futuros governantes e trabalhadores deste país (QS11, sexo masculino, 59 anos).

Claro que sim. Trabalho para isso todos os dias e faço seleção e recrutamento para candidatos para formação tendo sempre em vista darmos o nosso contributo ao país (QS24, sexo masculino, 38 anos).

Reconhecem, contudo, que o seu contributo só é possível devido à formação superior que obtiveram no exterior.

A formação adquirida em Portugal é a minha base de trabalho. Se não tivesse essa formação não teria perspetivas de vida (QS3, sexo feminino, 34 anos).

Os mais "jovens" (sendo mais críticos) reconhecem o seu contributo, porém salientam igualmente os entraves que têm encontrado na prossecução dos seus objetivos e que têm condicionado o seu desempenho.

Nem sempre as ideias são bem aceites, ou porque estudei fora ou porque nunca foi aplicada em nenhum outro lado, ou porque sou mulher. Não está a ser fácil. Eu quero poder contribuir com aquilo que aprendi mas encontro muitas barreiras, por isso ando sempre a mudar de emprego, não pelo salário, mas sim porque me farto do ambiente e das pessoas. Mas temos que lutar por aquilo que queremos (QS3, sexo feminino, 34 anos).

Gostaria de fazer mais, mas a estrutura hierárquica da sociedade cria-nos muitas barreiras. O nosso trabalho não é reconhecido. Aqui não implementas nada de novo, não tens espaço para isso. És logo barrado porque és visto como aquela pessoa que vai fazer sombra ao chefe e tirar-lhe o lugar. Por isso é melhor deixar as coisas como estão (QS24, sexo masculino, 38 anos).

Os entrevistados "mais jovens" queixam-se de que são, por vezes, vistos como aqueles que saíram do país no período em que este mais precisava de mão de obra qualificada e que, agora no regresso, ambicionam ocupar o lugar de quem se manteve em Angola, constituindo assim sobretudo uma "ameaça" às posições mais elevadas. Este tipo de pressão incide sobretudo sobre os "herdeiros". Em relação aos "novos estudantes", embora também sintam alguns condicionalismos, a pressão não é tão evidente como aquela que é sentida pelos herdeiros.

Nem sempre somos bem aceites. Depende onde fores trabalhar e como entraste naquele emprego (QS22, sexo feminino, 23 anos).

Os que ainda não regressaram veem o seu contributo como possível, ainda que admitam tratar-se de algo que acalentem como um "sonho". Essa sua postura mostra até que ponto o sentido de patriotismo foi inculcado com sucesso em ambas as gerações:

Ai, eu vejo-me sim a trabalhar em Angola, vejo-me a criar o meu sonho e quero ter uma instituição ligada a uma ONG, a uma instituição não governamental para aquelas crianças que dormem na rua... pode ser um pouco utópico, os meus amigos dizem que é utópico, mas enquanto eu não vir que é impossível, eu não vou deixar de ter esse sonho (E4, sexo feminino, 21 anos).

Os "mais velhos" reconhecem que tiveram uma progressão profissional dentro do sistema (organismos públicos) a que estavam vinculados.

Fui para Lisboa fazer Relações Internacionais. Quando saí era consultor aqui no Ministério e quando regressei mudei para a área de cooperação internacional e hoje sou chefe do departamento. Por outro lado, ainda consigo dar aulas à noite na universidade (QS25, sexo masculino, 50 anos).

Reconhecem que as novas perspetivas de desempenho profissional se devem a essa formação e apontam como exemplo a possibilidade de lecionarem em universidades.

Eu agora já me reformei das minhas funções anteriores. Mas com a formação que adquiri continuo a trabalhar. Dou aulas na universidade mas também trabalho por conta própria. Se não tivesse adquirido essa especialização não conseguia fazer nenhuma dessas coisas (QS11, sexo masculino, 59 anos).

Para os "herdeiros", a formação superior adquirida em Portugal tem permitido melhor integração profissional, bem como perspetivas de progressão na carreira.

A minha formação permitiu-me sair da polícia e concorrer a esta empresa onde sou o responsável pela segurança. Estou em constante contato com a sede da empresa no exterior. Se não tivesse adquirido essa formação nem pensar que estava aqui (QS5, sexo masculino, 38 anos).

De igual modo sentem um reconhecimento social pelo esforço e investimento em formação.

De certeza que se tivesse estudado aqui não teria as mesmas oportunidades. Tenho mudado de emprego de seis em seis meses e sempre para melhor e sei que isso acontece porque estudei lá fora (QS3, sexo feminino, 34 anos).

Porém, afirmam que esse reconhecimento se fica pelo valor do diploma, não se traduzindo numa melhoria das condições económicas, sobretudo para aqueles que desempenham a sua atividade na administração pública, daí acumularem diversas funções.

Eu sou técnico superior aqui no Ministério mas no entanto à noite tenho que ir dar umas aulas para ver se ganho mais algum. A vida aqui em Luanda está muito cara e os funcionários públicos ganham conforme a tabela, não interessa a tua formação. Onde já se viu a secretária do meu superior ganhar mais do que eu que tenho um mestrado e fiz lá fora? (QS24, sexo masculino, 38 anos).

Destacam-se por serem uma minoria com preparação técnica reconhecida para ocuparem lugares de destaque, seja em empresas privadas seja na função pública, o que lhes permite ter boas perspetivas de progressão na carreira.

Depois do curso, claro que ocupei sempre lugares de destaque. Já não era o simples servente das obras em Lisboa. Passei a ser responsável pelas obras. A responsabilidade aumentou (QS2, sexo masculino, 34 anos).

Referem o facto de encontrarem barreiras no acesso às posições hierárquicas mais elevadas, justificando como estando ainda dependente de ligações aos centros de poder

Mesmo na procura de emprego, para quem vem de fora tem que ter cunha pois é muito difícil. A formação só por si não nos abre portas. Tem que saber como é que o currículo chegou à empresa e entra primeiro quem tem maior influência. A cunha passa sempre a frente (QS1, sexo feminino, 27 anos).

Infelizmente ainda hoje precisas de cunha para progredir e as mentalidades não mudaram nada. No que toca ao Estado não mudou nada e não estou a ver a mudar tão cedo. A pertença ao partido ainda é uma condição muito forte e essencial de progressão na carreira (QS5, sexo masculino, 38 anos).

Para os "novos estudantes" ainda em início de carreira, as respostas à sua formação por parte do mercado de trabalho têm sido positivas.

Assim que acabei o curso tive logo propostas de emprego em Angola. E regressei e cá estou eu. Não acredito que Portugal esteja atrás de outros

> países a nível da educação superior e em muitos casos verifica-se o contrário, Portugal é melhor. Comparam-se países e não universidades e isso não quer dizer nada. É preciso saber comparar (QS14, sexo masculino, 23 anos).

Sendo que a maioria ainda se encontra em situação do primeiro emprego, esperam conseguir evoluir na carreira à medida que vão adquirindo experiência.

> Eu voltei agora. Ainda estou a começar a aplicar aquilo que aprendi, a ver como se fazem as coisas na prática. Daqui a um tempo sim espero estar a fazer coisas diferentes, que reconheçam o meu trabalho e confiem em mim (E22, sexo feminino, 23 anos).

Todos os entrevistados, acreditam que a formação superior realizada fora do país lhes "abre portas" e lhes proporciona oportunidades que não teriam se tivessem feito o ensino superior em Angola, que lhes dá uma estabilidade laboral e lhes permite terem melhores perspetivas de ascensão social, condições que os distinguem da maioria da população angolana e que os coloca numa posição hierárquica superior, ou seja, numa condição de pertença ao grupo das elites.

Dada a sua formação superior, a pertença, ou não, a grupos de decisão próximos do aparelho de Estado (as tais "elites do poder") foi utilizada para questionar o seu sentimento de pertença e simultaneamente a sua possibilidade de participação na transformação da sociedade angolana. Postos perante esta questão, mostram até que ponto se sentem fora dos lugares de decisão. A posse de diploma deu-lhes acesso a lugares no meio académico, mas o ambiente de decisão política continua-lhes vedado. Sentem-se "intelectuais".

> Bem, quer dizer, é um degrau, sobe-se um bocadinho mais mas não é assim tão significativo. As benesses também não são assim tantas (QS6, sexo masculino, 52 anos).

> Não sou eu que devo julgar isso mas a sociedade. Há várias formas de definir elite; em termos políticos, em termos da sociedade (uma pessoa

bem posicionada). Em termos políticos é aquele que dá as suas sugestões. É uma pessoa que está em cima. A classe dos intelectuais isso é diferente, isso é em termos intelectuais (QS20, sexo masculino, 50 anos).

Desempenham, deste modo, funções socialmente reconhecidas mas com poucos recursos e fraca capacidade de decisão. Patrick Chabal chama a atenção para o facto de, independentemente de o regime angolano ter passado de uni- a multipartidário, as mudanças de regime não conseguiram produzir uma transformação sistémica que reforçasse a institucionalização, encorajasse o desenvolvimento económico, promovesse a aceitação das regras de mudança política democrática e fornecesse um espaço autónomo reconhecido para a sociedade civil (Chabal, 2008, p. xxviii).

> Temos vontade, temos os nossos projetos mas na altura da sua execução temos de pedir. As coisas não correm com a mesma celeridade como nós queremos, e é sempre esta luta, é sempre esta luta (QS9, sexo masculino, 52 anos).

Reconhecem, no entanto, que prestam a sua contribuição ao país formando quadros com possibilidade de decisão. O seu investimento reproduz-se, deste modo, sobretudo na criação de "capital humano" que acreditam ser útil ao desenvolvimento de Angola.

> Só aqui na faculdade muitos que estão no Governo já passaram pela minha docência. Isso prova que eu contribuí para o desenvolvimento. Tive de fazer algo para impulsionar isto, os alunos já não ficam estagnados. Há muitos alunos a terminar o curso (QS20, sexo masculino, 50 anos).

> Não somos ouvidos. Mais vale a pena atender um juiz, um procurador do que um professor. A classe do professorado é esquecida. Contribuo com aquilo que aprendi para a formação dos estudantes, para a sociedade (QS20, sexo masculino, 50).

Se a atual situação de paz possibilita novas oportunidades de participação cívica "e autoafirmação por parte da massa da população"

(PNUD-Angola, 2002, p. 91), o aumento da despesa governamental em educação produzirá a seu tempo uma população mais consciencializada.

O contato com outras culturas, outra realidade social, bem como a vivência num país europeu influenciaram de igual forma a personalidade desses entrevistados, que regressam a Angola com novas ideias, novas perspetivas, novos valores, que, como ficou patente, se contrapõem à "norma" estabelecida. Bolseiros, herdeiros e novos estudantes ambicionam apenas desempenhar as suas funções em Angola e contribuírem assim para a reconstrução do país, bem como para a melhoria das condições neste país.

O papel da Cooperação Portuguesa na integração destes estudantes angolanos em Portugal

O papel da Cooperação Portuguesa no atual contexto pós-colonial deveria assentar cada vez mais na constituição de um "capital social de conexão", designação utilizada para referir um "conceito vertical de capital social, que conecta as pessoas aos recursos institucionais políticos e económicos, com a mediação das associações voluntárias" (Woolcock, 1999, citado em Grassi, 2009, p. 73).

A importância desses apoios à distância é amplamente reconhecida pelos entrevistados da geração A. Nos casos mais positivos é emotivamente reconhecido o papel de alguns académicos (frequentemente os orientadores das teses) que os tratam como profissionais em situação de igualdade profissional e com quem partilham a pertença a "redes académicas".

> Hoje pertenço a redes profissionais. Hoje tenho relações com professores portugueses. Apoiamo-nos. É útil porque para além dessas amizades salutares, participamos em vários congressos. E agora enquanto dirigente estou a pensar fazer o pós-doutoramento. É um antigo professor que me vai ajudar nisso (QS9, sexo masculino, 52 anos).

> Continuamos a ser amigos, colaboramos. Ainda tenho vínculos de amizade, de colaboração com a minha orientadora, com os colegas. Em termos de contatos só acontece em congressos. Faço parte da Sociedade Portuguesa

de Química. Faço parte da comissão científica. Angola foi eleita como organizadora para 2015 (QS20, sexo masculino, 50 anos).

Um dos entrevistados tinha sobre a secretária a fotografia do seu orientador (português) entretanto falecido, exibido como um ícone. Comparou a sua situação profissional (hoje excluído que está das "redes" de apoio que o orientador possibilitava) como uma situação de "orfandade académica".

> O contato com Portugal não é muito bem regular. Eu tinha uma família científica. Mas não é uma comunicação regular. Seria melhor manter o grupo de investigação em que fui enquadrado, mas depois da sua morte [do seu orientador em 2004] fiquei como órfão, fiquei totalmente isolado. Era obrigação de Portugal manter essas ligações. Nós neste departamento onde estamos temos um projeto de mestrado onde nós precisamos de apoio de Portugal, é uma forma como Portugal nos poderia ajudar em termos de docência e em termos bibliográficos, também em termos de equipamento laboratorial (QS20, sexo masculino, 50 anos).

Há, contudo, quem se sinta abandonado por Portugal e/ou pelos portugueses. A manutenção da ligação do(a) ex-estudante a Portugal, em lugar de decorrer das relações de cooperação entre os países, parece resumir-se a esporádicas iniciativas individuais, e a isoladas boas vontades, desinseridas de qualquer enquadramento institucional que, por isso, rapidamente se tornam insustentáveis.

> Tinha muitos amigos portugueses, apoiavam-me muito. Só que a correspondência falhou agora (QS12, sexo masculino, 58 anos).

Há ainda quem também valorize a troca de bens materiais fundamental à prossecução das atividades científicas e à sua situação de equidade no seio da rede a que gostaria de pertencer. O papel do Estado português como motor desse processo de desenvolvimento no sentido da equidade é igualmente valorizado.

Eu fiz questão, num dos congressos que fizemos, que haja maior apoio de Portugal atendendo à situação do país. Estamos numa fase de desenvolvimento sim, mas há sempre dificuldades numa área científica e temos dificuldades. A pessoa volta com entusiasmo mas isso acaba por evaporar porque falta este e aquele aparelho e a pessoa tem dificuldades na nossa área de Química. O que seria ideal com o vínculo que existe era haver um apoio de Portugal nos primeiros momentos. Seria o ideal (QS20, sexo masculino, 50 anos).

Portugal como país de formação

O ensino universitário em Portugal tem boa reputação junto destes estudantes angolanos. Na sua escolha contou a língua comum, os laços familiares, mas em grande parte a qualidade do ensino e a abertura para a Europa.

O ISEG acho que é uma das melhores faculdades de Economia cá em Portugal, tem nome no mercado, de cá saíram muitos líderes portugueses como o Cavaco Silva, por exemplo. Tem nome! (E11, sexo masculino, 24 anos).

Os estudantes da geração A referem sentir respeito e admiração – no plano científico e académico – pelas universidades portuguesas. Vivem o tempo passado em Portugal como uma oportunidade e sentem-se por isso reconhecidos.

Essa relação foi menos visível na geração B. Vieram para Portugal, em muitos casos, por imposição das famílias (tendo deixado para trás um país inseguro e de futuro instável). Foram muitas vezes forçados a viver com familiares que lhes diziam pouco e passaram por períodos de difícil integração, dificuldades superadas com a progressiva conquista da sua autonomia (quando passam a viver em residências estudantis ou nos seus próprios apartamentos). Sendo mais novos, são também mais críticos em relação à qualidade de ensino, criticando sobretudo a sua componente demasiado teórica.

Satisfeitos com o facto de Portugal lhes ter aberto horizontes, por via da integração europeia e do acesso às redes globais de comunicação, alguns queixam-se, contudo, de serem vistos como inteletualmente inferiores, sobretudo quando ingressam no ensino secundário português previamente a ingressarem no superior. De acordo com as suas descrições, os seus professores têm baixas expetativas quanto ao seu rendimento escolar.

> Sim, os colegas portugueses ficaram surpresos, por acaso. Eu tinha excelentes notas e eles não estavam à espera, acho eu… Mesmo os colegas diziam "mas tu vens de Angola e como é que consegues ter essas notas?"… Eu estudo, é só isso… As pessoas não fazem a mínima ideia do que é África, às vezes… Nem todas, mas muita gente da nossa idade, os estudantes não fazem a mínima ideia do que é o outro continente, a mim perguntavam-me se eu vivia em cima das árvores, se vivíamos com elefantes, eu dizia: "mas você não vê o telejornal?", não é? (QS22, 23 anos, sexo feminino).

Muitos sentiram-se alvo de racismo e queixam-se de terem sido associados a estereótipos (i) relacionados com vivências de guerra (sendo que muitos nunca viveram situações de guerra) e (ii) de possuírem dificuldades intrínsecas de aprendizagem. Mas em geral não acharam a integração difícil ainda que, quase todos, considerem o clima, sobretudo o inverno, difícil de suportar.

Portugal situa-se numa nova posição geoestratégica semiperiférica, tendo, na segunda metade da década de 1990, reencontrado, e reconfigurado, o seu posicionamento relativo no quadro europeu comunitário. A passagem por Portugal é sentida pelos estudantes angolanos como uma aproximação ao "centro" da informação, da participação e da decisão global, que se lhes impõe para além (ou apesar de) as referências histórico-culturais comuns. Essa possibilidade de contato com o mundo global distingue-os dos que ficaram em Angola. Já Ana Delicado (Delicado, 2008, p. 111) no seu estudo sobre os cientistas portugueses na diáspora refere essa atração pelos países "centro do sistema mundo". Como esta ideia de "centro" é sempre relativa ao país de origem, pode-se falar na existência de uma hierarquia espacial de anéis mais ou menos concêntricos nos quais se joga essa necessidade de aproximação.

Condições legais de integração de jovens angolanos em Portugal

Quem tem dupla nacionalidade vê a sua situação facilitada, nomeadamente na obtenção de visto e na possibilidade de viajar pela Europa. Os estudantes angolanos que carecem desta dupla identidade ficam inevitavelmente limitados a uma vivência incompleta de Portugal-enquanto-experiência-europeia, configurando-se nesta situação uma relação Portugal-Angola que parece reinventar a antiga dependência colonial, ao fechá-los no interior das fronteiras portuguesas ou ao condicionar o seu trânsito ao corredor Angola-Portugal-Angola. Os estudantes da geração B são os mais críticos em relação às políticas de integração nas universidades portuguesas. Dizem não serem alvo de uma atenção particular. O sistema de bolsas funciona mal e é muito pobre o apoio humano. Ao contrário dos estudantes da geração A, que se veem como excepção e se sentem mais na situação de dependência e de reconhecimento, estes estudantes mais jovens conseguem colocar-se numa situação de maior autonomia e de serem eles próprios uma mais-valia para o país que os recebe.

> Eu acho que o problema reside nas políticas de integração... Em primeiro lugar deve-se falar em políticas de integração. Eu não gosto muito de falar em termos de comunidade estudantil, eu gosto de falar em termos de comunidade no seu todo. Eu acho que passa por uma melhor política de integração. Porque aquilo que se passa é que Portugal muda as leis de imigração muitas vezes. Portugal deve ser o país da Europa que mais leis de imigração criou, mas o problema não se põe nas leis, o problema põe-se nas práticas, têm de haver políticas que facilitem a integração. Nós, de algum modo somos uma mais-valia. Em várias vertentes somos uma mais-valia e era preciso os políticos terem uma via a longo prazo, só têm a ganhar. Eu não sou português portanto não serei eu a dar lições nessa matéria. Mas se tivesse de decidir eu acho que eu teria, eu seria mais pragmático, aliás Portugal tem grandes exemplos na Europa, não é preciso irmos longe. A nível de integração Portugal tem vários exemplos na Europa, portanto, o que falta é vontade política. Promete-se muito... (E15, sexo masculino, 34 anos).

Outra das formas de fechamento, que tem efeitos na constituição da sua identidade-imigrante, no interior da sociedade portuguesa, reside na geografia dos espaços ocupados pelos jovens. Vivem no interior de bairros tradicionalmente (desde 1975) ocupados por famílias de origem angolana ou com contatos intensos com esse país. No caso dos estudantes mais desenquadrados do ponto de vista familiar, formam-se microcomunidades residenciais, e de consumos juvenis ligados à dança e música e ao usufruto de lazeres noturnos, em torno de algumas afinidades: serem angolanos numa primeira instância, ou apenas serem africanos.

Estudantes angolanos e outros estudantes estrangeiros

Em termos das suas políticas de cooperação internacional para o ensino superior, Portugal é hoje, com o tratado de Bolonha, um país da Europa, uma Europa que aposta na mobilidade e equidade do ensino dos seus membros, assim como um país investindo na receção e formação de estudantes africanos no quadro da CPLP.

No entanto, se formos atender aos fluxos dos estudantes imigrantes, é bem mais importante, e durável, a pressão para a integração dos segundos – os estudantes da CPLP – do que propriamente para a integração dos estudantes provenientes do espaço europeu, que apenas passam em Portugal um ou dois semestres, inseridos em programas específicos.

A regulação transversal dos programas europeus (como é o caso do Programa Erasmus), e a facilitação de ingresso dos seus estudantes pela abolição das fronteiras no espaço Schengen, face à dificuldade que os estudantes africanos têm na obtenção de vistos para estudar em Portugal, apenas vem acentuar o desequilíbrio entre estes dois grupos de imigração estudantil, beneficiando os primeiros em detrimento dos segundos.

Reflexões finais

Na história de Angola das últimas três décadas, o papel atribuído à educação escolar acompanhou mudanças importantes do regime. Contudo, à semelhança das elites escolares europeias, também ali se encontram as famílias escolarizadas envolvidas em dinâmicas sociais mais longas e duradouras, que apesar do atravessamento de situações críticas e ameaçadoras, nunca deixaram de dar especial prioridade ao investimento no capital escolar dos seus filhos, assegurando, deste modo, a sua reprodução. Contudo, há que considerar uma situação, com consequências mais recentes e quiçá mais dramáticas, de investimento escolar generalizado, resultante do esforço nacional de educação para todos, que caraterizou o período pós-independência e que atingiu famílias tradicionalmente sem formação escolar, com ligações ao meio rural e mais próximo da base da estrutura social.

Há, deste modo, um interessante confluir de efeitos estruturais, coletivos (a sociedade angolana em mudança) e agenciais, individuais (cada estudante no seio de uma dada família) e relativamente criativos, quando se analisam estas configurações de possibilidades e oportunidades de cada um destes indivíduos. Por um lado a família investiu no estudante, tendo criado expetativas quanto ao retorno desse investimento; por outro, cada estudante define a sua própria trajetória educacional à medida que vai atingindo graus académicos mais avançados; ou seja, do valor social adquirido dentro do próprio sistema educativo. Assim, de uma geração para outra (da 1ª geração de "bolseiros" – geração A – para a 2ª geração de "herdeiros" e "novos estudantes" – geração B), no percurso de escolarização de cada indivíduo assiste-se ao reforço da dependência familiar no início ("condições iniciais"), mas a uma maior autonomia individual nos níveis mais avançados.

O investimento em capital escolar sendo, deste modo, e para este universo de estudo, um fator determinante na orientação de percursos de vida, sofreu, ao longo do processo de mudança da sociedade angolana, transformações excecionais quanto ao seu enquadramento social e político. Estas transformações que atravessaram momentos da vida destes estudantes, hoje universitários ou ocupando lugares de decisão em Angola, podem sintetizar-se, ainda que correndo o risco de excessiva simplificação, do seguinte modo.

(i) os que iniciam a sua escolaridade no tempo colonial com o apoio da família, muitas vezes da família alargada, ou de missões religiosas, sendo forçados a deslocar-se de região para região à medida que vão avançando nas carreiras escolares, chegando à independência com uma formação-base acima da média, sendo recrutados como agentes de ensino ou sendo-lhes atribuídas bolsas de estudo, com particular destaque para a área da Formação de Professores, entre outras.

(ii) os que nascem no período pós-independência, altura em que frequentam o ensino primário; vivem uma experiência educativa inserida em desígnios nacionais, alicerçados na ideologia socialista[11] (período pós-independência), estudam em escolas públicas ou privadas e saem do país, com o apoio das famílias, para fugir à insegurança dos conflitos internos, ou pelo estado de insuficiência em que se encontra o ensino superior no seu país.

Todos (à exceção dos "herdeiros", que têm uma relação mais natural com a escola) começaram a sua escolaridade com um sentido coletivo de serviço ao país, tendo mais tarde vindo a adotar outros sentidos mais individuais, mais egoístas ou elitistas, em conformidade com as novas tendências que definem hoje a política e a economia de Angola.

A capacidade de reação das famílias aos constrangimentos provocados pela falta de recursos básicos ou pela insegurança da guerra, indissociável de um trabalho de vigilância constante do percurso escolar dos filhos como forma de superar todas as incertezas, permitiu-lhes, sobretudo nos casos de situações menos conformes com as trajetórias desejáveis, desencadear estratégias para contornar esses obstáculos. Portugal é uma das paragens, ou passagens, desse nomadismo estudantil, como o foi doutros nomadismos anteriores. Por via da educação superior reinventam-se aproximações e partilhas que os políticos não previram, menos imaginaram. Em Portugal está-se próximo da Europa e dos centros da informação global. Se forem libertos os constrangi-

---

[11] Emancipação de uma população negra e mestiça a quem foi durante o colonialismo negado o acesso à educação.

mentos burocráticos à entrada e permanência dos jovens angolanos, Portugal será mais do que julga ser.

Para os que regressaram a Angola após obterem o diploma, a 1ª geração dos "bolseiros", o crescente processo de liberalização da sociedade angolana e a menor intervenção do poder político na vida dos cidadãos têm acentuado a autonomia das decisões relacionadas com a carreira académica e, consequentemente, com a entrada no mercado de trabalho. Contudo, também nesta situação, a adesão a "redes sociais" torna--se mais importante dado os apoios político-institucionais cumprirem "pior" a função do enquadramento funcional (reintegração na sociedade e empregabilidade) dos cidadãos, um pouco deixados à sua sorte.

Finalmente, ao "diletantismo" dos "herdeiros" das classes burguesas escolarizadas descritos por Bourdieu e Passeron opunha-se o esforço, e a perseverança, dos "novos estudantes" originários de famílias operárias, agrícolas, de pequenos comerciantes, com uma maior dificuldade em "assimilar" e em "adquirir" (por iniciativa própria) a cultura das elites escolarizadas. Se os primeiros possuíam quase naturalmente o "dom" indispensável ao sucesso escolar, os segundos esforçavam-se por incorporar o "dom" que eles próprios atribuíam, não a si próprios, mas ao conhecimento adquirido na escola através de um processo considerado, por estes autores, de verdadeira aculturação.

São essas possibilidades criativas, às quais se vem juntar o esforço e empenhamento na aquisição de um conhecimento que lhes venha a ser mais tarde útil, que tornam a saída do país especialmente importante para a formação da consciência, não apenas estudantil, mas para o ecletismo cognitivo e cultural destas novas gerações. É que ligada a esta "cultura livre", considerada por Bourdieu "condição implícita do sucesso universitário" (Bourdieu & Passeron, 1964, p. 32), está a construção de redes sociais que geram "capital social" hoje considerado fundamental para o desenvolvimento dos países mais periféricos, posto que é esta troca de benefícios e de relações de confiança, possibilitada pela pertença a essas redes coletivas (académicas ou outras), que garante a cooperação e a confiança mútua entre os atores sociais a uma escala internacional. Esta distinção entre "estudantes do Estado" e "estudantes das famílias" é, assim, fundamental para entender a sucessão das gerações assim como a trajetória educativa de Angola no que se refere ao ensino superior, com repercussões óbvias na constituição das suas futuras elites culturais e políticas.

Portugal talvez esteja a receber, comparativamente com outros países, os estudantes angolanos que melhor saberão aproveitar e enquadrar o capital escolar adquirido. O modo como foram educados inculcou-lhes um sentido de responsabilidade e de serviço que parece distingui-los dos filhos das velhas e atuais elites. Por via da educação superior reinventam-se aproximações e partilhas que os políticos não previram, menos imaginaram. Em Portugal está-se próximo da Europa e dos centros da informação global. A articulação entre o "processo agencial" de envio e o "processo estrutural" de construção de condições de receção afigura-se assim da maior importância na identificação das prioridades no acompanhamento político deste fenómeno. Com um longo caminho ainda pela frente em termos de desenvolvimento humano, os angolanos formados em Portugal mostram-se expetantes em relação ao futuro e afirmam esforçar-se por cumprir com o seu papel de modo a contribuírem para o desenvolvimento de Angola. Para o efeito, atribuem a essa formação superior a principal responsabilidade.

Dado o reconhecimento desta situação, bem mais complexa do que os dados estatísticos evidenciam, esta deverá ser a base de ponderação das políticas de cooperação. Deverão ser ainda ponderadas as situações de marginalização destes jovens decorrentes quer dos ambientes juvenis universitários, quer muitas vezes dos próprios métodos e conteúdos de ensino.

Em síntese, estes fluxos migratórios de Angola para Portugal, ainda que tendo como móbil determinante a educação avançada, essa "trajetória nómada estudantil", utilizando uma expressão de Neusa Gusmão (Gusmão, 2007), contribuem para uma reconfiguração dos contextos sociais e identitários marcados pela especificidade da experiência da formação em Portugal. Em que medida Portugal, na situação pós-colonial, vem – como pretende o discurso que legitima a cooperação dita "lusófona" – prolongando algum lugar pré-existente, pelas inevitáveis raízes deixadas pelas gerações passadas, pelas pontes de sangue decorrentes dos cruzamentos entre portugueses e angolanos, dos quais resultou a distribuição de familiares pelos dois países, e a criação de estruturas de apoio, nas quais eles próprios se apoiam, tanto "lá" e como "cá"?

Em que medida Portugal será mais do que isso, algo que dificilmente controlará: um país europeu inserido em redes que dão acesso a outro tipo de oportunidades, redes de informação, redes de interceção das mais diversas experiências de mobilidade?

A questão que se põe é em que medida Portugal estará a saber aproveitar esta população estudantil móvel, fixando-a e reproduzindo-a (o mesmo será dizer não se deixando ser substituído por outros destinos), em benefício da sociedade portuguesa, do próprio sistema de ensino português e da aproximação aos países de envio como plataforma de transição e negociação entre diferentes mundos. O sucesso da cooperação de Portugal, ao nível da educação universitária, depende da sua capacidade de tirar partido da horizontalidade destas ligações sociais, alimentando e adensando estas "redes sociais", utilizando estas redes para a transferência de conhecimentos e de competências com benefícios bilaterais.

As entrevistas a profissionais angolanos que se formaram no ensino superior português demonstram quanto este desígnio está longe de ter sido cumprido. Portugal parece não estar a saber tirar partido do seu papel na formação destas gerações de universitários. Para que a cooperação não se limite apenas à frequência das universidades portuguesas, deveriam ser mantidas vivas as ligações de Portugal com estes ex-estudantes, apoiando a sua formação contínua e fornecendo-lhes recursos, tendo em vista o reforço do seu papel enquanto agentes de desenvolvimento.

REFERÊNCIAS

BOURDIEU, P. & PASSERON, J. C. (1964). *Les héritiers : Les étudiants et la culture*. Paris: Les Éditions de Minuit.

COMAROFF, J., & COMAROFF, J. (2005). Reflections on youth from the past to the postcolony. In Honwana, A., & Boeck, F. de (Org.), *Makers & breakers – Children & youth in postcolonial Africa*. (http://www.ipad.mne.gov.pt/index.php?option=com_content&task=view&id=619&Itemid=351, consultado em 4 de março de 2011).

CHABAL, P. (2008). Twilight zone: Sociedade civil e política em Angola. In Vidal, N., e Andrade, J. P. de (Eds.), *Sociedade civil e política em Angola. Enquadramento regional e internacional* (pp. XXI-XXXIII). Lisboa: Firmamento, Media XXI.

COSTA, A. B. (2003). *Estratégias de sobrevivência e reprodução social de famílias na periferia de Maputo*. Tese de doutoramento em Estudos Africanos interdisciplinares em Ciências Sociais, Instituto Superior de Ciências do Trabalho e da Empresa (ISCTE), Lisboa, Portugal.

DELICADO, A. (2008). Cientistas portugueses no estrangeiro: Factores de mobilidade e relações de diáspora. *Sociologia, Problemas e Práticas 58*, pp. 109-129.

Diário da República nº 69 – Resolução nº 29/09 de 15 de abril. Luanda: Governo de Angola.

Diário da República nº 101/09 de 12 de outubro. Luanda: Governo de Angola.

DORAY, P., & MURDOCH, J. (2010/2). Nouveaux étudiants, nouveaux parcours? La présence étudiante dans l'enseignement postsecondaire. *Education et Sociétés. Revue Internationale de Sociologie de l'Éducation, 26*, pp. 5-12.

FONSECA, M. M. V. (2003). *Educar herdeiros: Práticas educativas da classe dominante lisboeta nas últimas décadas*. Lisboa: Fundação Calouste Gulbenkian & Fundação para a Ciência e a Tecnologia.

GPEARI (Gabinete de Planeamento, Estratégia, Avaliação e Relações Internacionais). (2011). *Relatório vagas e inscritos no ensino superior 2000-2001 a 2009-2010*. In http://www.gpeari.mctes.pt (consultado em 10 de novembro de 2011).

GRASSI, M. (2009). *Capital social e jovens originários dos PALOP em Portugal*. Lisboa: Imprensa de Ciências Sociais.

GUSMÃO, N. (2007). Na terra do outro. Invisibilidade e presença de estudantes africanos no Brasil, hoje. Comunicação apresentada na *1ª Conferência Internacional da Unidade de Culturas e Línguas Africana e da Diáspora Negra* (CLADIN), Faculdade de Letras e SESCS, Araraquara, 15-17 de maio.

INABE (Instituto Nacional de Bolsas de Estudo). (2011). *Dados estatísticos sobre bolsas de estudo*. Luanda: INABE.

INIDE (Instituto Nacional de Investigação e Desenvolvimento da Educação). (s.d.). In http://www.inide.angoladigital.net/pdf/curriculo%20do%20 Ensino%20secundario%201%BA%20cliclo.pdf (consultado em 4 de março de 2011).

LIBERATO, E. (2012). *Educação e desenvolvimento: A formação superior de angolanos em Portugal e no Brasil*. Tese de doutoramento não publicada, Instituto Superior de Ciências do Trabalho e da Empresa – Instituto Universitário de Lisboa, Lisboa, Portugal.

MASSON, P. (2001). La fabrication des héritiers. *Revue Française de Sociologie*, *42* (3), 477-507.

PNUD-Angola. (2002). *Os desafios pós-guerra. Avaliação conjunta do país*. Luanda: Programa das Nações Unidas para o Desenvolvimento.

PNUD (Programa das Nações Unidas para o Desenvolvimento). (1990). In http://www.undp.org (consultado em 5 de maio de 2012).

Representações sobre a evolução do ensino superior em Angola e o impacto da formação avançada em estudos africanos (ISCTE-IUL) nos percursos dos estudantes angolanos

Carlos M. Lopes
Centro de Estudos Africanos – ISCTE-IUL

RESUMO: *Com base na revisão da literatura e em informação recolhida no terreno, através de entrevistas a responsáveis pelas instituições, públicas e privadas, de ensino superior angolanas e a ex-estudantes angolanos que adquiriram formação avançada nos mestrados/doutoramentos em Estudos Africanos do ISCTE-IUL, procede-se a uma caraterização da evolução recente do ensino superior em Angola, identificando tendências, potencialidades e constrangimentos. Um outro eixo de análise significante é o desenho, a partir das respetivas narrativas, dos percursos socioprofissionais que efetuaram. A análise do papel das redes sociais (familiares, académicas, políticas) na aquisição da formação avançada e na sua reinserção na sociedade angolana, bem como a avaliação do contributo da aquisição da formação avançada para a evolução das suas trajetórias constituem outro dos enfoques da nossa abordagem.*

A área de Estudos Africanos do ISCTE-IUL tem constituído, a partir da década de 90 do século XX, uma opção de percurso formativo para muitos formandos oriundos dos PALOP e de Angola em particular. Principalmente a formação a nível de mestrado e, mais recentemente, a formação a nível de doutoramento. A análise da forma como esse processo formativo se situa na trajetória profissional e académica dos mestres e doutores em Estudos Africanos de origem angolana que concluíram o seu processo formativo e que regressaram a Angola e o contributo dessa aquisição de habilitações para a evolução subsequente constituem um dos principais eixos de análise desta abordagem. Inicia-se a análise com um diagnóstico da situação atual do ensino superior em Angola para posteriormente se traçar o quadro da sua evolução histórica, do potencial e dos problemas que o constrangem, com base nas representações narradas pelos entrevistados. Interesse particular é dedicado à análise dos percursos formativos e ao contributo gerado para o acesso a centros de decisão de natureza política, económica, administrativa e organizacional. Subsidiariamente, pretende-se também apurar se, e em que medida, esse processo formativo foi facilitado pelo capital social dos estudantes e pelas redes sociais em que se inseriam e se o processo formativo esteve ele próprio na origem da constituição de novas redes sociais, com caráter de continuidade. Um outro foco de atenção situa-se nos benefícios que os ex-estudantes valorizam como efeitos mais significantes da aquisição de formação avançada: melhores instrumentos de análise, maior capacidade de definir quadros lógicos, relações e articulações, maior conhecimento, maior compreensão de fenómenos, alargamento das áreas de conhecimento da realidade angolana, estatuto socioprofissional mais elevado, mais ambição, mais preparação geral, entre outros. A informação apresentada resulta essencialmente das entrevistas realizadas com ex-alunos do mestrado e doutoramento de Estudos Africanos, regressados ao país com o processo de formação concluído ou em vias de conclusão. As entrevistas foram realizadas nas cidades de Luanda e Huambo, em julho e agosto de 2010. Para além desta breve nota introdutória, o artigo estrutura-se da seguinte forma: uma breve contextualização, onde se identificam os principais marcos da evolução do ensino superior em Angola; uma breve grelha conceptual, onde se clarificam os conceitos-chave em torno dos quais o texto e a reflexão se constroem: família, formação avançada e redes sociais; uma nota metodológica, onde se explica o método de amostragem e se apresentam os métodos de recolha, tratamento e análise da informação coligida; a análise dos dados recolhidos, com a preocupação de fixar os percursos socioprofissionais dos entrevistados e de capturar as respetivas representações sobre o contributo da formação adquirida para as trajetórias efetuadas, sobre o papel das redes sociais, exteriores e anteriores ao processo formativo bem como das por ele geradas, de identificar, e categorizar, os benefícios resultantes da aquisição de formação avançada mais valorizados e de esboçar uma panorâmica sobre o estado atual do ensino superior em Angola; uma conclusão onde se enfatizam os elementos mais significativos da informação disponibilizada.

Contexto

Compreender a atual situação do ensino superior em Angola e a necessidade de capacitar os quadros angolanos com formação avançada no exterior remete necessariamente para a compreensão do processo histórico que os determinou. A presente digressão cronológica segue de perto o trabalho de Teta (2009) que recolheu informação complementar nos contributos de Zau (2009) e Kajibanga (2000). O ano de 1962 marcou o arranque do ensino superior em Angola, ainda em contexto colonial e como forma de o poder colonial responder às reivindicações da população estudantil, constituída essencialmente pelos descendentes dos colonos e por assimilados, no sentido de não ser forçada a fazer os estudos superiores na metrópole. Este processo foi algo atribulado: em 21 de abril de 1962 foi aprovado o projeto de Diploma Legislativo n.º 3235, pelo Conselho Legislativo de Angola, que instituía os centros de estudos universitários, junto dos institutos de investigação (Instituto de Investigação Médica de Angola, Instituto de Investigação Científica de Angola e Laboratório de Engenharia de Angola); através das portarias n.º 12196 e n.º 12201, foram criados cinco centros de estudos universitários (Centro de Estudos de Ciências Pedagógicas, Centro de Estudos anexo ao Instituto de Investigação Médica, Centro de Estudos de Ciências Económicas, Centro de Estudos de Engenharia e Centro de Estudos anexo ao Instituto de Investigação Agronómica), distribuídos por Luanda, Lubango (ex-Sá da Bandeira) e Huambo (ex--Nova Lisboa); esta iniciativa, da responsabilidade do Governo-geral e do Conselho Legislativo de Angola, gerou um conflito com o Governo da Metrópole, que a 23 de julho, através do Ministério do Ultramar, promulgou o Decreto n.º 44472 anulando o Diploma Legislativo n.º 3235, bem como as Portarias n.º 12196 e n.º 12201; em 21 de agosto, o Ministério do Ultramar, através do Decreto-Lei n.º 44530, criou nas Províncias de Angola e de Moçambique, os Estudos Gerais Universitários, integrados na Universidade Portuguesa. O Decreto-Lei n.º 45180 do Ministério do Ultramar, promulgado em 5 de agosto de 1963, determinou a criação, no quadro dos Estudos Gerais, dos seguintes cursos: Ciências Pedagógicas, Médico-Cirúrgico, Engenharia Civil, Engenharia de Minas, Engenharia Mecânica, Engenharia Eletrotécnica, Engenharia Químico-Industrial, Agronomia, Silvicultura e Medicina Veterinária. Em 11 de dezembro de 1968, os Estudos Gerais Universitários deram lugar à Universidade de Luanda (Decreto-Lei n.º 48790). Em 1976, com o advento da independência, foi instituída a Universidade de Angola, mais tarde designada Universidade Agostinho Neto – UAN (1985). Esta fase foi marcada por um modelo de organização e de conceção do ensino fortemente impregnado pela ideologia marxista e caraterizou-se pela extensão progressiva da UAN a sete das 18 províncias de Angola, com vários institutos superiores e faculdades espalhados por algumas províncias (Boletim Informativo 2008 da Universidade Agostinho Neto, p. 4): Luanda (Faculdade de Ciências, Direito, Economia, Engenharia, Letras e Ciências Sociais e Institutos Superiores de Educação e Enfermagem); Lubango (Instituto Superior de Educação); Benguela (Instituto Superior de Educação); Huambo (Instituto Superior de Ciências da Educação e Faculdade de Ciências Agrárias); Cabinda (Instituto Superior de Educação); Uíge (Instituto Superior de Ciências da Educação); Lunda Norte (Escola Superior Pedagógica), Lunda Sul (Escola Superior de Ciência e Tecnologia), Namibe (Escola Superior de Ciência e Tecnologia) e Kwanza Sul (por exemplo, a Escola de Petróleos). Em 1999 surgiram, na sequência da mudança do sistema político-constitucional de 1992, as primeiras instituições privadas de ensino superior: a Universidade Católica de Angola (1999), a Universidade Lusíada de Angola (1999) e, posteriormente, a Universidade Jean Piaget de Angola (2000). A consagração do processo de paz, em 4 de abril de 2002, gerou novas oportunidades para a expansão do ensino superior tanto a nível público (UAN) como a nível privado. Até 2008 assistiu-se a um forte crescimento da oferta privada de ensino superior. Em 2007, o subsistema de ensino superior era constituído por três instituições de ensino superior público e 13 instituições de ensino superior privado. Por outro lado, ao nível da universidade pública começou a ser implementada em algumas áreas e cursos, formação avançada ao nível de pós-graduação e de mestrados (ano letivo 2004/2005), foram instituídos os cursos de agregação pedagógica para os docentes, foram aprovados três projetos de doutoramento e começou a investir-se, embora timidamente, na criação de condições facilitadoras da investigação científica. De referir que o quadro regulamentar angolano estipula que as instituições de ensino superior só possam ministrar formação avançada cinco anos após a primeira licenciatura, pelo que apenas duas ou três instituições privadas poderão ter condições para o fazer. Em 2007, o Conselho de Ministros fez aprovar as linhas mestras para a melhoria da gestão do ensino superior (Resolução n.º 4/07, de 2 de fevereiro. *Diário da República*, I série, n.º 15). Em 6 de março de 2008, de acordo com o Centro de Documentação e Informação da Secretaria de Estado para o Ensino Superior, eram 15 as instituições de ensino superior legalmente autorizadas a exercer a atividade: a UAN, o Instituto Superior de Relações Internacionais (IRI), a Escola Superior Agrária do Kwanza Sul (ESAKS) e 12 instituições privadas, das quais oito foram legalmente certificadas em 2007. Ainda em 2008, foi elaborado um novo quadro jurídico para o ensino superior em Angola. A UAN foi redimensionada e foram criadas seis universidades públicas com abrangência regional (conjunto de províncias), tendo sido instituído um novo quadro regulador para todas as instituições de ensino superior (públicas e privadas). O objetivo da criação das sete regiões académicas (*Diário da República* n.º 64, decreto n.º 5/09 de 7 de abril), em 2009, foi o de uma oferta de ensino superior adequada ao perfil económico e às necessidades de capital humano das diferentes regiões. Tal desiderato implicou a reorganização das instituições de ensino superior (Decreto-Lei nº 7/09, de 12 de maio. *Diário da República*, I série, n.º 87). As regiões académicas criadas foram: região académica I, com sede em Luanda (integra a Universidade Agostinho Neto) e que abrange a província do Bengo; região académica II, que abrange as províncias de Benguela (Universidade Katyavala Buila) e

Kwanza Sul; região académica III com sede em Cabinda (Universidade 11 de Novembro) e que abrange a província do Zaire; região académica IV, sedeada na Lunda-Norte (Universidade Lueji A'Nkonde) e que abrange as províncias da Lunda-Sul e Malanje; região académica V, que abrange as províncias do Huambo (Universidade José Eduardo dos Santos), Bié e Moxico; região académica VI, com sede na Huíla (Universidade Mandume Ya Ndemofayo) e que integra também as províncias do Namibe, Cunene e Kuando Kubango; e região académica VII, sedeada no Uíge (Universidade Kimpa Vita) e que abrange ainda a província do Kwanza-Norte. A explosão do ensino superior privado tem continuado. Só em Luanda existiriam, em 2010, 17 universidades:

> [para além da]...Universidade Agostinho Neto, a província de Luanda possui 16 universidades, repartidas em sete municípios. A Samba alberga o maior número delas (6), nomeadamente as universidades Gregório Semedo, Óscar Ribas, UNIBELAS, Independente, Instituto Superior de Ciências e Relações Internacionais (CIS) e a Metropolitana. A última entra em cena apenas este ano letivo, apesar de aguardar alguns procedimentos legais. Os municípios da Maianga, Ingombota e Kilamba Kiaxi possuem duas cada. No primeiro estão o Instituto Superior João Paulo II e o ISTEA (que funciona nas instalações da Universidade Agostinho Neto), no segundo as universidades Metodista (UMA) e Lusíada (ULA), ao passo que no último existem as universidades Católica (UCAN) e Técnica de Angola (UTANGA). O município do Cazenga, tido como um dos mais populosos do país, também alberga duas instituições do género: Universidade Privada de Angola (UPRA) e o Instituto Superior Técnico (ISTEA). Apenas Viana e Sambizanga possuem uma única universidade cada, a Jean Piaget e Instituto Superior Dom Bosco, respetivamente (semanário *O País*, 14 de abril de 2009).

Grelha conceptual
Para efeitos da presente análise, consideram-se os seguintes conceitos:

Famílias – Conjuntos heterogéneos e hierarquizados de indivíduos que desenvolvem estratégias (de trabalho, de sobrevivência ou outras) em processos dinâmicos que podem implicar diversos tipos de conflitos, negociações e consensos entre os seus membros (Costa, 2011). No contexto angolano, as "redes de parentesco" (família alargada ou grupos de parentesco), ao contrário do "grupo familiar doméstico" que se define pela proximidade, funcionam muitas vezes à distância, sendo os seus apoios ativados de acordo com as necessidades dos seus membros, e em circunstâncias de combinação múltipla e variada (Faria, 2011).

Formação avançada – Em termos correntes, designa o conjunto de níveis de conhecimento de grau superior à licenciatura; incluem-se nesta designação as pós-graduações, os mestrados e os doutoramentos.

Redes sociais – Conjuntos (tecidos) de relações e interações que se estabelecem entre pessoas, grupos ou instituições, com uma finalidade e se interconectam por meio de linhas de ação ou atividades comuns; são estruturas invisíveis, informais, tácitas, que perpassam os momentos da vida social, mas praticamente não se dão a ver; regra geral, caraterizam-se pela interdependência entre os atores e as suas ações, pela utilização dos laços relacionais (ligações) entre os atores como canais de transferência ou "fluxos" de recursos (materiais e/ou imateriais), pela existência de padrões duradouros de relações entre os seus atores e pelo facto de o ambiente em rede fornecer, facilitar ou constituir um obstáculo à ação individual (Wasserman & Faust, 1994); é usual distinguirem-se as redes sociais primárias – constituídas por todas as relações significativas que uma pessoa estabelece quotidianamente ao longo da vida, sendo geralmente compostas por familiares, vizinhos, pessoas amigas, conhecidas, colegas de trabalho, organizações das quais participa: políticas, religiosas, socioculturais, etc. – das redes sociais secundárias – formadas por profissionais e funcionários de instituições públicas ou privadas; organizações sociais, organizações não governamentais, grupos organizados de cidadãos, associações comunitárias; fornecem atenção especializada, orientação e informação; formam-se pela atuação coletiva de grupos, instituições e pessoas que defendem interesses comuns. Dependendo do grau de liderança e da força dos seus componentes, podem ter um grande poder de mobilização e articulação para atingir os seus objetivos.

Metodologia

A metodologia de recolha de informação centrou-se na recolha de depoimentos de ex-alunos do mestrado e do doutoramento em Estudos Africanos do ISCTE-IUL que regressaram a Angola para dar continuidade aos seus percursos socioprofissionais. O trabalho no terreno foi desenvolvido entre 25 de julho e 15 de agosto de 2010, nas cidades de Luanda e do Huambo. Quatro das entrevistas foram realizadas em Lisboa, em período anterior ou posterior. A amostra inicial, para efeitos da recolha de dados, foi construída a partir da Base de Dados da Área de Estudos Africanos, tendo sido contemplados os alunos que frequentaram os ciclos de mestrado em Estudos Africanos até ao 12º curso, e tendo adicionalmente sido acrescentados os contatos de formandos de cursos posteriores e doutoramentos. No total foram registadas 45 ocorrências elegíveis (39 dos primeiros 12 cursos de mestrado mais seis formandos de cursos posteriores com a pós-graduação ou o mestrado concluídos). Foram também identificadas três ocorrências ao nível do curso de doutoramento.

A partir da amostra inicial constituiu-se uma amostra de conveniência com os indivíduos relativamente aos quais foi possível obter o contato constituída por 26 angolanos nas condições elegíveis para serem informantes privilegiados. Dos contatos efetuados por telefone ou por correio eletrónico, resultaram seis não respostas. Dos 20 contatos efetivamente estabelecidos resultaram 15 unidades de informação, que constituem a matéria-prima a que se faz recurso neste texto, com os seguintes níveis de formação: três pós-graduados, 10 mestres e dois doutores. A recolha de informação foi efetuada com apoio do guião fixado pelo coletivo do projeto de investigação, tendo nove das entrevistas ficado registadas em suporte áudio. A análise das narrativas dos autores foi elaborada em função dos propósitos do presente texto e ancorada essencialmente na informação gerada nos depoimentos efetuados. Alguns dos informantes, pelas caraterísticas do seu percurso, foram selecionados como casos-tipo e tratados de forma mais detalhada, para efeitos de análise do papel das redes sociais e da formação adquirida no desenho das respetivas trajetórias socioprofissionais. Relativamente ao diagnóstico sobre o ensino superior em Angola, tendências e perspetivas, para além dos entrevistados da amostra, faz-se ainda recurso aos depoimentos de responsáveis de instituições de ensino superior angolanas, públicas e privadas (num total de sete entrevistas realizadas, contemplando responsáveis de instituições públicas e privadas com diferentes anos de existência), nomeadamente da Universidade Agostinho Neto, da Universidade José Eduardo dos Santos, da Universidade Lusíada de Angola, da Universidade Independente de Angola e do CIS – Instituto Superior de Ciências Sociais e Relações Internacionais.

Análise dos resultados
Um primeiro eixo de análise centra-se na informação de indicadores como a idade, a área de formação de origem e a situação profissional dos informantes antes e após a aquisição da formação avançada. A maioria dos inquiridos (8 em 15) situa-se num escalão etário entre os 44 e os 53 anos de idade – a geração dos "bolseiros", segundo a categorização de Faria (2011) –, a que correspondem percursos formativos em contexto: iniciaram a escolarização no período anterior à independência, tendo definido a sua trajetória no ensino superior no período pós-independência; frequentaram o ensino superior entre o final da década de 80 e os primeiros anos da década de 90; ingressaram no ensino superior com uma idade superior à média europeia; os restantes quatro, com idades situadas entre os 27 e os 33 anos, revelam algumas das caraterísticas da tipologia fixada por Faria (2011) para a geração dos "herdeiros" ou dos "novos estudantes": iniciaram a escolarização no período pós-independência; viveram o período da guerra civil durante a sua formação escolar primária e secundária; os seus percursos escolares foram relativamente contínuos, tendo alguns sido enviados, temporariamente, para Portugal após 1992; entraram para o ensino superior com uma idade equivalente à média europeia. Na amostra efetiva, a sociologia constitui a área de formação mais significativa (5 ocorrências), seguida pela economia (4 ocorrências), o que se afigura lógico em função da oferta formativa que carateriza a formação avançada em Estudos Africanos do ISCTE-IUL. Dos entrevistados, a maioria (7) é oriunda do meio académico, seis dos quais exercendo funções docentes, principalmente em instituições de ensino públicas (apenas

um exercia funções docentes numa instituição de ensino privada). Dos restantes, três exercem funções no aparelho político-administrativo e um era quadro superior de uma empresa pública. A aquisição da formação avançada oferecida pelo ISCTE-IUL gerou essencialmente percursos de mobilidade vertical com caráter de continuidade, em termos de área de intervenção profissional, registando-se apenas duas exceções: a transição do meio político-administrativo para a área das organizações internacionais e a transição do meio académico para a área político-administrativa. Para além destes dois casos, apenas em dois outros casos se registou mobilidade institucional, com a passagem de uma instituição pública de ensino para uma instituição privada e com a transição entre instituições públicas de ensino. Um segundo eixo analítico convoca a informação relacionada com o processo formativo vivenciado em Portugal, no que se refere às condições de enquadramento (bolsa e apoio à integração em Portugal), satisfação (razões da escolha da área de formação e da instituição e avaliação sobre a qualidade da formação recebida) e perspetivas futuras (ligação ao país de origem e expetativas de retorno). Os inquiridos parecem encaixar na tipologia proposta por Faria (2011):

> A geração mais velha – os "bolseiros" – acedeu à escolarização avançada por via de protocolos políticos que, longe de serem contínuos, decorreram de momentos politicamente propícios que tiveram lugar no período pós-independência e resultaram do esforço de formação acelerada de quadros.

São os beneficiários de bolsas da Cooperação Portuguesa ou de instituições angolanas como o Instituto Nacional de Bolsas de Estudo (INABE) e o Ministério dos Petróleos. Os restantes integrantes da amostra repartem-se entre os "herdeiros" (acederam à escolarização avançada por via de processos contínuos ligados a uma historicidade educativa incorporada pelas famílias, ou seja com pais, e nalguns casos mesmo avós, formados no ensino superior) e os "novos estudantes" (acederam à escolarização avançada por via de processos recentíssimos ligados à valorização da aquisição de capital escolar incorporada pelas famílias no período pós-independência e que se reflete no incentivo dessas mesmas famílias ao esforço escolar e posteriormente no seu investimento na educação superior dos filhos, às vezes com enormes custos). É o caso dos bolseiros da Gulbenkian que integram o projeto da Fundação Volkswagen. A questão do acesso às bolsas é uma das referências marcantes do discurso dos entrevistados, que fornecem algumas pistas para a sua compreensão. Para os "bolseiros" o acesso às bolsas de estudo decorre de razões de contexto político ou de participação ou proximidade com as redes políticas, neste caso relacionadas com o partido no poder, o MPLA. Também de motivações pessoais, relacionadas com a melhoria de qualificações, com a aquisição de outras perspetivas de análise, com algum descontentamento e com a necessidade de algum afastamento do país.

> Fui com uma bolsa do INABE... solicitei essa bolsa porque na altura a política do Estado angolano em matéria de educação era muito progressista, desde 1979 que o Estado e o partido facilitavam e estimulavam a saída das pessoas para irem adquirir licenciaturas e qualificações avançadas, era necessário formar quadros e tinha que ser no exterior... as pessoas que tinham estudado nos países do Leste passaram a ser discriminadas, começou a haver problemas de reconhecimento dos diplomas... e eu tinha um diploma da RDA... para além disso, estávamos nas vésperas do congresso do MPLA e havia muitas lutas de poder, quem ia ser deputado quem não ia, muita mistura entre a parte política e a parte técnica do Ministério da Juventude, ao contrário dos dirigentes eu não achava que a ação do Ministério devesse ser orientada apenas para os interesses do partido, começaram a haver algumas divergências... e surgiu a oportunidade de ir para Portugal... (QS1, sexo feminino, 50 anos).

> O meu desejo de ir para o exterior fazer formação avançada não encontrou nenhum tipo de impedimento... sendo quadro sénior do ministério o meu trabalho era reconhecido... tive uma bolsa da Cooperação Portuguesa e posteriormente uma bolsa angolana... a bolsa angolana foi solicitada ao INABE e foi resultado de um pedido específico do próprio Ministério... (QS2, sexo masculino, 53 anos).

Para os "herdeiros" ou os "novos estudantes" a questão do acesso às bolsas deixa de ser resultado da inserção em redes políticas para passar a estar mais relacionada com a participação em redes académicas.

> Estive em Portugal em 2004 para participar no Congresso Luso-Afro-Brasileiro, em Coimbra, aí conheci algumas pessoas, algumas delas já estavam a trabalhar em Angola... surgiu a oportunidade de participar no projeto da Fundação Volkswagen, havia a componente formação de investigadores... através destas redes que estabeleci em Portugal, algumas destas pessoas falaram com o Prof. H. e apresentaram a minha candidatura... numa conversa que mantivemos aqui em Angola em finais de 2006 acabei por ser pré-selecionado e em princípios de 2007 desloquei-me a Portugal para frequentar o mestrado com uma bolsa da Fundação Gulbenkian, através do projeto Angola-Namíbia... (QS3, sexo masculino, 33 anos).

As mudanças ocorridas na lógica político-económica do sistema e um contexto socioeconómico menos favorável tornam mais complexo o acesso aos apoios para a formação no exterior e geram alguma desconfiança e algum espírito crítico sobre o funcionamento dos mecanismos de acesso às bolsas.

> Escrevi para o INABE mas não tive sucesso, tentei na Universidade Lusíada e também não... a atribuição de bolsas deve ser feita com base em critérios claros... não se percebe muito bem o que é que faz com que os estudantes consigam aceder às bolsas... (QS4, sexo masculino, 28 anos).

Uma outra questão que emana da narrativa dos entrevistados parece ter a ver com a valorização social dos diplomas, que tem um significado muito impressivo numa sociedade política e culturalmente caraterizada por uma grande distância dos cidadãos face ao poder.

> Na sociedade angolana vive-se uma espécie de "diplomacracia"... as pessoas encaram a sua formação não no sentido de valorização académica... as pessoas levam-na não como valorização académica mas como realização "statutária"... vou ter o status de doutor e torno-me funcionário da insti-

tuição a, b ou c e as pessoas tratam-me com mais respeito, elevo o meu grau salarial... na sociedade angolana ainda temos o mito de que o que é ocidental é que é bom... se calhar é ainda fruto de uma mentalidade subalternizada... não houve ainda uma independência de espírito... um diploma português no mercado angolano é de extrema valia para o reconhecimento social... pessoas com o mesmo grau académico e independentemente das competências, o respeito é diferente se se tiver um diploma de um país ocidental em relação a quem tenha um diploma angolano ou de um país do Leste... aqui usamos a expressão "lavagem de diplomas"... eu tenho grau de mestre em Angola mas para conferir maior status à minha formação vou fazer uma pós-graduação ou um mestrado a Portugal, Brasil, Inglaterra, Estados Unidos... quando regressar o meu status é outro... (QS3, sexo masculino, 33 anos).

Um outro dado que emerge da informação recolhida é uma certa degradação da imagem social de quem realizou estudos nos países da Europa de Leste.

Cuba vai tendo alguma vantagem principalmente no ramo da educação e da saúde... é mais em relação a outros países, União Soviética, Bulgária... parece também ter a ver com uma questão ideológica... (QS2, sexo masculino, 53 anos).

A generalidade dos entrevistados referiu o fator "língua" como critério decisivo para optar por fazer a sua formação avançada em Portugal, a que se acrescentava o facto de parte deles poder dispor do apoio de familiares ou amigos que aí residiam. Relativamente à escolha da área de formação, decorre da informação recolhida que, para boa parte dos entrevistados foi fundamentalmente uma questão de oportunidade. No caso dos "bolseiros" (mais velhos), o acesso à informação sobre os cursos surgiu no "tempo certo" e interligou-se com projetos de valorização ou mudança pessoal, com uma imagem positiva da instituição académica de acolhimento, com a abertura e recetividade institucionais e com a mobilização das redes políticas e laborais, gerando diversas combinatórias de razões explicativas para essa opção. Relativamente aos "herdeiros" ou aos "novos estudantes" surgem outras justificações e a influência de alguns amigos que já tinham frequentado o curso e que dele deram boas referências, o caráter multidisciplinar da formação ministrada e a possibilidade de ingresso em redes de investigação. A avaliação sobre a qualidade da formação adquirida é generalizadamente positiva: uma mais-valia para a reinserção socioprofissional subsequente ao regresso:

> A informação geral que tenho é que todos os quadros que fizeram formação em Portugal parece estarem muito bem enquadrados... incluindo os que fizeram o mestrado de Estudos Africanos... (QS2, sexo masculino, 53 anos)

O regresso a Angola, para praticamente a totalidade da amostra, foi sempre um desejo e um projeto inquestionáveis, ainda que justificados de formas muito diversas ("fazer o mestrado foi uma missão de serviço", "não sei se iria conseguir adaptar-me fora do meu país", "vim obter mais qualificação e conhecimento para contribuir para o desenvolvimento de Angola", "vim obter mais conhecimentos para compreender melhor África e Angola", "acabei o mestrado em junho e em julho estava de regresso", entre outros argumentos). Um terceiro eixo analítico reenvia para a avaliação relativa ao contributo das redes sociais para a aquisição da formação avançada e ao contributo da formação adquirida para o percurso socioprofissional e para o desenvolvimento do país. A informação recolhida enfatiza a importância da família, e das respetivas relações, enquanto rede principal de apoio ao longo do processo de formação em Portugal. As redes académicas (colegas, professores, estudantes de outras áreas) constituem um outro mecanismo frequentemente referenciado pelos entrevistados, independentemente de se tratar de "bolseiros", "herdeiros" ou "novos estudantes". A partilha de conhecimentos e recursos, os debates e discussões, as trocas de pontos de vista, a partilha de diferentes perspetivas são alguns dos atributos associados à participação nas redes académicas, bem como o acesso à informação relativa a oportunidades de aprendizagem e de participação em projetos de investigação.

Percurso 3

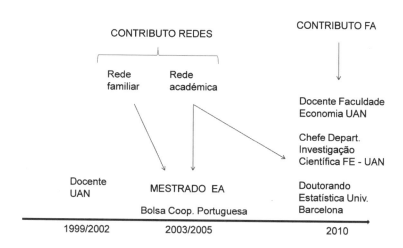

O entrevistado relativamente ao qual se elaborou o percurso três caraterizou do seguinte modo esse contributo:

> Estava a dar aulas na faculdade de economia da UAN... vi o anúncio do mestrado de EA no Jornal de Angola, candidatei-me e fui aceite... tive uma bolsa da Cooperação Portuguesa... depois de regressar voltei à atividade docente e aí surgiu a oportunidade de fazer um mestrado e, posteriormente, o doutoramento na área da estatística e teorias de decisão... essa oportunidade foi-me proporcionada pelo atual reitor da universidade 11 de Novembro... (QS5, sexo masculino, 44 anos).

Relativamente à rede política, a sua importância surge correlacionada exclusivamente com a geração de estudantes mais velhos, os "bolseiros". Mas mesmo neste segmento parece haver alguma relutância em admitir a influência desse mecanismo, quer no processo de acesso à formação avançada e às condições de suporte para a sua concretização, como também no processo de reinserção ou reinstalação na sociedade angolana após a sua conclusão. A título ilustrativo, refira-se o caso do percurso 1, onde a participação na rede militar e a influência de relações de amizade com pessoas com peso político na sociedade angolana se revelam cruciais em todo o processo anterior à aquisição da formação avançada e ao processo de reposicionamento após a sua aquisição:

> Fui responsável do Estado-Maior para as Finanças, fui responsável pela área comercial do Estado-Maior das FAPLAS, e depois de ser licenciado do exército, ingressei nos quadros do Ministério da Indústria e trabalhei em várias empresas... no meu regresso, tive um convite irrecusável por um velho amigo da universidade, uma pessoa bem colocada social e politicamente que tinha conhecido profissionalmente após a minha saída do exército... essa pessoa tem sido muito importante no meu percurso profissional... não tenho influência ou ligação com o partido no poder embora tenha servido o exército... a minha ligação é com esse amigo, que é uma pessoa influente, é deputado e presidente de uma comissão da AN... e talvez tenha beneficiado da influência que ele tem.... (QS6, sexo masculino, 49 anos).

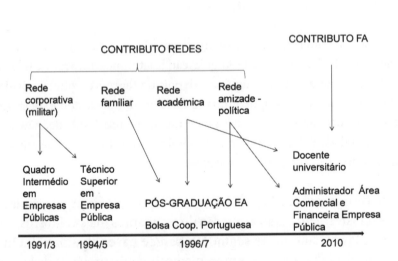

Um segundo exemplo de influência da rede política é o que resulta do percurso 5, onde a pertença a uma estrutura político-administrativa situada nos escalões superiores da hierarquia do poder angolano fornece a chave para a compreensão do acesso a uma bolsa da Cooperação Portuguesa em simultâneo com uma bolsa do Ministério dos Petróleos angolano. Registe-se, no entanto, que apesar de não omitir a sua inserção na rede político-partidária, o entrevistado não considera que essa ligação tenha sido condicionante do percurso que efetuou.

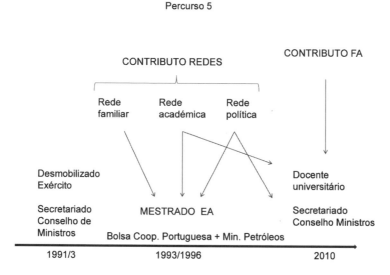

Relativamente ao contributo da formação adquirida, quer em relação às trajetórias socioprofissionais quer em relação à sua utilidade para uso em benefício do país, a avaliação efetuada é generalizadamente positiva e considerada como muito importante.

Um último eixo de análise remete para a representação que os entrevistados fazem sobre o ensino superior em Angola, sobre a sua estrutura, o seu funcionamento, sobre a sua qualidade e sobre as tendências que no momento atual parecem desenhar-se. Em termos gerais, os ex-estudantes da amostra que responderam a estas questões consideram que se vive um processo de crescimento em resposta às exigências de desenvolvimento do país, que a regionalização do ensino superior através da criação das regiões académicas é um sinal de progresso, mas revelam uma perspetiva muito crítica relativamente à qualidade da formação ministrada. Os entrevistados acentuam sobretudo os aspetos negativos, relacionados com as situações de ilegalidade de algumas universidades e de alguns cursos e com as práticas desviantes, nomeadamente as fraudes e a corrupção. Do seu ponto de vista, com uma ou outra exceção, o ensino superior privado é associado a uma imagem de negócio e de comportamentos dos seus responsáveis fundamentalmente direcionados para a obtenção de lucros e menos preocupados com o rigor e com a qualidade da formação académica. Das entrevistas realizadas aos responsáveis por instituições de ensino superior, públicas e privadas, sobressaem algumas perspetivas que permitem consolidar perceções já expressas pelos ex-estudantes:

a) *O crescimento explosivo das instituições de ensino superior é uma resposta às necessidades que o processo de reconstrução e de desenvolvimento geram;*

Esta perceção é partilhada pelos responsáveis do ensino superior público e privado:

A necessidade de expansão da Universidade Agostinho Neto para outras províncias resultou do processo de desenvolvimento do país... tal como o crescimento atual das universidades tem a ver com a grande procura, por parte dos alunos, e com o aumento da capacidade de absorção do mercado em consequência do processo de reconstrução e desenvolvimento do país (Decano da Faculdade de Direito da UJES).

b) *A evolução recente do ensino público, com a criação das regiões académicas é uma medida de caráter descentralizador e visa adequar a oferta formativa às necessidades específicas de cada região;*

Esta perceção parece também ser transversal aos responsáveis, públicos ou privados.

Os cursos estão virados a satisfazer as necessidades da economia angolana. Há províncias onde as principais atividades são a agricultura e pecuária, logo faz sentido aí a formação em agronomia e medicina veterinária...

nas que têm mais recursos naturais e minerais, justifica-se a faculdade de ciências, geologia, engenharia ambiental... a medicina, orientada para a saúde e a economia e o direito para a atividade económica e empresarial... (Responsável – UAN).

A nossa formação é adequada às necessidades do mercado de trabalho: ciências agrárias, medicina veterinária... na UJES temos o projeto de criar linhas de formação viradas para a administração pública, engenharias, arquitetura, comunicação social ou jornalismo (Responsável – UJES).

A Secretaria de Estado do Ensino Superior fez aprovar linhas mestras para o ensino superior que incluem numerus clausus em termos de cursos... a autonomia académica pressupõe que as instituições de ensino superior tenham responsabilidade na seleção das áreas formativas. No entanto, as linhas mestras sugerem que os cursos sejam direcionados para satisfazer as necessidades de formação das diferentes regiões do país (Responsável – UIA).

Já a criação das novas universidades públicas e a sua capacidade de resposta suscitam algumas dúvidas aos responsáveis das instituições privadas.

A questão não se põe em termos de qualificação... As novas universidades públicas têm grandes dificuldades e não têm melhor qualidade que algumas universidades privadas (Responsável – UIA).

Se já se punha o grande problema dos núcleos funcionarem como ensino superior... Coloco grandes reservas a que as novas universidades públicas – que não têm infraestruturas físicas e humanas – funcionem com qualidade. A descentralização não pode ser um passe de mágica legislativo (Responsável – CIS).

c) *O ensino superior privado, com um crescimento explosivo a partir de 2007, tem um papel complementar relativamente ao ensino público;*

A explosão do ensino superior privado é analisada de formas diversas, mesmo entre os responsáveis das instituições públicas.

> Trata-se de uma realidade recente que vai ganhando o seu espaço. O risco de investimento é grande e precisa de ter retorno. No privado é mais fácil apostar nas ciências sociais e humanas, cujos custos de instalação são menores. Há cursos, como a medicina veterinária, que tem custos de instalação e funcionamento que o privado não pode suportar. Mas o ensino público sozinho não é capaz de responder à procura... O que é necessário é garantir a qualidade da formação. E é preciso rigor, maior fiscalização e maior apoio... (Responsável – UAN).

> O ensino superior privado é perigoso... a única universidade credível é a UCAN... a Lusíada tinha começado bem mas acabou por ficar como as outras... fui professor de muita gente e estou assustado porque estão a dar aulas... se os certificados fossem competência... para eles é essencialmente um negócio, se não vieram ainda para o Huambo é porque não há pessoas suficientes para pagar... (Responsável – UJES).

Visão naturalmente distinta é a dos responsáveis das instituições privadas:

> O ensino superior foi durante muitos anos dominado pela exclusividade da UAN. Há cerca de 10 anos abriu-se o segmento do ensino superior privado. As primeiras universidades privadas foram a UCAN, a Lusíada, o Jean Piaget, e o ISPRA, que agora é a Universidade Privada de Angola (UPRA)... o privado é parceiro estratégico da universidade pública e tem contribuído para aumentar o grau de cobertura do ensino superior. Público e privado funcionam em termos de complementaridade (Responsável – UIA).

d) *O quadro regulador recentemente adotado parece ser adequado, mas há insuficiências e deficiências ao nível da implementação, da coordenação, da fiscalização e do controlo;*

As entrevistas realizadas sugerem um consenso alargado sobre a adequabilidade do enquadramento legal e sobre a necessidade de reforçar os mecanismos de coordenação, controlo e fiscalização:

Pontos fortes do ensino superior em Angola? A legislação reguladora... (Responsável – CIS).

O quadro atual prevê mecanismos que limitam a oferta formativa por áreas de formação... É preciso rigor, maior fiscalização e maior apoio... e criar condições para reforçar a complementaridade e coordenação... Não há critérios uniformes de acesso, a UAN tem exames de acesso, muitas universidades privadas não têm exames de acesso... não há mobilidade entre o privado e o público, mas há entre o público e o privado... Deve haver atuação a nível de reconhecimento de estudos e de equivalências. Os órgãos de tutela devem controlar, fiscalizar as exigências e critérios para garantir a qualidade... devem-se criar inspetores universitários... (Responsável – UAN)

Há um Conselho de Reitores que congrega os responsáveis do ensino superior privado e público... Também há uma associação de instituições de ensino privadas... (Responsável – UIA).

e) *Existem sérios problemas de qualidade de formação, quer no ensino superior público quer no privado;*

A questão da qualidade é analisada de forma diferenciada pelos responsáveis, quer privados quer públicos:

É relativo falar em qualidade de ensino. A qualidade está associada a docentes, a infraestruturas, a recursos. Angola vem dando saltos consideráveis em termos de qualidade de ensino. O ensino superior angolano tem que ser avaliado em perspetiva e contexto. Não se pode comparar com o de escolas centenárias e que sempre funcionaram com regularidade... (Responsável – UIA).

O ensino superior está em acelerada massificação. O que coloca grandes problemas de qualidade dos discentes e dos docentes. Pontos fracos são muitos: transporte dos problemas a montante, pois o ensino básico, médio e secundário é mau, insuficiências de qualificação, espírito de *business* que reina no país ao qual os docentes não são estranhos, deficiências de organização administrativa... O público tem menos qualidade... o pecado capital no privado: procura do lucro fácil... o pecado capital do público: possibilidade de grupos de pressão controlarem o funcionamento das instituições por via do princípio de gestão coletiva... (Responsável – CIS).

No ensino público, apesar da corrupção, entra quem tem a média e faz exame. No ensino privado é muito difícil acontecer uma reprovação. A exigência é maior no público... Os juristas e médicos formados pela UAN estão no mercado de trabalho e são competentes... O Instituto Piaget deve ser o que tem mais alunos, ao que se sabe não há notícia de ninguém ter reprovado, não sei se é a pressão social... (Responsável – UJES).

f) *As situações de ilegalidade e as práticas desviantes são um problema efetivo;*

Relativamente às situações de ilegalidade e da existência de práticas desviantes, para além do seu reconhecimento, registam-se atribuições cruzadas entre os responsáveis públicos e privados:

Há instituições a funcionar que não são reconhecidas. E outras que estão reconhecidas mas estão a formar cursos não certificados... Mexem com muito dinheiro... 350 dólares de mensalidade e têm mil e tal alunos... O maior problema é que essas universidades têm sempre um patrocinador, que está muito bem relacionado com os centros de decisão, para não dizer que são mesmo eles os sócios... A própria sede do Piaget recusou-se a reconhecer o Instituto Piaget de Angola. Então se não é reconhecido e está a funcionar, como é que é?... (Responsável – UJES).

Pode haver situações de ilegalidade. Mas os próprios alunos quando aderem a uma instituição sabem se está ou não certificada... (Responsável – UIA).

Corrupção existe na pública e na privada, há comportamentos desviantes. Aqui tentamos evitar. Se detetamos casos, intervimos... Os alunos pagam aos professores, o ingresso do aluno que não teve nota e entra sem se saber como, entre o exame e o lançamento das notas muita coisa pode acontecer...

os professores cubanos são um dos principais instrumentos da corrupção... (Responsável – UJES).

As práticas desviantes têm maior expressão no público, mas depende muito das instituições... Aqui no CIS já estamos a criar mecanismos de controlo: por exemplo, a avaliação de docentes... (Responsável – CIS).

g) *Por ser muito recente, o ensino superior angolano é ainda muito embrionário no que respeita à formação avançada e à investigação;*

Já a importância da formação avançada e da investigação como eixos estruturantes das instituições universitárias não suscita quaisquer divergências entre os responsáveis públicos e privados:

Um dos grandes desafios foi apostar na formação avançada no exterior, um pouco a todo o mundo. E já temos um número considerável de doutores e mestres e já estamos a fazer alguns mestrados em Angola. E já está autorizado legalmente o primeiro curso de doutoramento na universidade de direito... A investigação na UAN é uma componente importante, mas que precisa de ser despertada... até agora tem sido minimizada... (Responsável – UAN).

A regulamentação do ensino superior prevê que as universidades angolanas só possam fazer formação avançada depois de 5 anos da primeira licenciatura. A UAN dá os cursos de formação avançada aqui e certifica-os aqui... A UCAN já deve estar muito perto de o fazer... A componente de investigação é um eixo importante. A nível das licenciaturas vamos criando condições para estimular a investigação. Já temos muitos projetos de investigação nas diferentes áreas. E estamos a criar condições... Temos gabinetes específicos e estamos a criar um centro de estudos... Temos uma revista trimestral e vamos fazendo jornadas técnico-científicas por áreas de especialidade... (Responsável – UIA).

h) *A cooperação, principalmente com Portugal, continua a ser um eixo estratégico para promover o incremento de qualidade no ensino superior angolano.*

Também aqui se regista um significativo alinhamento de perceções entre os responsáveis das instituições públicas e privadas de ensino superior angolanas:

> A cooperação é uma valência importante e a cooperação com Portugal está facilitada. Temos cooperação com várias universidades portuguesas, desde a formação dos docentes, professores convidados, formação de quadros administrativos, reorganização curricular, estágios de estudantes finalistas em Portugal (nas áreas da medicina, engenharia, enfermagem)... (Responsável – UAN).

> Temos Protocolos com universidades exteriores... Protocolos com a Universidade do Minho, com universidades brasileiras... e temos outros em estudo... (Responsável – UIA).

Conclusões

Em Angola, a evolução do ensino superior nos últimos oito anos configura um processo de crescimento e mudança acelerada de que se destacam, como traços principais, alterações ao nível da estrutura de tutela: a Secretaria de Estado para o Ensino Superior foi substituída pelo Ministério do Ensino Superior em 2009; existência de um novo quadro regulador (Decreto n.º 90/09, de 15 de dezembro. *Diário da República*, I série, n.º 237); redimensionamento e regionalização da universidade pública; crescimento acelerado, nomeadamente a partir de 2007, do segmento privado do ensino superior; problemas de qualidade, associados a lacunas e insuficiências nos domínios da coordenação, do controlo e da fiscalização; problemas severos, relacionados com a existência de situações de ilegalidade (universidades e cursos não certificados) e com a extensão das práticas desviantes pelos diferentes atores (pressão dos responsáveis para não reprovar alunos, acumulação excessiva de funções por parte dos docentes, fraudes relacionadas com a certificação de habilitações, esquemas de corrupção, entre outros. No caso dos ex-alunos do ISCTE, o contributo da Formação Avançada em Estudos Africanos foi considerado unanimemente como muito importante para o trajeto profissional posterior. Emerge da informação recolhida o papel fundamental das redes sociais, quer no acesso, quer no apoio ao processo formativo, quer ainda, posteriormente no regresso e na reinserção socioprofissional dos entrevistados. Constatou-se que o contributo das redes sociais varia em função de cada caso. A rede familiar e a rede académica foram sempre citadas como muito importantes para a obtenção da formação avançada. No caso da rede académica, o seu papel é particularmente considerado como relevante para os informantes com trajetos relacionados com a docência universitária. A referência ao papel da rede política surge citada explicitamente apenas em alguns casos e implícita noutros, e parece assumir um peso específico mais importante relativamente ao acesso às oportunidades de adquirir formação avançada e ao processo de reinserção na sociedade angolana. Dos dados recolhidos resulta a perceção de que o peso da rede política é mais explícito no caso da geração mais antiga – os "bolseiros" – do que no caso dos "herdeiros" ou dos "novos estudantes". Finalmente, a nossa leitura da informação coletada sugere a existência de uma estratégia de "reprodução de elites" através de mecanismos de acesso e de apoio à formação avançada, nomeadamente à realização de estudos em universidades no exterior, e o acesso a oportunidades e a bolsas como resultado da ligação ao aparelho político-administrativo e da participação em redes políticas (INABE, Ministério dos Petróleos, Sonangol, Cooperação Portuguesa, IPAD).

REFERÊNCIAS

COSTA, A. B. (2011). Os conceitos de família, estratégias e estratégias de sobrevivência e reprodução social: Problematização e utilidade. Draft elaborado para o Projeto *Educação avançada e desenvolvimento. A cooperação portuguesa com os PALOP* – PTDC/AFR/099057/2008.

FARIA, M. L. (2011). Bolseiros, herdeiros e novos estudantes na diáspora estudantil angolana: O lugar de Portugal. Draft elaborado para o Projeto *Educação avançada e desenvolvimento. A cooperação portuguesa com os PALOP* – PTDC/AFR/099057/2008.

KAJIBANGA, V. (2000). Ensino superior e dimensão cultural do desenvolvimento: Reflexões sobre o papel do ensino superior em Angola. *Africana Studia*, 3, pp. 137-151.

TETA, J. S. (2009). A educação superior em Angola. Comunicação apresentada no *Seminário Internacional Educação Superior na CPLP/PUCRS*. Porto Alegre, Brasil.

WASSERMAN, S., & FAUST, K. (1994). *Social network analysis: Methods and applications*. Cambridge University Press.

ZAU, F. (2009). *Educação em Angola: Novos trilhos para o desenvolvimento*. Luanda: Movilivros.

Cabo Verde e São Tomé e Príncipe: Ensino superior e trajetórias em Portugal

Gerhard Seibert
Instituto Universitário de Lisboa (ISCTE-IUL)
Centro de Estudos Africanos – IUL

RESUMO: *Desde sempre Portugal contribuiu para o desenvolvimento de Cabo Verde e de São Tomé e Príncipe através do ensino superior que alunos dos dois arquipélagos frequentaram em universidades portuguesas.* Como *o desenvolvimento do ensino secundário em Cabo Verde era mais avançado, esta colónia tinha proporcionalmente mais estudantes universitários em Portugal do que São Tomé e Príncipe. Durante a época colonial, Portugal tinha quase um monopólio na formação superior dos cabo-verdianos e são-tomenses. Os primeiros que frequentaram as universidades portuguesas foram os membros da pequena elite cultural e profissional das duas sociedades crioulas, seguidos, depois da II Guerra Mundial, por representantes da classe dirigente que as liderou durante o processo de descolonização e no período pós-colonial. Com a independência dos dois arquipélagos, em 1975, e o aparecimento da oferta de vagas e bolsas para o ensino superior para muitos outros países, Portugal tornou-se em, apenas, um entre outros países onde cabo-verdianos e são-tomenses obtiveram os seus diplomas universitários. Contudo, os dados disponíveis mostram que Portugal sempre continuou a ser um destino importante para alunos de Cabo Verde e de São Tomé e Príncipe. Esta escolha deve-se também ao facto de Portugal, por sua vez, ter beneficiado os estudantes dos dois pequenos países através de um regime especial que permite o ingresso na universidade sem provas de admissão. A primeira parte deste capítulo aborda a história do ensino superior dos dois arquipélagos na época colonial e, depois da independência, o desenvolvimento da formação superior dos seus quadros no exterior e no próprio país. A segunda parte apresenta dados de uma investigação sobre as experiências e trajetórias de antigos estudantes cabo-verdianos e são-tomenses em Portugal que regressaram ao país de origem e de estudantes que atualmente estão a frequentar universidades portuguesas.*

Educação secundária e superior na época colonial

Cabo Verde (4.033 km²) e São Tomé e Príncipe (1.001 km²) são pequenos Estados insulares com uma população de 496.000 (2010) e de 187.000 (2012) habitantes respetivamente. Desabitados na altura da sua descoberta pelos portugueses na segunda metade do século XV, os dois arquipélagos foram povoados por colonos brancos e escravos africanos, resultando desta colonização na época dos descobrimentos a emergência de duas sociedades crioulas, culturalmente homogéneas, isentas de divisões étnicas, linguísticas ou religiosas. Na altura da independência, em 1975, o rendimento *per capita* em São Tomé e Príncipe era superior ao de Cabo Verde. Contudo, no período pós-colonial Cabo Verde conseguiu inverter gradualmente esta situação. Segundo dados do Banco Mundial, atualmente o rendimento nacional bruto *per capita* é de US$3.270 (2010) em Cabo Verde e de US$1.140 (2009) em São Tomé e Príncipe (http://web.worldbank.org/). Outros indicadores socioeconómicos recentes também refletem as diferenças no desenvolvimento entre os dois pequenos países. O desenvolvimento do ensino e dos recursos humanos confirma estas divergências.

Durante o colonialismo moderno, uma das principais diferenças entre Angola, Moçambique e Guiné-Bissau por um lado, e Cabo Verde e São Tomé e Príncipe por outro, foi que o estatuto dos indígenas e o seu conceito de "assimilado" nunca foram aplicados à população crioula dos dois arquipélagos. Na opinião do regime colonial, as sociedades crioulas nos dois arquipélagos encontravam-se num nível civilizacional superior ao das sociedades africanas "tribais" do continente. Nas duas sociedades crioulas, logo depois do início da sua colonização no século XV, mestiços e negros livres tinham acesso a cargos públicos e religiosos. No século XX, em São Tomé e Príncipe, apenas os trabalhadores contratados de Angola e de Moçambique nas roças de cacau e café foram abrangidos pelo estatuto dos indígenas. Ainda no início de 1953, a Assembleia Nacional em Lisboa e o regime colonial em São Tomé discutiam a introdução do estatuto dos indígenas neste arquipélago. O objetivo era criar uma única categoria de africanos em São Tomé e Príncipe para resolver o problema da carência da mão de obra nas roças. Esta tentativa está diretamente relacionada com o massacre de fevereiro de 1953 em São Tomé, que custou a vida a dezenas de são-tomenses. Em consequência desta tragédia, em junho do mesmo ano, o regime de Salazar reconheceu os são-tomenses formalmente como cidadãos portugueses. No caso de Cabo Verde, o estatuto de cidadão já antes (1947) tinha sido oficialmente atribuído à sua população.

Consequentemente, durante a época colonial, em Cabo Verde e São Tomé e Príncipe, não foi o estatuto de assimilado que determinou o acesso ao ensino secundário e superior. Até à independência em 1975, os relativamente poucos cabo-verdianos e são-tomenses que tinham acesso ao ensino superior estudaram quase exclusivamente em Portugal. Em São Tomé e Príncipe, onde a elite nativa sempre foi negra, foram sobretudo fatores socioeconómicos que deram acesso ao ensino superior, pois no fim do século XIX/ início de séc. XX foram os proprietários nativos e depois os funcionários públicos são-tomenses que puderam enviar os seus filhos para estudar em Portugal, enquanto que em Cabo Verde fatores raciais também desempenharam um papel importante, pois foram sobretudo os mestiços de Barlavento que tiveram acesso ao ensino secundário e superior, pois foi aí onde emergiram as primeiras instituições de ensino secundário em Cabo Verde. Em 1866 foi fundado o Seminário-Liceu em São Nicolau, posteriormente extinto em 1917 devido à Lei da Separação do Estado das Igrejas introduzida durante a I República. No mesmo ano, foi criado o Liceu Infante Dom Henrique (em 1937 rebatizado Gil Eanes) em Mindelo, São Vicente, o único estabelecimento de ensino secundário em Cabo Verde, até 1961. Nesse ano, o então ministro do Ultramar, Adriano Moreira (1961-1963), criou o primeiro liceu no Sotavento, na Praia. Em São Tomé, a primeira escola secundária foi criada só em 1952, quase cem anos mais tarde do que em Cabo Verde.

Todavia, graças à riqueza de alguns proprietários são-tomenses que participaram com sucesso na florescente economia de plantação, nos fins do século XIX São Tomé mantinha em Portugal o mais alto número de estudantes negros de todas as colónias (Oliveira, 1993, p. 175). Exemplos proeminentes destes primeiros estudantes são-tomenses em Portugal são Caetano da Costa Alegre (1864-1890), o primeiro poeta de São Tomé, que, em 1887, começou a estudar medicina na *Escola Médico-Chirúrgica* em Lisboa, ou Ayres Menezes (1894-1965), o primeiro médico negro de São Tomé e Príncipe, que se licenciou em medicina na Universidade de Lisboa, em 1916. Ele foi um dos fundadores do jornal *O Negro* (1911), órgão dos estudantes negros. Em 1912, dez dos catorze membros fundadores da Junta de Defesa dos Direitos d'África (JDDA), a primeira organização pan-africana em Portugal, foram são-tomenses (Andrade, 1997, p. 90). Devido à marginalização económica e política da elite são-tomense pelo colonialismo português, cerca de cinquenta anos mais tarde São Tomé e Príncipe tinha-se tornado na colónia africana com o menor número de estudantes no ensino superior em Portugal. No ano letivo de 1958/1959, São Tomé e Príncipe tinha apenas 17 estudantes matriculados em universidades portuguesas enquanto havia 134 estudantes neste nível de ensino originários de Cabo Verde (Oliveira, 1993, p. 175).

Em Cabo Verde, a geração dos nativistas Eugénio Tavares (1867-1930), Luís Loff de Vasconcelos (1860-1923), José Lopes da Silva (1872-1962) e Pedro Monteiro Cardoso (1883-1942), no início do século XX, e os responsáveis do movimento literário da revista *Claridade*, fundada em Mindelo, em 1936, nomeadamente Baltasar Lopes da Silva (1907-1989), Manuel dos Santos Lopes (1907-2004) e Jorge Vera-Cruz Barbosa (1902-1971), são exemplos de uma pequena elite intelectual mestiça que resultou do desenvolvimento do ensino secundário nessa então colónia portuguesa. Estes três proeminentes claridosos também foram para Portugal estudar.

Depois da II Guerra Mundial chegou uma nova geração de estudantes das colónias africanas a Portugal. Para reunir e orientar estes estudantes o regime salazarista criou uma associação estudantil ultramarina, a Casa dos Estudantes do Império (CEI, 1944-1965) que, ao contrário do que o regime salazarista tinha previsto, com as mudanças políticas pós-guerra tornar-se-ia num centro de politização destes jovens africanos que mais tarde estariam entre os líderes mais proeminentes dos movimentos de libertação dos seus países. Em 1953, encontram-se entre estes estudantes nacionalistas da CEI, Amílcar Cabral (1924-1973), um cabo-verdiano nascido na Guiné Portuguesa que completou o ensino primário e secundário em Cabo Verde, e a são-tomense Alda Graça do Espírito Santo (1926-2010), que pertenciam ao grupo que decidiu fundar a sua própria associação cultural, na altura o único espaço possível para o debate político, o Centro de Estudos Africanos (CEA), que existiu até ao início de 1954. As reuniões do CEA realizavam-se em casa da família são-tomense de Alda Espírito Santo, na Rua Actor Vale, n.º 37, em Lisboa.

No ano letivo 1967/1968 estavam matriculados em estabelecimentos de ensino superior em Portugal 37 são-tomenses, sendo 27 homens. Em 1972/1973 este número aumentou para 68, dos quais 43 eram do sexo masculino. Logo depois da Revolução de 25 de abril de 1974 em Portugal alguns destes estudantes regressaram a São Tomé, onde fundaram a Associação Cívica Pró-MLSTP (Movimento de Libertação de São Tomé e Príncipe), que teve um papel importante na luta política pela independência do país. Quinze anos mais tarde, durante o processo de democratização alguns destes ativistas desempenharam, de novo, um papel importante na política do seu país como fundadores do primeiro partido de oposição, que ganhou as primeiras eleições multipartidárias em janeiro de 1991. Também no caso de Cabo Verde, durante o processo de descolonização, estudantes ligados ao Partido Africano para a Independência da Guiné e Cabo Verde (PAIGC), regressados de Lisboa, apoiaram ativamente o partido, cujos dirigentes cabo-verdianos tinham chegado da Guiné onde, desde 1963, se travava a luta armada contra o regime colonial português, para tomar o poder político na Praia. Dos 33 membros do Conselho Nacional de Cabo Verde do PAIGC, em 1975, dez eram estudantes em Portugal (Lopes, 2002, p. 417). Alguns destes estudantes exerceram funções políticas no período do partido único e voltaram a ocupar cargos políticos importantes depois da introdução da democracia multipartidária no país.

Como acima referido, comparando o desenvolvimento do ensino durante o colonialismo moderno nos dois arquipélagos, Cabo Verde ocupou sempre um lugar de destaque. Durante a época colonial esta diferença deveu-se a fatores económicos e raciais. Em São Tomé e Príncipe, dominado por uma economia de plantação e com uma população maioritariamente negra, o desenvolvimento do ensino não era uma prioridade do regime colonial. Em contrapartida, Cabo Verde não tinha recursos naturais, mas uma população maioritariamente mestiça, considerada também culturalmente mais próxima da portuguesa. Consequentemente, foi aí que houve comparativamente um maior investimento no ensino. Contudo, em Cabo Verde, foi sobretudo a população mestiça de Barlavento que beneficiou do desenvolvimento do ensino secundário, pois, como acima referido, a primeira escola secundária em Santiago, onde a maioria da população era negra, apareceu muito mais tarde. Seja como for, um exemplo do comparativamente maior desenvolvimento do ensino em Cabo Verde foram os muitos quadros cabo-verdianos que trabalharam na administração colonial das outras colónias portuguesas, sobretudo na Guiné. Na altura da independência existiam dois estabelecimentos de ensino secundário em Cabo Verde e um em São Tomé.

Formação secundária e superior após a independência
Depois da independência dos dois arquipélagos, em 1975, a discrepância relativamente ao desenvolvimento do ensino acentuou-se, visto que Cabo Verde investiu mais no desenvolvimento dos recursos humanos, onde já tinha vantagens significativas. Consequentemente, durante 36 anos, São Tomé não conseguiu estabelecer uma outra instituição que possibilitasse a obtenção do 11º ano e nem sequer criou o 12º ano pré-universitário no único estabelecimento do ensino secundário, o Liceu Nacional. Contudo, em 2010 foi introduzido pela Cooperação Portuguesa neste liceu o 12º ano profissionalizante. Naquela altura, o Liceu Nacional, construído nos anos de 1960 para 600 alunos, estava superlotado com 5.200, do 7º ao 11º ano. Além disso, existiam em São Tomé doze escolas de ensino secundário básico, sendo sete até ao 8º ano e cinco até ao 9º ano. Desde 1989, existe em São Tomé uma escola secundária privada, ligada à Igreja Católica, o Instituto Diocesano de Formação João Paulo II, que segue o currículo escolar português e, desde 1993, integra o 12º ano pré-universitário. Em 2010, este estabelecimento tinha 331 alunos, dos quais 78 frequentavam o 12º ano pré-universitário. Destes, 40 vieram do Liceu Nacional para completar o ensino secundário. Finalmente, em agosto de 2011, um segundo liceu

com uma capacidade para 720 alunos, financiado por Taiwan, foi inaugurado na Trindade, no distrito de Mé-Zóchí.

Por outro lado, atualmente existem em Cabo Verde 38 escolas secundárias em todas as ilhas que ensinam até ao 12º ano (nível escolar que foi sendo gradualmente introduzido ao longo dos anos de 1990). As estatísticas confirmam as discrepâncias relativamente ao ensino secundário entre os dois arquipélagos. Em 2001, apenas 3,6% da população são-tomense possuía a instrução secundária, da qual 4,1% do sexo masculino e 3,2% do sexo feminino (Instituto Nacional de Estatística de São Tomé e Príncipe [INE-STP], 2003, p. 42). Em comparação, em 2000, já 17,7% dos cabo-verdianos eram, à data, qualificados com a instrução secundária. Em dez anos, este número duplicou, situando-se em 36,4% da população cabo-verdiana em 2010 (Instituto Nacional de Estatística de Cabo Verde [INE-CV], n.d., p. 20).

QUADRO 1 – *Instituições de ensino superior em Cabo Verde*

Nome da instituição	Tipo	Localização	Início de atividades
Universidade Jean Piaget de Cabo Verde (Uni-Piaget)	Privada	Praia/Mindelo	2001/2002
Instituto de Estudos Superiores Isidoro Graça (IESIG)	Privada	Mindelo	2002/2003
Universidade de Cabo Verde (Uni-CV)	Pública	Praia/Mindelo	2006/2007
Instituto Superior de Ciências Jurídicas e Sociais (ISCJS)	Privada	Praia	2006/2007
Universidade Lusófona de Cabo Verde (ULCV)	Privada	Mindelo	2007/2008
Mindelo – Escola Internacional de ARTE (M-EIA)	Privada	Mindelo	2007/2008
Universidade Intercontinental de Cabo Verde (UNICA)	Privada	Praia	2008/2009
Universidade de Santiago	Privada	Assomada	2008/2009
Instituto Superior de Ciências Económicas e Empresariais (ISCEE)	Privada	Mindelo/Praia	2008/2009

Fonte: Direcção-Geral do Ensino Superior e Ciência (DGESC), Praia (2010).

A discrepância no desenvolvimento educacional existe também em relação ao número das instituições de ensino superior destes dois países que são relativamente recentes, visto que começaram a aparecer uns anos depois da democratização nos dois arquipélagos, processo que se iniciou em 1990. Em São Tomé e Príncipe, existem atualmente três instituições de ensino superior, o Instituto Universitário de Contabilidade, Administração e Informática (IUCAI, privado, inaugurado em 1992), o Instituto Superior Politécnico (ISP, público, 1997) e a Universidade Lusíada de São Tomé e Príncipe (privada, 2006). Os currículos destas instituições integram um ano preparatório equivalente ao 12º ano liceal. O IUCAI, que funciona em regime pós-laboral, tem licenciaturas em Informática e Gestão de Empresas, Contabilidade, Fiscalidade e Auditória e Gestão e Organização de Empresas. Em 2010 o IUCAI graduou 109 estudantes nestas áreas. O ISP, cujo currículo integra o ano zero, aumentou o número dos estudantes inscritos de 117 no ano letivo de 2000/2001 para 914 em 2011/2012 frequentando cursos de bacharelato e licenciatura em Educação, Economia, Administração e Turismo. Esta instituição dedica-se sobretudo à formação de professores. Na pequena Universidade Lusíada, que administra apenas cursos em Direito e Ciências Económicas e Empresariais, os alunos têm de completar um ano propedêutico antes de iniciar os próprios estudos. Em 2011, os primeiros graduados deixaram esta modesta instituição, com menos de 200 estudantes.

Em Cabo Verde, a Universidade Jean Piaget de Cabo Verde (Uni-Piaget), um polo desta instituição privada portuguesa, foi a primeira instituição de ensino superior a iniciar as suas atividades, em 2001. Atualmente existem neste país nove instituições de ensino superior, das quais uma pública, a Universidade de Cabo Verde (2006). Em 2010, as nove instituições proporcionaram uma oferta total de 62 cursos de disciplinas diferentes, o que resultou numa diminuição da procura de formação ao nível de graduação no estrangeiro. O número de estudantes destes estabelecimentos nacionais de ensino superior aumentou consideravelmente, de 717 em 2000/2001, para 8.465 em 2008/2009. No mesmo período o número de estudantes cabo-verdianos no estrangeiro diminuiu de 1.097 para 626 (Direcção-Geral do Ensino Superior e Ciência [DGESC], 2010). O número de vagas disponibilizadas através do Ministério da Educação em Cabo Verde para formação no estrangeiro baixou de 1.437 em 2001/2001 para 626 em 2009/2010. Por outro lado, o crescimento rápido das instituições e do número de alunos em Cabo Verde resultou inevitavelmente num debate sobre a qualidade do ensino superior no país. Dez anos depois do início da sua institucionalização, o desemprego dos licenciados é outro problema resultante da massificação do ensino superior naquele país[1].

Depois da independência em 1975, Portugal tornou-se apenas um entre vários países que ofereciam bolsas de estudo e vagas nas suas universidades para estudantes de Cabo Verde e São Tomé e Príncipe. Contudo, os dados disponíveis mostram que Portugal sempre tem sido um destino importante para os estudantes dos dois arquipélagos crioulos. Durante o regime monopartidário de orientação socialista, que ocupa nos dois países o poder até 1990, a maior parte das bolsas é disponibilizada por países do antigo Bloco de Leste e Cuba. A formação superior proporcionada pelos antigos países socialistas facilitou a muitos cabo-verdianos e são-tomenses, de origens modestas, a integração nas elites político-administrativas dos seus países. Porém, em geral, as duas sociedades valorizaram mais os diplomas obtidos em países ocidentais. Depois da queda do Muro de Berlim e da transição democrática em Cabo Verde e São Tomé e Príncipe, em 1990, o papel dos ex-países socialistas na formação de quadros superiores diminuiu drasticamente, devido à queda na oferta das bolsas. Uma exceção é Cuba que, desde 2005, volta a receber números consideráveis de estudantes são-tomenses. Em agosto de 2009, 188 destes estudantes regressaram a São Tomé, porém a maioria não encontrou emprego. Na altura, o ministro da Educação chamou a atenção para o facto de o Estado não ser o único empregador do país, lembrando que o setor privado também devia absorver os recém-licenciados regressados ao arquipélago[2]. Contudo, revoltados com a sua situação de desemprego, em novembro desse ano os estudantes realizaram uma manifestação exigindo que o Governo lhes arranjasse emprego.

Desde a independência até 2009, Cabo Verde deferiu 11.193 pedidos de equivalência de diplomas universitários obtidos no estrangeiro. De

---

[1] *A Nação*, nº 232, 9 de fevereiro de 2012.
[2] *Téla Nón*, 24 de setembro de 2009.

1988/1989 a 2009/2010, o governo de Cabo Verde atribuiu um total de 8.862 bolsas para estudantes no exterior. Desde o ano letivo de 1995/1996 em que o Governo iniciou a concessão de bolsas internas e até 2009/2010, houve 6.019 alunos beneficiários inscritos em instituições nacionais (Direcção-Geral do Ensino Superior e Ciência [DGESC], 2010, p. 8). Em 2011, frequentavam o ensino superior cerca de 16.500 cabo-verdianos, dos quais 10.479 estiveram inscritos nos nove estabelecimentos de ensino superior no arquipélago. Os outros cerca de 6.000 alunos estudaram em instituições de ensino superior no estrangeiro, sobretudo no Brasil e em Portugal[3].

QUADRO 2 – *Número de bolseiros beneficiários do regime especial de acesso, por origem*

País	2006	2007	2008	2009	2010	Total
Cabo Verde	670	372	351	354	433	2.180
STP	78	88	142	68	89	465

Fonte: DGES (2011)

No quadro dos Acordos de Cooperação no Domínio do Ensino Superior, Ciência e Tecnologia, assinados com Portugal, estudantes bolseiros nacionais dos Países Africanos de Língua Oficial Portuguesa (PALOP) e de Timor-Leste podem ingressar nas universidades portuguesas através de um regime especial, ou seja sem provas de acesso[4]. No período de 2006 a 2010, beneficiaram do regime especial 2.180 bolseiros cabo-verdianos e 465 são-tomenses. Os estudantes dos dois países neste regime eram maioritariamente do sexo feminino. Todos os beneficiários cabo-verdianos obtiveram a habilitação final de acesso no próprio país,

---

[3] Embaixada de Cabo Verde em Lisboa. Ensino em Cabo Verde vai ter provas de acesso, 12 de setembro de 2011, em http://www.embcv.pt/lista_conteudos_sub.asp?idcont=1357&idarea=4&idsub=786

[4] Ver os textos destes acordos no site do Instituto Politécnico de Viseu (IPV) em http://www.ipv.pt/ri/palop3.htm

enquanto dos são-tomenses apenas 39 (8,4%) dos colocados obtiveram essa habilitação no seu país e 426 (91,6%) vinham do ensino secundário português, recorrente ou profissional. Dos 2.178 cabo-verdianos, 2.172 eram bolseiros do seu governo, quatro do IPAD e dois da Fundação Gulbenkian. No caso dos são-tomenses, 418 receberam uma bolsa do seu governo, 35 do IPAD e 12 da Gulbenkian (Direcção-Geral do Ensino Superior [DGES], 2011, p. 10). Cabo Verde e São Tomé e Príncipe representaram 66,7% e 14,2% do total de 3.273 beneficiários do regime especial dos PALOP e Timor-Leste, no referido período[5]. Consequentemente, dos seis países contemplados, os dois arquipélagos são de longe os com os maiores benefícios deste regime.

Quadro 3 – *Número de estudantes inscritos nas universidades portuguesas, por origem*

País	1997/ 1998	1998/ 1999	1999/ 2000	2000/ 2001	2001/ 2002	2002/ 2003	2003/ 2004	2004/ 2005	2005/ 2006	2006/ 2007	2007/ 2008
Cabo Verde	1.077	1.331	1.587	2.075	2.497	3.011	3.516	3.835	4.086	4.342	3.844
STP	277	300	333	392	441	496	540	581	556	644	644

Fonte: GPEARI (2009)

Quadro 4 – *Número de diplomados nas universidades portuguesas, por origem*

País	1997/ 1998	1998/ 1999	1999/ 2000	2000/ 2001	2001/ 2002	2002/ 2003	2003/ 2004	2004/ 2005	2005/ 2006	2006/ 2007
Cabo Verde	92	99	93	142	205	263	409	415	435	502
STP	21	18	28	29	37	59	68	62	71	80

Fonte: GPEARI (2009)

[5] Do total de 3.273 bolseiros colocados no regime especial, 1.841 (56,2%) frequentaram e 209 (6,4%) concluíram o curso. Os restantes interromperam os seus estudos ou não se matricularam.

De 1997 a 2008 estiveram inscritos em universidades portuguesas anualmente entre 1.077 (1997-1998) e 4.342 (2006-2007) alunos cabo-verdianos e entre 277 (1997-1998) e 644 (2007-2008) são-tomenses. Entre o ano letivo de 1997/1998 e o de 2006/2007 o número dos cabo-verdianos que se diplomaram nas universidades portugueses mais do que quintuplicou de 92 para 502, enquanto o número dos diplomados são-tomenses quase quadruplicou de 21 para 80. Os dados disponíveis mostram que também em proporção à população total dos dois países, as universidades portuguesas acolheram e concederam diplomas a mais estudantes cabo-verdianos do que são-tomenses. Curiosamente, em relação aos estudantes inscritos, os números para Cabo Verde ultrapassam consideravelmente os da estatística cabo-verdiana para vagas no exterior (1.046 em 2006-2007). Provavelmente as estatísticas portuguesas também contabilizam estudantes cabo-verdianos que vão para Portugal por iniciativa e conta própria e cabo-verdianos residentes em Portugal.

Nos últimos anos, no âmbito do aprofundamento das relações com África em geral, e com os cinco PALOP em particular, o Brasil tem aumentado consideravelmente a oferta de vagas nas universidades para estudantes africanos. Estes estudantes estão isentos de propinas, mas não beneficiam de bolsas do governo brasileiro. São estudantes que dependem do apoio financeiro dos seus governos e das suas famílias. De 2001 a 2010, o Brasil disponibilizou um total de 4.976 vagas para licenciaturas no âmbito do Programa Estudantes – Convênio de Graduação (PEC-G) para estudantes africanos (de um total de 20 países contemplados), sendo 2.474 (49,7%) para Cabo Verde e para São Tomé e Príncipe 291 (5,8%), das quais 147 (50,5%) só no ano de 2005 (http://www.dce.mre.gov.br/PEC/G/historico.html). Nesse ano houve um êxodo de estudantes são-tomenses para o exterior, pois não saíram apenas os 147 para o Brasil, mas mais cerca de 120 para Cuba. Em novembro de 2006, 174 alunos são-tomenses estiveram inscritos em universidades brasileiras em vinte Estados federais. Em maio de 2011, o Brasil inaugurou a UNILAB – Universidade da Integração Internacional da Lusofonia Afro-Brasileira – na pequena cidade de Redenção, Ceará, cujo objetivo é receber 50 por cento dos alunos do próprio país e os outros 50 por cento dos PALOP e Timor-Leste. Em 2012 a UNILAB disponibilizou 370 vagas para estudantes oriundos desses seis países.

Segundo informações do ministro da Educação em São Tomé, entre 2009 e meados de 2011, 287 estudantes, tendo regressado ao arquipélago, foram depositando voluntariamente uma cópia do seu diploma neste ministério. Ao contrário de Cabo Verde, em São Tomé não existe a obrigação do pedido de equivalência dos diplomas estrangeiros, de modo a entrar no mercado de trabalho nacional. De longe, o maior número destes regressados são-tomenses estudou em Cuba (179), seguido por Brasil (42), Portugal (40), Marrocos (9), Angola (5), Moçambique (3), França (3), Argélia (2), Reino Unido (2), Espanha (1) e Itália (1). Em abril de 2012, São Tomé e Príncipe teve estudantes em Angola (35), Argélia (4), Brasil (98), Cabo Verde (6), Cuba (85), Marrocos (106), Moçambique (11), Portugal (300), Rússia (12) e Venezuela (10). Dos estudantes em Portugal, cerca de 40 têm bolsas da Fundação Gulbenkian ou do IPAD. Dos outros países de acolhimento, apenas a Venezuela paga bolsas, enquanto Marrocos e a Rússia oferecem mensalmente um subsídio de cerca de €75 aos estudantes são-tomenses. No caso destes dois países São Tomé envia aos seus estudantes mensalmente €100 e €250 respetivamente. Todos os outros países oferecem apenas as vagas nas universidades e isenção de pagamento das propinas, cabendo ao Estado são-tomense as despesas com viagens de ida e regresso e o sustento dos estudantes (alojamento, alimentação, etc.) mediante o envio de ajudas de custo pagas oficialmente com periodicidade trimestral. Em 2010 o ensino superior absorveu 46,8 por cento das despesas correntes para educação, das quais 37,4 por cento foram destinadas a bolsas de estudo dos estudantes no exterior e 9,4 por cento ao ensino superior no arquipélago. As despesas públicas para a educação aumentaram de 17,3 por cento das despesas correntes do orçamento do Estado em 2002 para 37,9 por cento em 2010[6].

Os valores das ajudas de custo variam de país para país: Moçambique (US$350); Cuba (mestrado) e Brasil (US$300); Cabo Verde e Portugal (€250), Angola e Argélia (US$250) e Cuba (licenciatura, US$120).

---

[6] Ministério da Educação, Cultura e Formação. Facebook, 25 de maio de 2012.

Em 2010, as despesas do governo são-tomense com as ajudas de custo para os estudantes ultrapassaram US$3 milhões. Este valor também incluía cerca de 240 bolsas internas para estudantes que frequentavam os três estabelecimentos de ensino superior em São Tomé[7]. Contudo, há anos que há atrasos de seis meses ou mais no pagamento pelo governo são-tomense das ajudas de custo. Repetidas vezes, estudantes são-tomenses no Brasil, Cuba e Rússia foram forçados a escrever cartas abertas ao seu governo protestando contra o incumprimento no pagamento das bolsas. Em 2009, chegou-se mesmo ao ponto de a pedido do governo são-tomense, o antigo líder da Líbia, Al-Kadhafi, disponibilizar US$250.000 para pagar bolsas de estudo a centenas de estudantes são-tomenses em Cuba e noutros países. Como o governo são-tomense não tem conseguido suportar o pagamento das bolsas, pediu o apoio de Portugal e do Brasil para a criação da primeira universidade pública no arquipélago.

Não existem dados muito recentes relativamente à proporção da população são-tomense com instrução superior, contudo, tendo em conta o número crescente de estudantes que frequentaram o ensino universitário, deve ter aumentado na última década. Porém, em 2001, apenas 1 por cento da população de São Tomé e Príncipe tinha uma formação superior, sendo 1,5 por cento do sexo masculino e 0,6 por cento do sexo feminino. A distribuição da população com formação superior era muito desigual, visto que estava concentrada principalmente no distrito de Água Grande, que integra a capital, onde atingia 2,1 por cento da população. Nos outros cinco distritos de São Tomé e no Príncipe a distribuição era insignificante ou quase nula (INE-STP, 2003, pp. 43-44). Em Cabo Verde, em 2000, 2,4 por cento da população tinha uma formação superior, dos quais 2,8 por cento homens e 1,9 por cento mulheres. A distribuição desta população era muito desigual por ilhas, com 3,3 por cento em São Vicente, 3,1 por cento no Sal, 2,9 por cento em Santiago, 0,9 por cento no Fogo e em Santo Antão e 0,8 por cento em Maio (Tolentino, 2007, p. 231). Em

---

[7] Informações recebidas de Edmilza Afonso, diretora do Ensino Superior do Ministério de Educação em São Tomé, em maio de 2012.

2010, Cabo Verde tem 28.095 pessoas com formação média superior completa ou não, o que representa 7,0 por cento, das quais 13.803 (6,8 por cento) são do sexo masculino e 14.292 (7,4 por cento) do sexo feminino (INE-CV, n.d.).

Formação superior em Portugal
Os seguintes dados baseiam-se em entrevistas conduzidas em Cabo Verde, São Tomé e Portugal, com dois grupos de informantes. O primeiro grupo era constituído por 15 ex-estudantes em Portugal de São Tomé e 30 de Cabo Verde que regressaram aos seus países. As entrevistas em São Tomé foram realizadas em julho e agosto de 2010. Das entrevistas realizadas em Cabo Verde, 20 foram feitas em Mindelo (São Vicente) e cinco em Porto Novo (Santo Antão), em maio e junho de 2010. Mais cinco entrevistas foram conduzidas na Praia (Santiago), em fevereiro de 2011. O segundo grupo refere-se a estudantes que, na altura das entrevistas, estavam a estudar em Portugal, 30 cabo-verdianos e onze são-tomenses entrevistados em Lisboa e Évora, em 2011 e 2012.

Os antigos estudantes entrevistados em São Tomé, sendo dez mulheres, têm idades compreendidas entre os 25 e os 48 anos. Os ex-estudantes entrevistados em Cabo Verde, entre os quais 22 mulheres, têm entre 25 e 45 anos de idade. A idade média dos ex-estudantes é assim de cerca de 33 anos, tanto em Cabo Verde como em São Tomé. Os cabo-verdianos obtiveram os graus académicos entre 1991 e 2007, dos quais 26 a licenciatura e quatro o mestrado. Os são-tomenses concluíram os seus diplomas universitários no período de 1998 a 2007, dos quais 13 a licenciatura e dois o mestrado. Apesar das diferenças consideráveis em termos de idade, não se pode falar em gerações diferentes de diplomados, visto que todos concluíram os seus estudos depois da democratização dos seus países. Em São Tomé a maioria dos entrevistados trabalhava em instituições do Estado, dois em ONG e dois exerciam profissões livres. Em Cabo Verde a maior parte dos entrevistados trabalhava no ensino superior e secundário, sete em bancos comerciais e seis na administração pública.

Quanto aos estudantes cabo-verdianos em Portugal, 22 do sexo masculino e oito do sexo feminino têm idades compreendidas entre 19 e

50 anos, com uma média de 27,4 anos[8]. Os estudantes de São Tomé e Príncipe, dos quais seis homens e cinco mulheres, têm entre 21 e 60 anos de idade.

Regra geral, os cabo-verdianos e são-tomenses passaram a sua infância em famílias nucleares, com pai, mãe e irmãos, sendo esta a organização familiar dominante nestas sociedades crioulas, onde existem também percentagens consideráveis de famílias monoparentais chefiadas por mulheres. O número de filhos nas famílias de origem dos entrevistados varia muito, entre dois e onze em São Tomé, e entre dois e catorze em Cabo Verde. Muitos têm meios-irmãos, filhos que o pai teve com outras mulheres, resultado da poligamia praticada tradicionalmente pelos homens nas duas sociedades. Histórias de emigração encontraram-se em várias famílias cabo-verdianas, onde frequentemente sobretudo o pai trabalha durante muito tempo no estrangeiro. A maioria dos informantes dos dois países vem de famílias católicas. Em Cabo Verde alguns pais eram praticantes do Racionalismo Cristão, uma religião espiritualista introduzida do Brasil no início de 1911, um ano depois da sua fundação pelo português Luíz de Mattos naquele país.

A língua materna de todos os entrevistados em São Tomé é o português, enquanto em Cabo Verde a língua materna dos entrevistados é o crioulo, com uma única exceção, em que a família falava português. Esta diferença confirma dados conhecidos, que em Cabo Verde o crioulo é a língua dominante na vida privada, enquanto a classe média citadina em São Tomé despreza o forro, o crioulo local, utilizando o português em casa, que consequentemente é também a língua materna. Em São Tomé, onde não houve uma afirmação das línguas nacionais, falar o português não é apenas um marcador da classe média citadina, pois estatisticamente o português é também a língua mais falada, utilizada por 98,9 por cento da população, enquanto o forro é apenas utilizado por 72,4 por cento da população (INE-STP, 2003, p. 49).

---

[8] As 30 entrevistas com os estudantes cabo-verdianos em Portugal foram feitas por Aurora Almada e Santos, doutoranda da Universidade Nova de Lisboa, a quem agradeço a sua valiosa colaboração neste projeto.

Ainda que o português não seja a língua materna da maioria dos cabo-verdianos, é a língua de instrução escolar desde o primeiro ano. Na maioria dos casos, o nível de escolaridade dos pais dos ex-estudantes cabo-verdianos é mais baixo do que o dos seus filhos, pois em apenas cinco famílias o pai e/ou a mãe possuíam instrução superior. Por outro lado, em três casos a mãe é analfabeta. Um exemplo é QS1CV, homem, 30 anos, bancário que se licenciou em Economia, em Lisboa. Os seus pais eram agricultores, rendeiros que também tinham algumas propriedades, e oito filhos. O seu pai tinha apenas a 3ª classe, a mãe não sabia ler nem escrever. Desde os catorze anos que fez a sua escolaridade de modo autónomo, porque os pais não tinham escolaridade. O que lhes interessava era que passasse de ano e fosse o mais longe possível. Não tinham uma ideia concreta sobre aquilo que o filho deveria estudar, pois cabia a ele decidir. Dos oito filhos, ele foi aquele que estudou mais. Tem irmãos que concluíram a 12ª, 9ª e 6ª classe, enquanto os restantes têm apenas o 4º ano. Na sua opinião, os seus irmãos não estudaram mais porque não quiseram. Por outro lado QS1CV também confessou que, como era o último filho, as condições eram melhores quando comparadas com as dos irmãos mais velhos. De facto, as condições nesta família foram difíceis. O próprio beneficiou de apoio em material escolar de uma organização dinamarquesa. Além disso, havia familiares que deram apoios pontuais aos seus pais. Em casa tinha de ajudar os pais quando voltava a casa por volta das duas horas; dava comida aos animais e carregava água. Como não havia eletricidade, à noite não podia estudar. Por isso, nem sempre podia fazer os trabalhos de casa. Contudo, o seu forte na escola era a participação nas aulas.

Em São Tomé cerca de um terço dos estudantes entrevistados têm pai ou mãe com diploma universitário. Todos frequentaram as escolas da capital: depois dos quatro anos da escola primária, os dois anos da escola preparatória e após terem estado do 7º ao 11º ano no Liceu Nacional, na altura o único estabelecimento do país onde foi ministrado o ensino do 10º e 11 ano. Com a exceção de dois respondentes que completaram o ensino secundário no IDF, os outros fizeram o 12º ano em Portugal. A maioria dos ex-estudantes cabo-verdianos podia concluir o ensino secundário no próprio país, visto que em 1994 tinha sido introduzido em Mindelo e Praia o Ano Zero, o atual 12º ano do terceiro ciclo secundário. Geralmente, a escolha tinha muita importância para os pais que queriam que os filhos fizessem um curso superior. Vários respondentes contaram que os pais sempre lhes disseram que os estudos eram a única herança ou a melhor herança que podiam dar aos seus filhos. Para a maioria dos pais, o ensino primário e secundário não significava um sacrifício financeiro, visto que as escolas eram públicas, onde se pagava apenas uma propina simbólica. Em Cabo Verde às vezes a frequência do ensino secundário estava relacionada com a migração interna inter-ilhas quando, por exemplo, famílias de Santo Antão ou de São Nicolau se fixavam em São Vicente para facilitar o acesso dos seus filhos ao ensino secundário em Mindelo. QS2CV, homem, 43 anos, seis irmãos, que se licenciou em sociologia, nos anos de 1990, em Lisboa, lembra-se da mudança da família para São Vicente:

> Vivi em Santo Antão e depois, com onze anos, toda a família passou a viver em São Vicente. Em Santo Antão, até ao início da década de 1980 não havia liceus. Fazia-se a 4ª classe e depois ia-se para São Vicente estudar. Inicialmente os irmãos mais velhos foram para São Vicente estudar, onde alugaram uma casa, mas depois tornou-se mais fácil a família toda mudar--se. Mas o pai passava parte do tempo em Santo Antão para tratar das terras. Fiz a primária em Santo Antão. Fiz o ciclo preparatório até ao 11º ano em São Vicente. Fiz o 5º e o 6º ano e depois ingressei na Escola Comercial e Industrial de Mindelo, até ao 9º ano. Fiz o 10º e 11º ano no liceu. O 12º ano tinha de fazer em Cascais, Portugal, porque na altura não existia ainda em Cabo Verde. Antes de ir a Portugal trabalhei dois anos em Cabo Verde.

Em Cabo Verde e em São Tomé e Príncipe o Ministério da Educação realizou um concurso para vagas na universidade e para a atribuição de bolsas. Alguns dos estudantes são-tomenses queixaram-se que o concurso tinha sido pouco transparente, pois filhos de ministros, diretores e de outras pessoas influentes teriam sido privilegiados na distribuição das vagas e bolsas proporcionadas pelos países doadores. Uma pesquisa recente sobre o processo de distribuição de bolsas em São Tomé, realizada por Pedro Vicente, corrobora estas alegações. Este investigador chegou à conclusão que relações de parentesco com políticos aumentavam a probabilidade de ganhar uma bolsa (Vicente, 2007, p. 14). Foram vários os motivos que levaram os cabo-verdianos e são-tomenses a frequentar cursos do ensino superior em Portugal. Muitas vezes foi o próprio concurso que os orientou para Portugal, como um dos cabo-verdianos respondeu, pois não havia grande escolha. Vários estudantes cabo-verdianos escolheram Portugal em vez do Brasil, porque os seus pais, ou os próprios, consideravam que em termos de qualidade do ensino e da reputação institucional as universidades portuguesas tinham vantagens. Além disso, o ano letivo em Portugal corresponde ao de Cabo Verde, enquanto no Brasil o ano letivo começa mais tarde.

O recurso a redes familiares também desempenhou um papel relevante na preferência por Portugal, sobretudo no caso dos cabo-verdianos, que no início dos seus estudos ou durante o curso foram acolhidos por familiares imigrantes residentes em Portugal. Também o facto de e irmãos terem estudado em Portugal ou ainda se encontrarem numa universidade portuguesa teve influência na opção por Portugal. Um estudante de Santo Antão que estudou Economia em Lisboa afirmou que escolheu Portugal no concurso para a vaga e para a bolsa de estudos, porque era adepto do Sporting de Lisboa e tinha o grande sonho de conhecer o estádio de Alvalade. QS3CV, mulher, 29 anos, licenciada em Antropologia, explicou a sua escolha assim:

> Vim a Portugal em 2000. Acabei o ensino secundário e consegui uma bolsa do Ministério da Educação de Cabo Verde. Escolhi somente Portugal e somente a Universidade Nova de Lisboa (UNL). Nem sequer cheguei a me candidatar para o Brasil. Escolhi a UN, porque consultei o site da universidade: escolhi-a porque era em Lisboa e tem uma boa reputação em Cabo Verde. Pedi informações ao meu namorado que já vivia em Portugal há dois anos e que me informou sobre a universidade. Cheguei a Portugal em novembro. Cheguei tarde, porque o processo de candidatura demorou de agosto a novembro. Havia dois processos: um de candidatura à vaga na universidade e outra de candidatura à bolsa. Depois tive de fazer o pedido de visto, o que era um processo demorado. Escolhi Portugal, porque estava melhor cotado. Tinha-se a ideia que quem fazia um curso em Portugal

ficava melhor preparado do que no Brasil. Também queria vir para Portugal, porque o namorado cá estava e devido às afinidades históricas. Portugal está mais próximo do que o Brasil.

A maior parte dos ex-estudantes cabo-verdianos em Portugal beneficiaram da concessão de bolsas, 13 de bolsas proporcionadas pelo IPAD e outras instituições portuguesas e dez do Estado cabo-verdiano. Cinco receberam apoio das suas famílias, uma estudante financiou o seu curso com as suas poupanças e um empréstimo, e outro foi mesmo forçado a trabalhar na construção civil para financiar os seus estudos. Dois terços dos antigos estudantes em São Tomé receberam uma bolsa, dos quais sete do IPAD, um do Millenium BCP, um da Fundação Cidade de Lisboa e um do Estado são-tomense. Os estudos de quatro estudantes foram pagos pelos pais e um trabalhou na construção civil para financiar o seu curso universitário. Dos 30 estudantes cabo-verdianos em Portugal apenas 12 têm bolsa, dos quais sete do IPAD e cinco receberam uma bolsa do governo de Cabo Verde, no valor unitário de apenas €271. Todos os outros financiaram os seus estudos como trabalhadores estudantes, sobretudo com empregos em supermercados, na restauração, em *call centres* ou outros serviços cujos horários de trabalho se harmonizavam com o horário das aulas na universidade. Uns poucos ainda receberam algum apoio financeiro dos pais ou de outros familiares.

Dos onze estudantes são-tomenses, cinco tiveram uma bolsa do IPAD, três receberam ajudas de custo do seu governo e os outros três dependiam dos seus pais e de empregos em regime de *part-time*. Um destes estudantes trabalhou em regime de *part-time* à noite num supermercado, onde ganhava €300 por mês. Depois perdeu este emprego e recebeu um subsídio de desemprego de €190, o que tornou a sua situação ainda mais precária. É por isso forçado a procurar trabalhos ocasionais para ganhar mais algum dinheiro como limpar jardins ou pintar casas, contudo, com grandes dificuldades. Apesar das dificuldades, sobretudo entre os estudantes de Cabo Verde, o número daqueles que financiam os seus estudos como trabalhadores estudantes é elevado. Possivelmente este fenómeno tem a ver com o facto de o Estado cabo-verdiano deixar de conceder bolsas para cursos que estão também disponíveis em instituições nacionais. Um dos estudantes trabalhadores é E1CV, 25 anos, aluno da Faculdade de Letras de Lisboa:

> Não me candidatei a nenhuma bolsa. Vim para Portugal por conta própria. Inicialmente tinha o apoio da minha família, depois passei a trabalhar cá. Faço trabalhos temporários que me permitem frequentar as aulas. Fiz trabalhos de carga e descarga, inventários em grandes superfícies e na construção civil. Não tenho muitos gastos pessoais. No início fui viver na casa da mulher de um tio materno, onde não tinha despesas. Trabalhava apenas para pagar as propinas e o transporte. Tentei candidatar-me a bolsas em Portugal nos Serviços de Acão Social da Universidade de Lisboa, na Gulbenkian e no IPAD. Mas não consegui e nem tive nenhuma redução de propinas. Agora tenho uma dívida de propinas com a faculdade. Por isso, estou a trabalhar na biblioteca da universidade para tentar renegociar esta dívida.

Com muita frequência os estudantes de Cabo Verde e de São Tomé e Príncipe chegam com atraso considerável a Portugal, devido à duração do concurso das bolsas e às demoras na emissão do visto pelas embaixadas portuguesas. Alguns estudantes só iniciam o curso em dezembro ou janeiro, o que às vezes cria problemas com certas matérias curriculares, logo no início do curso. Todos os estudantes disseram que quando chegaram pela primeira vez à sua universidade não houve nenhuma receção ou introdução destinada a novos estudantes organizada pela instituição. Quem ajudou os novos alunos na integração à sua chegada à universidade foram os irmãos que já lá estavam, outros estudantes do próprio país ou colegas da residência estudantil onde moravam. Alguns dos entrevistados já conheciam Portugal, porque tinham estado aí em viagem com os pais ou em visita a familiares lá residentes ou, no caso de estudantes de mestrado ou de doutoramento, porque era o segundo ou terceiro curso que frequentavam numa instituição portuguesa. Alguns dos entrevistados referiram-se ao frio do inverno e a diferenças culturais a que se tinham de adaptar, por vezes com algumas dificuldades, no início da sua vida estudantil em Portugal. Excecionalmente foi difícil a integração para E2ST, mulher, 33 anos, quando iniciou o curso em Recursos Humanos no Instituto Politécnico de Tomar, e recorda:

Para mim a adaptação nos primeiros tempos em Portugal foi muito difícil. Inicialmente era mesmo um choque de cultura. Chorava quase todos os dias, pois sentia muita solidão. Sou uma pessoa bastante introvertida, daí senti muito o individualismo que domina as relações entre as pessoas aqui. Sofri durante muito tempo de solidão e somente ultrapassei esta situação difícil depois de cerca de três anos, quando apareceu uma amiga são-tomense e fui viver com ela em casa dos pais dela.

Às vezes, a imagem que os estudantes tinham de Portugal através dos meios de comunicação social no país de origem não correspondia às realidades que encontravam à chegada a este país. E3CV, mulher, 23 anos, estudante de Ciências de Comunicação, lembrou-se que:

Quando estava em Cabo Verde pensava que Portugal era só luxo, tudo era bonito, uma maravilha e tudo fácil. Nunca tinha saído de Santo Antão. Via na televisão e pensava que a vida em Portugal era fácil. Contudo, quando cheguei cá fiquei dececionada e só queria voltar a Cabo Verde.

E4CV, homem, 33 anos, estudante de Gestão, teve uma experiência semelhante quando chegou a Portugal:

Vim um pouco enganado para Portugal. Quando cheguei aqui fiquei um pouco surpreendido. Naquela altura estava enganado, porque muitos emigrantes que iam para Cabo Verde de férias não diziam como viviam e onde trabalhavam. Isso gera uma ideia deturpada. Quando cheguei cá vi muita gente da minha ilha a viver em condições que no Fogo não existem: viviam em barracas. Isso marcou-me. Fiquei um pouco triste e então comecei a valorizar certas coisas: às vezes os que estão em Cabo Verde pedem algo a um familiar em Portugal e se este não enviar ficam chateados. Acho que em Cabo Verde as pessoas vivem bem.

QS4CV, sexo feminino, 29 anos, enfrentou outro tipo de problemas quando começou o curso em Gestão de Empresas, no Instituto Superior da Maia (ISMAI), uma instituição privada:

Cheguei a Portugal em novembro, mas efetivamente só comecei as aulas em janeiro, devido aos feriados e férias em dezembro. No norte de Portugal não havia muitas associações de estudantes para nos receber. No Porto havia poucas associações. De início não fui para a Maia. Durante um mês vivi na Póvoa do Varzim. Tinha de levantar-me às 4h00 da manhã para apanhar transporte. Foi a Associação Cultural Morna que nos ajudou a encontrar essa casa em Póvoa do Varzim. O ISMAI também não nos ajudou com a questão do alojamento. Como na Maia não havia residência estudantil, dividi um apartamento com colegas. No início dividi o quarto com mais duas colegas. Cada uma pagava €86 pelo quarto, mais as despesas da luz e da água. Vivi dois anos assim e no terceiro ano comecei a procurar outro apartamento. Passei para o outro apartamento onde tinha um quarto só para mim, mas era uma casa mais fria e sem gás canalizado. Inicialmente também tinha problemas com a bolsa, que não chegava para pagar a propina. Juntamente com colegas tinha de fazer um esforço junto do consulado cabo-verdiano para me aumentarem a bolsa. A Associação Morna em Lisboa ajudou-me a pedir o aumento da bolsa. A bolsa só dava para pagar as propinas e a renda. Era uma bolsa do governo cabo-verdiano: inicialmente era cerca de €200 e com o reajustamento passou a ser de €362. Era uma bolsa reembolsável. O ISMAI não nos baixou a propina. Limitava-se a não cobrar juros de mora quando se atrasava o pagamento. Como o dinheiro não chegava os pais enviaram-me ajuda. Do valor da bolsa, €250 eram para a propina, o restante para pagar a casa. Comecei a trabalhar à noite num jornal, mas como não havia transportes à noite na Maia tinha de pagar um táxi para voltar a casa. Por isso só trabalhei durante um mês. Para além da bolsa e do alojamento não tive nenhum outro problema durante o curso.

Contudo, regra geral, os estudantes conseguiram integrar-se bem no novo ambiente das universidades portuguesas. Muitos dos estudantes participaram na vida associativa da sua instituição, na associação académica, em associações de estudantes africanos e, caso houvessem na sua universidade, também em associações de estudantes cabo-verdianos ou são-tomenses. Por exemplo, os alunos de São Tomé em Coimbra, onde sempre existiu uma comunidade considerável de estudantes deste país, participaram todos nas atividades culturais e recreativas da Associação de Estudantes de São Tomé e Príncipe nesta universidade. Em termos das relações sociais com outros estudantes, existe uma grande diversidade de situações referenciadas pelos entrevistados. Por um lado, há casos de cabo-verdianos e são-tomenses que tiveram quase exclusivamente amizades com compatriotas e estudantes africanos de outras nacionalidades, às vezes também com estudantes europeus do Programa Erasmus, mas praticamente não se relacionaram com os seus colegas portugueses. Também era frequente que os contatos existentes com colegas portugueses estivessem limitados ao espaço universitário, mas não se realizavam nos tempos livres e fora da universidade. Outros testemunharam que os contatos com os colegas da Madeira, dos Açores e do interior de Portugal tinham sido mais fáceis do que com os dos centros urbanos. Por outro lado, há também alguns exemplos de estudantes dos dois arquipélagos africanos que fizeram muitas amizades com portugueses ou tiveram namorado(a)s portugueses. A diversidade destas situações deve-se a escolhas individuais, mas também está relacionada com a presença de colegas da mesma nacionalidade ou de outros estudantes africanos no curso e na universidade. Enquanto a maioria dos cabo-verdianos privilegiou o contato com os seus compatriotas, houve também exceções, como mostra o exemplo de QS3CV, como esta relatou:

> No meu curso, no primeiro ano, era a única africana. Fui muito mimada pelos colegas. Tinha mais amigos portugueses e isso se deve à minha própria história. Como cheguei atrasada, houve colegas portugueses que se disponibilizaram para me ajudar e me convidaram para almoçar. Isso aconteceu naturalmente. Fui muito criticada por não almoçar na mesa dos cabo-verdianos. Acho que ficar fechada no seio do grupo dos cabo-verdianos seria limitador. Viajei dentro de Portugal com amigos portugueses e conheci pessoas de outros países europeus. Ao longo do curso fui travando amizades com outros africanos, nomeadamente moçambicanos. Mas a maioria dos amigos são portugueses.

QS4ST, mulher, 30 anos, licenciada em Enfermagem em Lisboa, relatou o seguinte:

Tive um namorado português que conheci logo no início quando fiz o 12º ano. Na altura ele era estudante de Medicina. Eu tinha 18 anos e ele 22. Durante o curso de quatro anos fui de férias com o meu então namorado a Espanha, França, Inglaterra e Tunísia. Viajamos para Braga, para o Porto e para o Algarve. Ultrapassando aquele tempo de integração tudo correu muito bem. Tenho só boas lembranças. O namorado apoiou-me também em termos financeiros, na compra de livros, nas saídas, quando fomos a restaurantes. O namoro terminou no terceiro ano. Durante o curso também tinha duas amigas, uma sul-africana e uma portuguesa. Com estas duas dei-me muito bem. Contudo, com o resto da turma não tinha nenhuma proximidade. Não ia a discotecas ou festas africanas. Depois do curso fiquei cinco anos em Portugal a trabalhar. No primeiro ano trabalhei no Hospital Curry Cabral e depois quatro anos num centro de saúde em Lisboa. Tinha um nível de vida satisfatório em Portugal. Regressei só por causa do meu atual marido são-tomense, que conheci lá no primeiro ano de trabalho. Ele estudou e trabalhou lá também, mas voltou a São Tomé com uma empresa portuguesa.

Por outro lado, alguns entrevistados queixaram-se da discriminação racial que sentiram em Portugal. QS5CV, mulher, 33 anos, educadora de infância, que tirou a licenciatura em Viana de Castelo, sentia problemas desta natureza:

Não tinha problemas com alojamento, com saúde nem com os estudos. Concluí o curso com sucesso e dentro do tempo regulamentar. Contudo, senti discriminação. Quando cheguei à universidade e me sentava numa cadeira ninguém se sentava numa cadeira ao meu lado, não me chamavam pelo meu nome, me apelavam de "preta". Não dei atenção a isso porque tenho orgulho em ser cabo-verdiana. Senti que fui muito prejudicada devido à discriminação. Senti isso no estágio, quando a coordenadora me disse que não iria facilitar-me a vida e que se dependesse dela eu não iria concluir a licenciatura. Apesar de já ter uma experiência de cinco anos em Cabo Verde, senti que o meu trabalho foi desvalorizado. Esta experiência negativa não me levou a afastar-me dos colegas portugueses e de Portugal em geral. De início, os colegas faziam trabalhos de grupo e tive de fazer trabalhos individuais, porque ninguém queria trabalhar comigo. Quando comecei a obter bons resultados, os colegas começaram a convidar-me para trabalharmos juntos. Acho que as situações que vivi na escola e no sítio onde fiz o estágio se tivessem sido vividos por um jovem de 19 anos, sem experiência de vida, dificilmente conseguiria concluir os estudos. No trabalho (como rececionista numa pensão) também tive situações difíceis. Quando fui para Portugal tinha como objetivo fazer a licenciatura. As situações difíceis serviram de estímulo para obter bons resultados.

Outros respondentes disseram que nunca tinham sido alvo de episódios de racismo. A grande maioria dos entrevistados não teve problemas de maior durante os seus estudos em Portugal. Alguns tiveram problemas iniciais de adaptação ao clima e ao novo ambiente e de solidão. Uns lembraram-se de problemas com o inglês, pois o domínio desta língua aprendida na escola em Cabo Verde ou em São Tomé não era suficiente para o nível do inglês necessário no curso. Outros lembraram-se de dificuldades que tiveram com outras matérias do curso no início dos estudos. Vários entrevistados acharam o nível académico em Portugal mais exigente do que no seu país de origem. Nenhum dos entrevistados relatou problemas de alojamento, contudo, alguns foram acolhidos por familiares residentes em Portugal ou partilharam casas com colegas. Vários estudantes queixaram-se de problemas financeiros e de uma vida de dificuldades económicas, o que não é surpreendente, visto que alguns bolseiros recebem menos de €300 por mês, e de forma irregular, enquanto outros têm de trabalhar para financiar os seus estudos. Numa reportagem sobre bolseiros do governo de Cabo Verde, o *Público* (17 de outubro de 2010) escreveu que:

> Universitários sobrevivem com 271 euros por mês e comer na cantina é um luxo. Nuno dá voltas à cabeça para aguentar o mês inteiro com 271 euros da bolsa atribuída pelo Governo de Cabo Verde. "Nem dá para comer na cantina." Paga 150 euros pelo quarto – uns 20 de água, luz, gás. "Se almoçasse e jantasse na cantina, cinco dias por semana, gastava 94. Ficava com 56. E os materiais escolares? E os produtos de higiene? E a roupa? E o calçado?"
> ... Ser bolseiro do Governo de Cabo Verde é "ser miserável", torna Nélson.

"É comer mal", detalha Osório, que anda às voltas no supermercado em busca do mais barato, a adivinhar doenças de estômago. "É pouco ou nada sair à noite", achega Antónia. Nuno aponta consequências na integração na academia, na cidade. Quem gere um orçamento tão reduzido não pode participar em atividades como a praxe ou os jantares do curso. "Aquela capa custa quanto? 150 euros ou quê!" interrompe Osório.

Devido aos crescentes problemas económicos, por exemplo, em Coimbra, o número de estudantes dos PALOP que recorreram ao apoio das instituições de solidariedade registou um aumento de dez vezes, nos últimos dois anos. Segundo Jorge Bernadino, coordenador do Serviço Nacional Pastoral do Ensino Superior (SNPES), o facto de alguns responsáveis dos PALOP enviarem estudantes para Portugal com promessas de bolsas que nunca chegam a receber contribui para esta situação[9]. Apesar das referidas dificuldades a opinião da maioria dos respondentes sobre Portugal, em geral e sobre o meio académico, é positiva. A maior parte voltaria a estudar em Portugal, se tivesse de escolher de novo o país anfitrião. QS6CV, sexo feminino, 37 anos, licenciada em Ciências de Comunicação, regressou com uma opinião positiva sobre Portugal e sobre a sua formação:

As minhas expetativas em relação a Portugal cumpriram-se. Senti racismo em algumas situações, mas era muito menos do que aquilo que estava à espera e não me chocou. No universo universitário não notei preconceitos. Tive colegas do Programa Erasmus, com os quais tive bons relacionamentos, sobretudo franceses e espanhóis. A minha opinião sobre Portugal é positiva. Em termos da universidade, tive bons professores, mas como eram figuras públicas e tinham outras ocupações, por vezes faltavam muito às aulas. A crítica que tenho a fazer é que os dois primeiros anos foram muito teóricos. Somente a partir do terceiro ano, quando escolhemos a especialização, é que passamos à prática. Tenho uma avaliação positiva da

---

[9] "Corrida aos apoios sociais 'esconde' problemas de estudantes africanos", *Fátima Missionária*, 11/06/2012. In http://www.fatimamissionaria.pt/artigo.php?cod=23609&sec=7

minha formação, que me deu competências que me permitem trabalhar na área social. Se tivesse de escolher de novo, voltaria a Portugal.

QS7CV, homem, 30 anos, bolseiro do governo de Cabo Verde, licenciado em Economia, partilha esta opinião:

> Quando vim a Portugal não sabia o que ia encontrar. Acho que consegui cumprir os meus objetivos pessoais. Houve situações de preconceito, mas não me preocupei com isso. A minha opinião sobre Portugal e os portugueses é positiva. A minha avaliação da universidade e dos professores é também positiva. Considero que os professores eram muito exigentes. Aprendi muito no ISCTE, porque a universidade é muito exigente, o que é bom. Os cursos do ISCTE têm muita reputação em Cabo Verde. Se pudesse escolher de novo voltaria a Portugal e para o ISCTE. Estou a pensar em fazer um mestrado e em princípio será em Portugal.

Também E5CV, sexo masculino, 49 anos, ex-bolseiro em França, estudante de mestrado em Ciência Política, bolseiro do IPAD, faz uma avaliação positiva relativamente ao universo académico que encontrou:

> De acordo com aquilo que me disseram parti do princípio de que iria ter alguma dificuldade no relacionamento com os professores. Mas isso não se efetivou, pois tive boas relações com os professores. Estou convicto de que vou conseguir satisfazer as exigências dos professores, o que não aconteceu em França. Quanto aos outros aspetos da vida não tinha expetativas de que iria enfrentar dificuldades. Tenho uma ideia altamente positiva da forma como a universidade funciona e os professores se relacionam com os alunos. O meio académico funciona com muita naturalidade e de forma muito satisfatória apesar das dificuldades, mas estas existem em toda a parte do mundo.

Mais crítico relativamente às suas experiências em Portugal é E6CV, homem, 50 anos, doutorando em Ciências de Educação, bolseiro:

> Portugal é um país interessante, cheio de instabilidade, com muitos problemas e angústias. As pessoas vivem num sofrimento. Dificilmente se

encontram pessoas a rir e a sorrir. Não sei se as pessoas são saudosistas porque viveram bons momentos que já passaram. Os portugueses são pessoas muito distantes, sobretudo quando comparados com os brasileiros. É melhor estudar em Portugal do que em Cabo Verde, pois tem melhores condições, melhores bibliotecas, melhores professores. Lisboa e Porto são muito diferentes. Lisboa é uma cidade muito fácil de viver. Nota-se um certo medo em relação aos estrangeiros, pois as pessoas não se aproximam. Há um problema com o distanciamento. É uma sociedade de desperdício. Fiquei irritado com os cães que sujam as passadeiras. Essa situação tem de ser resolvida. Isso reflete o nível de educação da população. Na minha opinião, o meio académico português é razoável, pois podia ser melhor se houvesse mais entrosamento entre os alunos. A falta de entrosamento tem a ver com o afastamento. O egoísmo e a competição pelas notas. Não há partilha. Os brasileiros têm uma cultura académica muito mais avançada do que os portugueses. Por outro lado existe uma diferença grande em termos de cultura académica entre cabo-verdianos e portugueses: em Cabo Verde precisamos de ler mais e de sair do nosso mundo. Temos de ser mais abrangentes. Há falta de bases. É necessário abstração e um pensamento mais complexo. Se calhar têm de ler três vezes mais do que os portugueses para poder acompanhar. Já tinha notado isso no mestrado.

Também E7CV, mulher, 23 anos, estudante de mestrado em Gestão e Administração Pública, sem bolsa, faz umas críticas relativamente ao país de acolhimento e ao meio académico português:

Algumas expetativas em relação a Portugal ficaram um pouco aquém, pois pensava que as pessoas tinham mais vida além do trabalho e o clima não ajuda muito a que as pessoas saiam e convivam. Em Portugal não há tradição do vizinho, em que as pessoas se conhecem e se cumprimentam. Há mais individualismo. Na minha opinião, o meio académico podia ter sido melhor. Podia existir um grupo que ajudasse os estudantes africanos a se adaptarem. Quando os alunos africanos chegam aqui não sabem como as coisas funcionam e não conhecem a vivência em Portugal. Devia haver um grupo de acolhimento que ajudasse com apontamentos, materiais, transportes, salas, dar a conhecer a cidade, a cultura portuguesa. Não criei muitas expetativas. Não tenho motivos de queixa relativamente ao curso. Não me arrependo, embora de início não tivesse uma noção clara sobre o curso que ia fazer. Para mim a vida académica não foi jantares e festas. Nunca fui a jantares do curso, não tive traje académico, não fui às festas académicas. A vida académica para mim foi o estudo.

Para quase todos os regressados, a formação superior permitiu subir na hierarquia social, mas isso não significa que se dissociaram dos amigos e das redes sociais anteriores. A maior parte dos entrevistados de Cabo Verde e São Tomé voltou depois da conclusão da sua formação superior ao seu país ou pretende regressar. Porém, há vários exemplos em que os diplomados trabalharam vários anos em Portugal antes do regresso. Nalguns destes casos, foram sobretudo as redes profissionais que tiveram maior influência, visto que estes diplomados chegaram ao seu país como representantes ou empregados de empresas portuguesas para quem tinham trabalhado em Portugal. No caso de São Tomé, as empresas que se tinham estabelecido no arquipélago em antecipação do *boom* petrolífero retiraram-se quando se aperceberam que este não apareceria tão cedo. Contudo, uma vez regressados ao seu país, os ex-empregados são-tomenses estabeleceram os seus próprios escritórios. QS8CV, mulher, 36 anos, bolseira da Cooperação Portuguesa, licenciada em Gestão de Empresas, é um exemplo dessa minoria que ficou vários anos em Portugal depois da obtenção do diploma:

> Depois de ter terminado o curso houve uma sequência de acontecimentos profissionais e pessoais que me levaram a ficar em Portugal durante uns anos. Terminei o curso em 1999 e estava para regressar a Cabo Verde, mas consegui um estágio de inserção na vida ativa que era remunerado. Era um estágio do PRODEP – Programa de Estágios no Ensino Superior. Consegui a informação sobre o estágio através da Universidade de Évora. O estágio foi na Fundação Eugénio de Almeida, que produz vinhos, e teve a duração de seis meses. Terminando este estágio ingressei num outro na universidade de nove meses. Era paga pela universidade e pelo Instituto de Emprego e Formação Profissional (IEFP). Era um estágio profissional. Depois desse estágio fiquei a trabalhar na universidade entre 2000 e 2008,

quando regressei a Cabo Verde. Dava apoio no Departamento de Economia, na parte das pós-graduações. O facto de ter demorado tanto tempo a regressar não foi só por razões profissionais, mas também tinha razões pessoais, porque o meu namorado estava em Évora. Em 2007 fui de férias a Cabo Verde e decidi que queria regressar ao meu país. Atualmente [2010] ainda estou na fase de adaptação a Cabo Verde, que está muito diferente do país que tinha deixado em 1993.

Também QS9CV, mulher, 31 anos, licenciada em Contabilidade e Auditoria, relata os motivos que a levaram a ficar mais tempo em Portugal:

Hesitei em voltar a Cabo Verde. Concluí o curso em Coimbra em 2003. No último ano do curso comecei a fazer o estágio curricular e profissional. Depois fiquei a trabalhar alguns anos na empresa onde estagiei. Terminei o curso e ingressei no mestrado. Já era efetiva no emprego. Tinha condições para viver. Estive no emprego quatro anos e meio. Mas sentia-me muito só e como estou muito ligada à família decidi regressar. Fiz a parte curricular do mestrado. Iniciei a tese, mas mudei de tema várias vezes e tomei a decisão de desistir. Fiquei com a pós-graduação porque não fiz a parte da tese. Fiz essa pós-graduação na Universidade de Coimbra. Trabalhei e fiz a pós-graduação ao mesmo tempo. Ponderei a hipótese de ir para Angola, porque ouvi dizer que ali havia muitas oportunidades, mas depois desisti da ideia e decidi regressar a Cabo Verde. O regresso não defraudou as minhas expetativas. Estava à espera de algo muito pior. Gostei daquilo que encontrei. Cheguei a Cabo Verde e uma semana depois estava a trabalhar. Não tive tempo de sentir o impacto dos problemas do país. Pedi a familiares que pesquisassem ofertas de emprego. Cansei-me de estar em Coimbra e cheguei a ir a uma entrevista de emprego em Lisboa. Chamaram-me para os testes, mas depois desisti. Voltei definitivamente a Cabo Verde em 2007. Na altura consegui emprego como professora a tempo inteiro no ISCEE, mas depois candidatei-me a uma vaga no banco BVA e consegui entrar no ano seguinte. Agora concilio o trabalho no banco com a docência.

Na realidade, na altura em que esta licenciada regressou já não era tão fácil e tão rápido encontrar o emprego pretendido em Cabo Verde. Devido ao número crescente de pessoas com diplomas universitários e as limitações do mercado laboral nacional, frequentemente os recém-diplomados não encontraram logo um emprego adequado à sua formação universitária ou tiveram de aceitar empregos que não correspondiam ao nível ou à área da sua formação superior. Neste aspeto, a situação em São Tomé e Príncipe não tem sido melhor, visto que o fraco desenvolvimento económico do país não criou empregos suficientes para o número crescente de diplomados.

Conclusões

Após a independência, em 1975, as instituições de ensino superior portuguesas continuam a desempenhar um papel relevante na formação dos cabo-verdianos e são-tomenses no exterior. Apesar das diversas dificuldades que os estudantes enfrentaram durante os seus cursos, a grande maioria dos que estudaram ou estudam em Portugal tem uma opinião positiva relativamente ao país de acolhimento e ao universo académico português. Consequentemente, a maior parte dos entrevistados voltaria a estudar em Portugal, se pudesse voltar a escolher. Não é possível avaliar o contributo dos quadros formados em Portugal para o desenvolvimento dos seus países. Contudo, a sua permanência e formação em Portugal é também um investimento no estreitamento das relações deste com Cabo Verde e São Tomé e Príncipe. Os dados disponíveis sobre estudantes e diplomas também não permitem estabelecer a proporção dos cabo-verdianos e são-tomenses que conseguiram os seus diplomas de ensino superior em Portugal. As estatísticas permitem apenas constatar que no contexto dos PALOP, proporcionalmente à sua população, os dois pequenos países insulares têm beneficiado mais de vagas em universidades portuguesas e do regime especial de acesso do que outros países. Comparando os dois arquipélagos, Cabo Verde foi privilegiado, tanto em relação às vagas como ao acesso através do regime especial. Esta vantagem de Cabo Verde está diretamente relacionada com o maior desenvolvimento do ensino secundário neste país, que resultou em uma maior percentagem de habitantes com habilitação universitária. Além disso, em Cabo Verde o desenvolvimento do ensino superior é superior ao de São Tomé e Príncipe, o que já resultou numa descida no número de estudantes deste país no exterior. Ao mesmo tempo nota-se, em relação a Portugal, um aumento de estudantes dos dois países que não são beneficiários de nenhuma bolsa, mas dependem do apoio das suas famílias e do seu próprio trabalho para financiar o curso. Quando os atuais estudantes voltarem a Cabo Verde e São Tomé e Príncipe vão enfrentar cada vez mais problemas em encontrar um emprego adequado devido à maior competição dado o número crescente de candidatos com formação superior, e às limitações dos mercados laborais das duas economias. A maior parte dos entrevistados que regressaram aos arquipélagos na última década ainda não teve problemas em encontrar um emprego adequado à sua formação, o que lhes facilitou a ascensão social dentro das suas sociedades.

REFERÊNCIAS

ANDRADE, M. P. de. (1997). *Origens do nacionalismo africano*. Lisboa: Dom Quixote.

DGES (Direcção-Geral do Ensino Superior). (2010). *Relatório das candidaturas nos regimes especiais*. In http://www.dges.mctes.pt/NR/rdonlyres/5FBEBB80-EE4B-4D0F-A469-B2CA5D015FC8/5177/REGIMESESPECIAIS_2010.pdf

DGES (Direcção-Geral do Ensino Superior). (2011). *Regimes especiais. PALOP e Timor-Leste 2006-2010*. In http://www.dges.mctes.pt/NR/rdonlyres/65940C16-E227-4AA2-9DF1-F1478932A8EF/5634/RE_paloptimorleste_0610.pdf

DGESC (Direcção-Geral do Ensino Superior e Ciência). (2010). *Dados do ensino superior em Cabo Verde*. Praia: DGESC.

Embaixada de Cabo Verde em Portugal. Serviço de Cooperação. Departamento de Estudantes (2009). *Guia do estudante cabo-verdiano*. In http://www.embcv.pt/ficheiros/guia2009.pdf

GPEARI (Gabinete de Planeamento, Estratégia, Avaliação e Relações Internacionais). (2009). *Ciência, tecnologia e ensino superior. Cooperação entre Portugal e a Comunidade de Países de Língua Portuguesa* (Dados estatísticos). Lisboa: GPEARI.

INE-CV (Instituto Nacional de Estatística de Cabo Verde). (n.d.). *Comunicar para o desenvolvimento. 2010 – Nível do ensino. Habilitados com curso médio ou superior quintuplicam em 10 anos*. In http://www.ine.cv/actualise%5Cdestaques%5CFiles%5CINE-A%20Semana-29042011-Ensino-200dpi-CMYK.pdf

INE-STP (Instituto Nacional de Estatística de São Tomé e Príncipe). (2003). *RGPH 2001. Características educacionais da população*. S. Tomé: INE.

LOPES, J. V. (2002). *Cabo Verde. Os bastidores da independência*. Praia: Spleen.

OLIVEIRA, J. E. da C. (1993). *A economia de S. Tomé e Príncipe*. Lisboa: Instituto para a Cooperação Económica.

Público, 17 de outubro de 2010.

TOLENTINO, A. C. (2007). *Universidade e transformação social nos pequenos Estados em desenvolvimento: O caso de Cabo Verde.* Lisboa: Fundação Calouste Gulbenkian.

VICENTE, P. C. (2007). *Corrupted scholarships.* In http://www.pedrovicente.org/scholar.pdf

Formação superior e mobilidade social na Guiné-Bissau

Tcherno Djalo
Universidade Lusófona de Lisboa – ULHT

RESUMO: *A formação superior continua sendo a via privilegiada de mobilidade social ascendente implicando uma mudança de estatuto socioeconómico e de posição social. As histórias de vida, de família, as trajetórias sociais, individuais e de estatuto social de grande parte dos quadros guineenses formados na sua maioria no estrangeiro ilustram muito bem este facto. Jovens de condição social modesta e desfavorecida passam a integrar a elite do país graças à conquista de um diploma superior, melhorando assim não apenas a sua condição económica como também a sua promoção social. Ora as oportunidades de formação são cada vez mais limitadas devido à escassez de bolsas de estudo e pelo facto de as universidades locais se encontrarem numa fase embrionária ou em consolidação. Tendo Portugal desempenhado um papel importante na educação/formação dos jovens e quadros guineenses, analisa-se neste capítulo a dinâmica da cooperação em matéria de educação entre os dois países e a mobilidade social dos quadros formados em Portugal. Particular atenção é acordada às estratégias da cooperação portuguesa e sua especificidade assim como à origem social e ao percurso académico e profissional dos quadros guineenses formados em Portugal.*

A sociedade em análise, a guineense, é resultado do que chamamos de uma "situação de contato" (Djalo, 1997) que se traduziu numa dualidade cultural entre duas componentes da sociedade: uma tradicional englobando todos os grupos etnolinguísticos e religiosos (Islâmicos e Animistas) que viviam à margem da cultura europeia e outra nascida da colonização. Os traços comuns da sociedade tradicional são os de ser uma sociedade estruturada e integrada num sistema de valores e de comportamentos muito rígidos, baseados na tradição e na ordem tradicional estabelecidas. A integração do indivíduo em tal sociedade fazia-se através da família, do clã, do grupo etário e do grupo étnico, sendo cada um obrigado agir e a se conformar às normas sociais, ao sistema de valores e à disciplina do grupo a que pertencia. Do ponto de vista da escolarização, os elementos desta sociedade, sob o Estatuto jurídico do Indigenato (Decreto nº 12533 de 1926 e Art. 2 do Decreto nº 16473 do 6 de fevereiro de 1929), seja na sua versão segregacionista ou assimilacionista, beneficiavam na melhor das hipóteses do rudimentar Ensino Primário Rural.

Entre os fatores que mais influenciaram a desintegração destas sociedades tradicionais e a formação da categoria dos "destribalizados", destacam-se:

(i) A prestação de serviços dos indígenas a empresas económicas dos colonizadores e a ação destas sobre a economia e modos de vida indígenas. Nesta ótica, aspetos importantes a considerar são o comportamento dos "destribalizados", em particular o desprezo e abandono dos costumes ancestrais, a observação e imitação de aspetos exteriores da vida dos ditos "civilizados", a melhoria das condições materiais do alojamento, da alimentação, do vestuário, alteração da apreciação do valor do dinheiro, etc.

(ii) A ação educativa dos colonizadores: trata-se aqui de programas da educação colonial que não tomam em conta a realidade, os valores e a cultura da população colonizada. Esta situação confere a certos elementos um sentimento de superioridade que não lhes permite continuar a viver no seio do seu grupo de pertença original.

(iii) A atração que o aspeto material da civilização dos colonizadores exerce sobre os autóctones.

(iv) A prestação de serviço militar por parte dos indígenas.

(v) As relações entre as autoridades coloniais e a população indígena, em particular o desprezo das tradições e autoridades tradicionais destas populações.

Com o início do processo da luta armada de libertação nacional, o PAIGC veio propor um modelo alternativo de organização social, abrindo a educação a todos, o que vai permitir uma maior mobilidade e ascensão social dos então "indígenas", que passam a fazer parte da nova elite[1]. Interessa-nos aqui perceber como é que a educação/formação permitiu a pessoas oriundas de camadas desfavorecidas o acesso ao topo da hierarquia social, ocupando posições privilegiadas por via dos rendimentos e/ou do prestígio.

Questões metodológicas

No caso específico da Guiné-Bissau, tivemos em atenção no nosso trabalho as indicações da pesquisa qualitativa na qual o método de recolha de dados (nomeadamente entrevistas, observação participante, tomada de notas no terreno, recolha de documentos, de fotos e materiais audiovisuais, assim como objetos culturais) e os métodos de análise de dados (como análise qualitativa de conteúdos temáticos ou análises hermenêuticas de diferente espécie) fossem estreitamente associadas.

Depois da fixação do número de entrevistas a realizar por país de acordo com o número de quadros formados ou em formação em Portugal, deparamo-nos com a questão da seleção da amostragem. Conforme nos lembra Uwe Flick (2005), num estudo por entrevista como é o nosso caso, colocou-se-nos a questão da decisão da seleção das pessoas a entrevistar (amostragem de casos) e sobre os grupos a que deviam pertencer (amostragem de grupos de casos). Colocou-se ainda a questão da decisão sobre qual das entrevistas devia ser trabalhada mais a fundo, ou seja transcrita e interpretada (amostragem material). A nível de interpretação dos dados surgiu a questão das partes do texto a selecionar para interpretação geral ou interpretação específica, de pormenor (amostragem interna material) assim como os casos ou partes do texto mais apropriados para demonstração dos resultados (amostragem de apresentação).

---

[1] Entendemos elite na perspetiva de autores como Gaetano Mosca (1939), Vilfredo Pareto (1917), Robert Michels (1914) e Charles Wright Mills (1956).

A escolha do método qualitativo impôs-se muito naturalmente por ser o mais indicado para estudar a maneira como as pessoas dão um sentido ao seu mundo, como avaliam as suas experiências, reconstroem os sistemas de sentidos e conhecimentos sociais (ideologias, mitos, mentalidades, discursos, modos de pensar, etc.) a analisar nas práticas, instituições e organizações sociais, os campos sociais, modos de vida e meios sociais assim como o processo de formação de *habitus* e as trajetórias biográficas.

Sendo que um dos princípios fundamentais da amostragem teórica é selecionar casos ou grupos de casos, com base em critérios concretos relacionados com o assunto, em vez de utilizar critérios metodológicos abstratos, a nossa amostragem foi constituída com base nos seguintes critérios: género, origem social (étnica e religiosa), grau académico, área científica e época de formação. Esta amostragem foi constituída de acordo com a relevância dos casos, não tendo a pretensão, devido ao seu tamanho, de ser representativa do universo de todos os quadros que se formaram ou em formação em Portugal.

Formação superior e desenvolvimento
Na última reunião dos ministros de Educação de Austrália, Áustria, Canadá, Alemanha, China, Índia, Indonésia, Coreia, Reino Unido e Estados Unidos tida em Hong Kong no mês de julho de 2011, o ensino superior foi considerado doravante como sendo um *"global public good"* (Yjana Sharma, 2011).

O ensino superior não se limita apenas aos benefícios individuais ou a contribuir para as economias dos países, mas deve ser visto como um benefício e como um potencial para resolver os maiores problemas globais e tirar as pessoas da pobreza. O facto de o ensino superior contribuir para que a educação desempenhe um papel primordial no desenvolvimento económico, social e pessoal beneficiando todo o mundo, justifica que seja considerado como um "bem público global".

A ajuda ao desenvolvimento é muitas das vezes direcionada para áreas identificadas como prioritárias na agenda dos países beneficiários tais como combate à pobreza, HIV sida, saúde, segurança alimentar, etc. Segundo Peter Maassen da Universidade de Oslo (citado em Gibbon,

2010), este tipo de opções são feitas sempre em detrimento do desenvolvimento de um alto nível de conhecimentos tais como os produzidos no âmbito das pesquisas universitárias. O mesmo autor sublinha que a negligência do saber na cooperação para o desenvolvimento com os países da África Subsariana compromete o impacto da cooperação para o desenvolvimento nas áreas identificadas. Acrescenta que projetos baseados na ajuda ao desenvolvimento podem enfraquecer o núcleo académico ao afastar a capacidade académica, limitando os *outputs* académicos e contribuindo para a negligência da pesquisa. A estrutura de muitos projetos coloca-os na periferia das instituições onde o melhor resultado é o desenvolvimento de poços isolados de excelência e o pior é tornar os projetos insustentáveis, desaparecendo quando o financiamento chega a termo, sem qualquer legado para as instituições do país.

Estas observações do Prof. Peter Maassen são baseadas num estudo sobre oito universidades africanas (Gana, Maurícias, Botswana, Uganda, Tanzânia, África do Sul, Quénia e Moçambique) levado a cabo pelo CHET (*Center for Higher Education Transformation*) em Cape Town no âmbito do componente de pesquisa de HERANA (*Higher Education Research and Advocacy Network in Africa*).

Os projetos com financiamento externo nestas universidades eram avaliados, por um lado de acordo com a sua ligação com os objetivos estratégicos institucionais e/ou as prioridades do desenvolvimento nacional e, por outro lado, na sua capacidade de reforçar o núcleo académico da instituição avaliada em termos de docência e desenvolvimento curricular, a dimensão participativa dos estudantes como parte integrante da sua formação, publicações de resultados de pesquisa do projeto, criação de relações com as redes académicas internacionais e a produção de novos conhecimentos.

Constata-se que poucos projetos obedecem a estes critérios. A cooperação para o desenvolvimento com as universidades africanas concentra-se em apoios individuais a projetos que visam contribuir para o bem público mas omitindo o elemento essencial que é o desenvolvimento e a produção de conhecimentos.

No entender destes especialistas, o fracasso de um mais amplo desenvolvimento económico e social nestes países é consequência da ausência de ligação entre ensino superior e desenvolvimento económico tal como está acontecer na maioria dos países da OCDE onde existem fortes políticas orientadas para o conhecimento e a inovação.

O economista de desenvolvimento Pundy Pillay (citado em Gibbon, 2010) defende a existência de uma forte evidência de que o ensino superior pode ser um fator chave na promoção do crescimento económico e do desenvolvimento.

A tradicional sequência de desenvolvimento económico indo do setor primário (agricultura) ao secundário (manufatura) até ao terciário (serviços) é um modelo que está sendo alterado pela globalização. Países como a China, Brasil, Índia, África do Sul e México, "saltaram" etapas do desenvolvimento económico, num processo no qual o ensino superior teve um papel crucial.

Pillay considera existir uma relação vital entre ensino superior, tecnologia e crescimento. O investimento no ensino superior aumenta a capacidade da força de trabalho para adotar e adaptar tecnologias levando à melhoria do fator produtivo ao mesmo tempo que melhora a difusão tecnológica, diminuindo as lacunas do conhecimento e reduzindo a pobreza.

A desigualdade de oportunidades, em particular o acesso ao ensino superior, pode constituir um fator de estrangulamento do desenvolvimento económico. Apesar de o autor reconhecer que possa existir crescimento económico sem que haja crescimento no ensino superior – como é o caso do Moçambique – este tipo de crescimento é de natureza a exacerbar as desigualdades económicas e sociais em vez de as reduzir.

Foi identificada uma correlação muito forte entre o investimento no ensino superior e o desenvolvimento social como demonstrado pelos indicadores do Desenvolvimento Humano. No entanto, o financiamento externo para as universidades africanas continua fraco e largamente tributário das agências de cooperação cujos apoios são condicionados pela sua agenda de desenvolvimento, que por seu turno não está centrada no conhecimento e na inovação.

Em contraste com este modelo estão as universidades nórdicas, que beneficiam de um alto nível de financiamentos externos para a pesquisa por parte de uma variedade de agências incluindo o *Nacional Research*

Council, a União Europeia e organismos públicos e privados. O mais importante, salienta o autor, é que o financiamento externo nos países nórdicos é conduzido pela combinação de uma excelência académica com objetivos e de uma política estratégica nacional claramente compreendida.

Entre os numerosos fatores que permitiram às universidades nórdicas dar uma contribuição significativa no brilho das suas economias do conhecimento, figuram um ambiente de alto nível de confiança, financiamento público e capacidade estratégica. Mas o fator determinante é o forte consenso social, o que Peter Maassen designa de "Pacto" sobre a importância do ensino superior. Tal "Pacto" não existe nos países africanos. Os ministérios da Educação são geralmente muito fracos no seio da estrutura governamental com um fraco orçamento.

As contribuições do projeto HERANA mostram que mesmo nos países onde existe um discurso sobre a economia do conhecimento, verifica-se um grande desfasamento entre a linguagem e políticas do governo e as das universidades. A ênfase do conhecimento para o desenvolvimento requer um amplo fortalecimento do núcleo académico das universidades na construção de sólidos programas de ciência e tecnologia, no aumento das inscrições em pós-graduação e melhoria das taxas de graduação no primeiro ciclo, um corpo académico com doutorados, uma carga de trabalho na docência que permita fazer pesquisa, uma melhoria dos salários académicos para prevenir a necessidade de um trabalho "extra" e consultorias e um financiamento dedicado à pesquisa.

O desafio sendo colocar o conhecimento e a inovação no centro das estratégias do desenvolvimento nacional implicaria isso o desenvolvimento da cultura da pesquisa nas universidades da África Subsariana. Mas para que isso aconteça os doadores devem renunciar às suas estratégias de resultados a curto prazo, pois investimentos na edificação de uma capacidade de pesquisa implicam uma perspetiva de longo termo e não produzem resultados imediatos. Tal opção representa um dilema para ambos, doadores e recetores, ou seja como investir numa perspetiva a longo prazo se os países precisam de formar de imediato os quadros técnicos de que estão a precisar!

Os desafios com que estão confrontados os decisores dos países africanos prendem-se com a definição de uma visão clara do ensino superior, estabelecendo uma relação intrínseca entre planificação económica e educação, atribuindo um papel aos setores público e privado do ensino superior, ligando o ensino superior ao desenvolvimento regional, edificando fortes redes de cooperação e respondendo à procura do mercado de trabalho.

As razões que Pillay (citado em Gibbon, 2010) identifica como importantes para que em África se efetue uma ligação entre ensino superior e desenvolvimento são de duas ordens:

- Através da educação e da pesquisa o ensino superior pode permitir aos países aumentar o crescimento económico e a participação numa economia baseada no conhecimento;
- Num mundo globalizado é possível para os países em vias de desenvolvimento concentrarem-se não apenas na produção de bens do setor primário e industrial que requer competências do nível do ensino básico, mas também produzir bens e serviços de valor acrescentado que necessitam de competências proporcionadas pelo ensino superior.

A universidade africana tem-se acantonado na sua missão tradicional de formar estudiosos e líderes, ou seja a elite. Apostou-se na mera transmissão de conhecimentos em detrimento da aplicação do conhecimento para dar resposta às realidades do mercado de trabalho, dito por outras palavras da pesquisa e da inovação.

As universidades continuam confrontadas com problemas de acesso, equidade e qualidade. A diferenciação num sistema elitista do ensino superior é fator de desigualdade e de escassez de competências de alto nível numa economia de conhecimento enquanto a diferenciação no seio de um sistema de participação altamente competitivo reduz as desigualdades, aumenta e diversifica as capacidades e competências em todas as áreas.

Caracterização do sistema educativo guineense

A população da Guiné-Bissau, de 1,5 milhões de habitantes, é muito jovem: 47,1 por cento de menos de 15 anos. A taxa de escolarização é de 45 por cento no ensino primário. A taxa de analfabetismo dos adultos é estimada em 63,4 por cento, dos quais 76,2 por cento mulheres e 47,2 por cento homens. Apenas 10 por cento da população domina a língua oficial, sendo o crioulo a língua franca e também língua de unidade nacional. As línguas africanas mais faladas são o fula, o balanta, o mandinga e o manjaco. O país é um enclave lusófono numa região predominantemente francófona. É membro da UEMOA (União Económica e Monetária Oeste-Africana) com os seus 75 milhões de locutores francófonos. Aliás o domínio do francês é considerado como condição essencial para a integração cabal do país no espaço UEMOA.

A Guiné-Bissau é confrontada com uma forte procura educativa por causa da elevada taxa de crescimento demográfico (2,9 por cento em média anual) e um desejo profundo das populações urbanas e rurais de escolarizarem os seus filhos. O crescimento da população urbana é um dos fatores explicativos das dificuldades do sistema educativo no enquadramento escolar. Em 1975, 16 por cento da população vivia em meio urbano; em 2002 esta proporção passou para 33,2 por cento, com previsões para 43,5 por cento em 2015.

O crescimento da população escolar desde 1999-2000 e 2000-2001 era da ordem dos 20 por cento. Não dispomos de dados mais recentes mas tudo indica que a tendência se manteve, por isso a procura de formação superior tem vindo a crescer fortemente.

O sistema educativo primário e secundário público conjugados acolhem 80 por cento dos efetivos enquanto o privado acolhe 16 por cento e as escolas corânicas 4 por cento. O orçamento da educação situa-se à volta dos 8,5 por cento do orçamento nacional com fraca taxa de execução de 30 por cento. O índice de paridade sexo feminino (rácio efetivo feminino sobre o efetivo masculino) é de 1,05, ou seja 105 raparigas para 100 rapazes na entrada do primário. Este índice diminui com a progressão no sistema de ensino atingindo 0,47 na 11ª classe, ou seja apenas 47 raparigas para 100 rapazes.

FORMAÇÃO SUPERIOR E DESENVOLVIMENTO

O ensino superior público é pouco desenvolvido. A primeira instituição superior do país, a Faculdade de Direito, foi criada em 1979, como escola superior, pelo Ministério da Justiça no quadro da cooperação Guiné-Bissau/Portugal, tendo-se transformado em Faculdade em 1990. A primeira promoção de 11 licenciados data do ano letivo 1993/94. A Faculdade é financiada pelo Orçamento Geral do Estado e pela Cooperação Portuguesa através do IPAD (que paga salários e deslocação dos docentes portugueses, subsídio dos docentes nacionais e aquisição de materiais didáticos). A Faculdade de Direito de Bissau (FDB) conta aproximadamente entre duas a três centenas de alunos inscritos nos diferentes anos das duas especializações (Licenciatura em Direito e a menção Administração Pública). A licenciatura continua estruturada em 5 anos de estudos segundo o modelo pré-Bolonha. A FDB conta com 36 docentes dos quais 1 doutorado nacional, 1 doutorado português, 14 mestres e 20 licenciados. Durante os seus 22 anos de existência, este projeto educativo formou até hoje 2 doutorados.

A Faculdade de Medicina foi criada em 1986 no âmbito da cooperação Guiné-Bissau/Cuba. Até 1991 o corpo docente foi assegurado a 100 por cento por professores cubanos. O curso tinha uma duração de sete anos, sendo um ano de formação pré-médica. Durante a sua vigência, esta Faculdade beneficia de financiamento de vários parceiros e para além do governo cubano, o governo da Holanda financia a viagem e os subsídios dos docentes cubanos e a OMS fornece os equipamentos e as bolsas de estudo aos alunos. Esta Faculdade foi completamente destruída durante a guerra civil de 7 de junho de 1998.

A Escola de Educação Física e Desportos (ENEFD) foi fundada em 1979, com apoio da cooperação cubana, formando profissionais a nível intermédio nesta área. A Escola continua a funcionar.

A Escola de Formação de Professores para formar professores do ensino básico e secundário foi criada nos anos 80. A escola evoluiu do ex-Destacamento "Tchico Té". Após três anos de formação, os formandos saem com o diploma de bacharelato em Ciências da Educação.

A partir de 1999 o ensino superior entra numa fase de profunda reforma que se inscrevia numa estratégia de formação e de valorização de recursos humanos do país. O sistema educativo é colocado sob tutela do Ministério da Educação Nacional, que passa assim a coordenar todos os centros de formação existentes assim como todas as atividades de educação e de formação.

Foi no quadro desta reforma que o Governo decidiu no mesmo ano (1999) a criação, por Decreto (Decreto-lei nº 6/99, de 6 de dezembro), da Universidade Amílcar Cabral (UAC) com o propósito de reagrupar e federar os diversos estabelecimentos de formação superior dispersos e até então sob tutela dos respetivos ministérios técnicos, nomeadamente: a Faculdade de Medicina, a Escola de Saúde, a Faculdade de Direito, a Escola Normal Superior de Formação de Professores (Tchico Té), a Escola de Educação Física e Desportos (ENEFD) e o Centro de Formação Administrativa (CENFA). Constrangimentos de várias ordens, resistência interna e pressão externa ligados a diversos interesses, viriam impossibilitar a missão da jovem instituição de integrar estas escolas e Faculdades numa lógica de racionalização de recursos materiais e humanos criando uma economia de escala.

Antes da abertura da Universidade Amílcar Cabral, o acesso ao ensino superior era muito limitado. A totalidade da oferta não ascendia aos 1000 lugares. Com o início do seu funcionamento, a capacidade passou a ser mais do dobro, conforme o quadro abaixo.

UNIVERSIDADE AMÍLCAR CABRAL

Programa, Escola ou Faculdade	Nº de Estudantes
Ano pré-universitário	1.244
Escola Normal Superior	744
Faculdade de Direito	264
Centro de Formação Administrativa	388
Escola de Saúde	204
Escola de Educação Física e Desportos	88
Centro Nacional de Formação Industrial	100
Total	3.032

Fonte: SOFEG (2004)

Em setembro de 2003 surge a Universidade Privada Colinas de Boé, criada por um grupo de quadros, sem reconhecimento oficial do Ministério da Educação, funcionando na base do modelo da Universidade Amílcar Cabral, propondo um primeiro ano pré-universitário.

Todas as instituições de ensino superior funcionam com grandes precariedades próprias de um país em situação de pós-conflito permanente: ausência de cantinas para os alunos, de residências universitárias, de meios de transporte, de boas condições didáticas e pedagógicas. As bolsas de estudo internas foram prometidas reiteradamente pelos sucessivos governos mas nunca foram concretizadas. O facto de a formação profissional e superior representarem menos de cinco por cento das despesas na educação tornara impossível qualquer intervenção sem a ajuda dos parceiros técnicos e financeiros da cooperação. A Faculdade de Direito é a única instituição que beneficiava e continua a beneficiar de financiamento externo e regular, financiada desde a sua criação pela Cooperação Portuguesa e gerida pela Faculdade de Direito de Lisboa, razões das resistências à sua integração na Universidade Pública Amílcar Cabral. Esta fonte de financiamento permite garantir um ordenado líquido de 4000€ a um docente expatriado com licenciatura; 4500€ a um docente com mestrado e 5000€ ao Assessor Científico com grau de mestrado.

Em termos comparativos, um docente nacional na então universidade pública Amílcar Cabral, com grau académico de licenciado, mestrado e doutorado, ganhava respetivamente 2750Fcfa/h (cerca de 4€), 3500Fcfa/h (cerca de 6€) e 4750Fcfa/h (pouco mais de 7 euros hora).

Apesar da indiscutível importância da Faculdade de Direito de Bissau, esta representa o modelo de ajuda ao desenvolvimento que refere Peter Maassen (citado em Gibbon, 2010). Este tipo de projetos, segundo Maasen, têm como melhor resultado promover o desenvolvimento de poços isolados de excelência, e como pior tornar os projetos insustentáveis, desaparecendo logo que o financiamento chegue ao termo.

As dificuldades dos docentes do ensino superior, dos investigadores, dos estudantes, dos administradores e gestores de estabelecimentos de ensino nunca foram estudadas de maneira sistemática. Com um período revolucionário de mais de meio século, muitas forças contraditórias surgiram no seio da sociedade guineense. Por consequência, a formação superior não conseguiu ocupar o lugar que devia ser o seu em condições de desenvolvimento normal.

A "governança" do ensino superior designa o dispositivo das leis e regulamentos, das estruturas, das tarefas no âmbito das quais agem os responsáveis sob tutela do Estado. A autonomia jurídica, em diferentes graus variando segundo os contextos nacionais, é a condição necessária para que os decisores do setor possam orientar, conduzir e coordenar as atividades do sistema e das suas numerosas organizações constitutivas. Em Bissau, o modelo da Universidade Amílcar Cabral (Universidade pública de gestão não pública) foi uma mudança significativa porque o Estado tem a tradição de centralizar todas as alavancas de decisão. Reconhece-se que o governo guineense não tem capacidade de "governança" do setor do ensino superior, e que deve confiá-la às forças profissionais vocacionadas para tal. Entendemos por "governança" do ensino superior, mais do que um simples aparelho de direção ou uma forma de pilotagem. Trata-se de um quadro de análise a adotar para refletir uma nova maneira de ver o ensino superior. A responsabilidade exclusiva do Governo é de garantir que a referida "governança" disponha de recursos e de capacidades exigidas, humanas, técnicas e financeiras para que o ensino superior possa contribuir para a redução da pobreza e o desenvolvimento económico e social do país.

Neste novo sistema emergente a acessibilidade e a qualidade da formação é uma preocupação e um desafio permanente. A análise da qualidade (eficácia interna) do ensino aborda questões relativas ao acesso ao ensino superior, a gestão e o controlo do fluxo, os programas de formação, a pedagogia universitária, as tecnologias de informação e de comunicação, o corpo docente, a informação da gestão e as questões da "governança". Por acessibilidade entendemos a procura de formação superior calculada pelo número de candidatos em relação com o ingresso efetivo no sistema (número de lugar existentes efetivamente).

Da Universidade Amílcar Cabral à Universidade Lusófona da Guiné

A Universidade Amílcar Cabral, após nove anos da sua criação e quatro anos de funcionamento, entra numa grave crise institucional, financeira e política conduzindo à sua quase paralisia.

O figurino de gestão da universidade pública instalado na Universidade Amílcar Cabral, tendo como principal preocupação prevenir a ingerência do político nos assuntos académicos e preservar a autonomia da universidade, enfrentou desde cedo grandes dificuldades. As tentações de controlo político e financeiro da universidade por tal ou tal partido no poder tornaram-se constantes.

Do ponto de vista da tesouraria, graves problemas financeiros ligados ao não cumprimento pelo tesouro público das transferências mensais da compensação ou complemento orçamental tornaram a universidade dependente única e exclusivamente das aleatórias propinas pagas pelos estudantes.

É importante lembrar que a montagem financeira da Universidade Amílcar Cabral fazia apelo a uma diversificação das fontes de financiamento, sendo a direção da universidade responsável pela definição da estratégia de mobilização de recursos e de financiamentos extraorçamentais.

O sistema de financiamento instalado na universidade era constituído por três componentes principais:

(i) A estratégia de recuperação de custos através das propinas mensais e da prestação de serviços à sociedade;
(ii) Orçamento de funcionamento da universidade fixado numa base anual;
(iii) Orçamento de investimento para infraestruturas e equipamentos (aquisição/construção/depreciação) fixado numa base plurianual.

A estratégia de recuperação de custos, nomeadamente a introdução de propinas, permitiu cobrir parte significativa dos custos de funcionamento. Estas propinas foram calculadas tendo em conta o nível de vida e o poder de compra da população. Porém, com o agravar do nível de pobreza no país esta contribuição aparentemente modesta passou a constituir um obstáculo à continuação dos estudos de grande parte dos jovens guineenses. A não disponibilidade do orçamento do Estado tornou a Universidade refém financeiramente das propinas pagas pelos estudantes, algo que tinha sido concebido como simples complemento financeiro. Para sustentar o estudo dos alunos de famílias mais carenciadas, foi aprovada uma linha orçamental no OGE para bolsas de estudo internas, compromisso que até hoje nunca foi honrado.

Perante esta situação o Governo foi obrigado a dar uma nova orientação ao projeto fundamentado no preâmbulo da decisão da Presidência do Conselho de Ministros[2]:

> ... Com base nestas premissas, ligadas à inexpressiva oferta de formação superior no país – com todas as implicações que tal circunstância acarreta, máxime a deslocação dos estudantes para a formação em universidades estrangeiras –, à necessidade de resposta aos desejos de uma juventude cada vez mais exigente e a indispensabilidade de preparação da novas gerações para enfrentarem com sucesso as exigências de um mercado de trabalho cada vez mais complexo, o Governo da República da Guiné-Bissau criou, em 1999, através do Decreto-Lei nº 6/99, de 6 de dezembro, a então designada Universidade Lusófona Amílcar Cabral, designação posteriormente alterada para Universidade Amílcar Cabral.
>
> Foi assim dado o primeiro passo para a germinação da parceria que viria permitir a constituição material efectiva da Universidade Amílcar Cabral (UAC). Tal parceria assomou definitivamente em 13 de Novembro de 2001, com a constituição da FUNPEC – Fundação para a Promoção do Ensino e da Cultura, pessoa colectiva de direito privado guineense, instituída pelo Estado da República da Guiné-Bissau, através do Ministério da Educação, e pela COFAC – Cooperativa de Formação e Animação Cultural. Crl., com o objectivo de promover o ensino e a cultura através dos meios adequados mediante apresentação nos ramos de actividade próprios do ensino universitário, médio e especializado.
>
> Posteriormente, através de um contrato de concessão de serviço público celebrado em 15 de Novembro de 2001, face à expressamente enunciada larga experiência obtida no apoio a acções de formação e investigação da FUNPEC, resultante da participação da COFAC – Cooperativa de Forma-

---

[2] Decreto-lei nº 01/2008, aprovado em Conselho de Ministros de 12 de novembro de 2008, promulgado pelo Presidente da República em 14 de novembro de 2008.

ção e Animação Cultural, entidade instituidora da Universidade Lusófona de Humanidades e Tecnologias e à coincidente vontade de ambas as entidades (...) na construção de um projecto comum que lance as bases de uma nova concepção de ensino, moderno e orientado para a formação de profissionais aptos, académica ou profissionalmente, para enfrentarem a vida futura com competência e qualidade, o Estado, através do Governo, concessionou à FUNPEC a instituição e a gestão da Universidade Amílcar Cabral.

Após lembrar estes antecedentes, o documento estipula:

Duas opções se nos ofereciam. A continuação do projecto num modelo de gestão universitária totalmente público ou a suspensão da UAC e criação de uma universidade privada com reconhecido interesse público, transferindo para esta os discentes, docentes e funcionários daquela.

Opta-se pelo segundo caminho. O actual estádio de desenvolvimento do país, que impõe, ainda, direccionar prioritariamente as sinergias do Estado para outros campos que não o ensino superior, a insuficiente experiência da nossa administração pública nesta matéria e a necessidade de o país oferecer soluções internas de formação superior a uma população a cada passo legitimamente mais exigente e sedenta de conhecimento, por uma banda; o manifesto interesse do Grupo Lusófona, titulado pela COFAC – o maior grupo de ensino português, cujo projecto educativo intra e além fronteiras portuguesas, maxime nos países de língua oficial portuguesa, tem primado pela excelência e pelo rigor, com elevadíssimos índices de sucesso, contribuindo decisivamente para o incremento dos níveis de desenvolvimento dos países de implantação – em, autonomamente, continuar a apostar no projecto educativo que já iniciou no país com a parceria da UAC, foram razões que decisivamente ditaram a opção.

Feita a escolha, o Governo decreta nos termos do nº 2 da Constituição, artigo 1º, a autorização da instalação da Universidade Lusófona da Guiné-Bissau e no artigo 9º é suspensa temporariamente a atividade da Universidade Amílcar Cabral, as autorizações de funcionamento de cursos e os reconhecimentos de graus concedidos pela Universidade Amílcar Cabral transitam para a Universidade Lusófona da Guiné e são igualmente autorizadas as transferências de alunos, do pessoal docente, de investigadores e de funcionários da Universidade Amílcar Cabral para a Universidade Lusófona da Guiné.

Reformas recentes
As últimas reformas levadas a cabo pelo Ministério da Educação em 2010 conduziram à criação da Escola Superior da Educação (ESE), que integra como Unidades de Ensino a Escola de Formação de Professores "Tchico Té", a Escola Formação de Professores 17 de Fevereiro, a Escola Nacional de Educação Física e Desportos (ENEFED) e a Escola de Formação de Professores Amílcar Cabral de Bolama. A ESE será dirigida por um Presidente com sede em Bissau. Esta escola destina-se à formação de professores para o ensino básico e secundário, conferindo graus de licenciatura e mestrado.

O CENFA (Centro Nacional de Formação Administrativa) foi transformado na Escola Nacional de Administração (ENA), habilitada a conferir graus de licenciatura e mestrado. A ENA tem por vocação formar nas áreas de Administração Pública, Administração Judiciária e Gestão de Empresas. A sua direção é assegurada por um Presidente.

Profissionais diplomados em Portugal regressados à Guiné-Bissau

Caracterização
O universo foi constituído por quadros guineenses que fizeram a sua formação superior em Portugal.

Em novembro de 2010 foi efetuado o trabalho de campo na Guiné, tendo sido entrevistados 18 dos 20 indivíduos que compunham a amostra.

A amostra foi constituída por quadros com os seguintes graus académicos:

i) Cinco são doutorados, dos quais 4 homens e 1 mulher, com idades compreendidas entre os 49 e os 52 anos, 4 dedicam-se simultaneamente à investigação e à docência e 1 à magistratura judicial.

ii) Três são mestres, todos homens com idades compreendidas entre os 30 e os 44 anos, sendo 2 docentes e 1 quadro das pescas, todos eles investigadores.
iii) Sete têm licenciatura, com idades compreendidas entre os 20 e os 53 anos, sendo um do sexo feminino. São quadros profissionais em diversos setores socioprofissionais.

Estes "quadros" ocupam posições chaves na sociedade guineense, ministros, embaixadores, reitores, diretores, investigadores, magistrados, docentes, técnicos em diversas áreas.

O período de formação varia entre os anos 80 e princípios dos anos 2000.

Condição social e identitária

Esta amostragem representa a sociedade guineense na sua absoluta diversidade, uma sociedade pluriétnica, multiconfessional e plurilinguística. Estão representados os grupos étnicos Fula, Manjaco, Mandinga, Biafada, e Crioulos (espaço social destribalizado). Praticantes ou não, são predominantemente de origem muçulmana, cristã e animista.

Cerca de 80 por cento dos entrevistados são originários do campo, tendo ido para a cidade-capital para realizar os seus estudos, muitos deixando os pais agricultores ou criadores de gado no meio rural. Geralmente os pais não possuem grau acadêmico, ainda que alguns sejam da religião islâmica instruídos na escola corânica. Dos entrevistados, apenas os de origem citadina com idade compreendida entre os 30 e os 40 anos têm pais com escolaridade primária. A formação média ou superior dos progenitores verifica-se apenas em raras exceções.

Apesar da ausência ou da fraca escolaridade dos pais, de uma maneira geral estes compreenderam muito cedo a importância da educação para o futuro dos seus filhos. A decisão de custear os seus estudos e de os deixar ir para a cidade levará a que mais tarde os encorajem a continuar a formação na Europa, o que traduz essa tomada de consciência quanto à importância da escola na formação dos seus filhos. Estes esforços/ investimentos tinham como último objetivo a sua formação superior, possibilitando-lhes uma futura autonomia financeira. Para muitos pais, tratava-se de um investimento que reverteria futuramente no apoio à família. Numa sociedade caraterizada pela ausência de pensões de reforma e de segurança social, um filho formado representava uma boa garantia na velhice dos pais.

Relembramos que a maioria destes estudantes partilha uma condição social muito modesta. Estudaram à custa de muitos sacrifícios familiares e pessoais. Quase todos os entrevistados viveram e cresceram em casas de construção precária excetuando três que dizem ter vivido numa habitação de construção definitiva.

> Parte da minha infância vivi em Pirada com os meus pais, colegas e amigos em duas casas de construção precária cobertas de chapas de zinco e posteriormente em Bissau com os meus irmãos, colegas e amigos em condições habitacionais muito melhores (QS, sexo masculino, 44 anos).

> Até aos 8 anos vivi com os meus pais em Bissau, na Av. Caetano Semedo, casa de construção definitiva, grande e numa família católica (QS, sexo masculino, 30 anos).

Sociologicamente o conceito de família alargada é o dominante entre todos. Nenhum dos entrevistados tem uma conceção de família restrita. Em termos do acesso à formação superior, muitos dos entrevistados afirmaram que alguns dos seus (por vezes numerosos) irmãos também se licenciaram, havendo casos de entrevistados com irmãos com mestrados e doutoramentos, como abaixo se descreve:

> Um entrevistado oriundo de uma família de 16 irmãos(as), sendo ele com formação superior nível mestrado e um com licenciatura;
> Um entrevistado oriundo de uma família de 14 irmãos(as), sendo 2 irmãos com formação superior nível licenciatura;
> Um entrevistado oriundo de uma família de 13 irmãos(as), sendo o único com formação superior a nível de mestrado;
> Três entrevistados oriundos de uma família de 10 irmãos(as), dos quais numa das famílias 3 irmãos são diplomados do ensino superior, sendo o entrevistado o único com grau de mestre; na segunda família só o entre-

vistado possui uma licenciatura; na terceira família três diplomados, dos quais o entrevistado é doutorado em Direito, um dos irmãos Engenheiro Informático e um outro Agrónomo;
Um entrevistado oriundo de uma família de 7 irmãos(as), todos com licenciaturas;
Quatro entrevistados oriundos de famílias com 5 irmãos(as) dos quais só um em cada família tem uma formação superior, respetivamente 2 doutorados e 2 licenciados;
Um entrevistado oriundo de uma família de 4 irmãos(as) dos quais o próprio é mestrando, os outros com 2 licenciaturas e 1 bacharelato;
Um entrevistado oriundo de uma família de 3 irmãos(as), sendo o único com formação superior nível de licenciatura.

Desta categoria dos que concluíram o 2º e 3º ciclo do ensino superior (mestrado e doutoramento) nenhum realizou a totalidade do seu percurso universitário em Portugal. Duma maneira geral efetuaram a licenciatura num outro país, tendo posteriormente, por terem beneficiado depois de uma bolsa de estudo da cooperação portuguesa ou por iniciativa pessoal, continuado para os níveis de mestrado e/ou doutoramento em Portugal.

De lembrar que antes da independência (em 1974) até à queda do muro de Berlim em 1989, o grosso dos quadros guineenses era formado nos países do bloco socialista, com destaque para a URSS, RDA, Checoslováquia, Roménia, Bulgária e Cuba.

O complemento da formação em Portugal é grandemente apreciado na sociedade guineense por permitir ao quadro formado em contextos socioculturais, linguísticos e históricos muito diferentes e afastados da sua tradição e herança colonial, aperfeiçoarem a língua e a cultura portuguesa. É uma passagem quase obrigatória para aumentar o mérito pessoal e a credibilidade da área de formação. A tradição herdada de Portugal acordando muita importância à forma, nomeadamente à capacidade discursiva e à facilidade do verbo – que é tida como sinónimo de competência e de inteligência – em detrimento da substância, tem penalizado bastante os quadros formados nos contextos eslavos com fraco domínio do português (língua oficial e da administração).

A escolha do curso foi livre para os mais novos, tendo sido feita de acordo com as vocações e preferências. Para os de idade mais avançada, a escolha foi na maioria das vezes condicionada pelas disponibilidades das ofertas da cooperação portuguesa. Só um entrevistado diz ter escolhido o seu curso por influência dos amigos.

A solidariedade e apoio de amigos e familiares foram apontados por todos como fator determinante no processo de integração em Portugal.

O meu irmão e os meus primos ajudaram-me nos primeiros tempos da minha estada em Lisboa. Fiz amizade com guineenses, angolanos, moçambicanos e portugueses. Estes últimos nunca frequentaram a minha casa e eu também nunca fui a casa deles (QS, 44 anos).

Em Portugal, residi nos primeiros seis meses em casa da minha irmã na margem sul (Seixal) e depois consegui alugar um apartamento em São Sebastião da Pedreira, em Lisboa. Cheguei com quase um semestre de atraso devido à morosidade na emissão do visto de estudo, mas consegui fazer o 12º ano e concorrer para a universidade no mesmo ano e entrei para Sociologia em Lisboa, no ISCTE (....) e depois ingressei no mestrado em Sociologia e Planeamento (QS, 30 anos).

Apesar de muitos deles terem beneficiado de oportunidades de formação antes da liberalização política de 1991, isto é durante o período do partido único, ninguém admite ter filiação político-partidária. Tudo indica que as oportunidades de formação em Portugal quer por conta própria quer através de uma bolsa de estudo não foram condicionadas por opções partidárias. No entanto os dirigentes e as pessoas influentes do país preferiam enviar os filhos para os países ocidentais, enquanto aqueles que não faziam parte da elite eram na sua maioria enviado nos países de Leste.

Para a faixa etária entre os 44-53 anos de idade, que no momento da independência, em 1974, eram crianças e adolescentes (com idades compreendidas entre os 7 e os 15 anos), as memórias do passado mais marcantes foram a presença massiva das forças armadas do exército colonial português, a violência da guerra, a ordem e disciplina, a saída dos últimos soldados portugueses e as euforias dos primeiros momentos da independência.

O que mais me marcou naquele período foi a saída das tropas coloniais da minha terra. Um dia, antes de se embarcar, um soldado olhou para mim e disse "agora é que os africanos vão morrer de fome" (QS, 44 anos).

As memórias daquela época que me marcaram mais profundamente foram os traumas do colonialismo, a euforia da libertação, a constituição de boas relações e as restrições de liberdade nos primeiros anos da independência (QS, 52 anos).

Estes jovens adolescentes à época da independência ficaram com uma impressão da sociedade guineense colonial como sendo uma sociedade de ordem, disciplina, com cidades pequenas e limpas, mas também de terror e opressão. A perceção da violência da guerra por parte destes jovens adolescentes, hoje adultos, depende muito da sua região de origem. Certas partes do país foram mais fustigadas pelos guerrilheiros do PAIGC do que a região de Bissau por exemplo.

Sem terem na altura consciência do que significava a independência, viviam contagiados pelo orgulho da independência conquistada pelas armas e a euforia daquele ambiente de liberdade que se vivia.

A mobilização de redes sociais é classificada de muito importante por nove dos entrevistados, os restantes consideram-nas sem importância. A formação avançada foi uma alavanca para a inserção em redes académicas particularmente para os investigadores e docentes e é tida como importantíssima na sua trajetória socioprofissional. Se quase todos acordam certa importância às redes familiares, nenhum dos quadros participantes neste estudo admite qualquer influência político-partidária no seu percurso socioprofissional. Quanto à escolha de Portugal para a formação, dizem que a afiliação partidária não teve qualquer influência na sua inserção profissional neste país.

Estudantes guineenses em formação em Portugal

Caracterização

No trabalho de campo efetuado em Portugal, foram entrevistados 22 alunos guineenses, com idade compreendida entre 20 e 37 anos, em diferentes cidades, universidades e institutos universitários e a realizarem formações nas diferentes áreas do saber.

1) Universidade Lusófona de Lisboa: seis alunos, um na licenciatura de Engenharia Informática, dois em Ciência Política e Relações Internacionais e um em Direito; dois mestrandos em Psicologia do Trabalho e Gestão de Empresas.
2) Universidade de Lisboa: dois alunos a frequentar a licenciatura em Estudos Africanos e Direito.
3) Universidade Nova de Lisboa: dois alunos, sendo um doutorando em Direito e um a frequentar a licenciatura em Sociologia.
4) ISCSP – Universidade Técnica: um aluno a frequentar a licenciatura em Administração Pública.
5) Universidade do Porto: três alunos: um mestrando em Desenvolvimento e Políticas Sociais e duas licenciaturas em Economia e Gestão de Recursos Humanos.
6) Universidade Fernando Pessoa: uma licenciatura em Direito.
7) Universidade de Coimbra: quatro licenciaturas sendo duas em Medicina, uma em Contabilidade e Auditoria e uma em Relações Internacionais.
8) Escola Superior de Enfermagem de Coimbra: um aluno do curso de Enfermagem.
9) Universidade de Algarve: uma licenciatura em Ciências Biomédicas.

Condição social e identitária

A análise da amostra da geração atual dos estudantes guineenses em Portugal revela uma tendência diferente em termos sociológicos da geração dos quadros formados nos primeiros anos de independência e retornados ao país.

Dos 22 alunos da amostragem entrevistados, 85 por cento afirma ter o crioulo como língua materna, incluindo os de matriz étnica identificável pelo nome, 10 por cento tem o fula e o crioulo como língua materna e 5 por cento o português. Ainda destes, 65 por cento são de religião cristã, 25 por cento de religião muçulmana, 5 por cento de religião animista, e os outros afirmaram serem ateus.

A língua crioula, a sua génese e implantação na sociedade guineense revela ser um precioso elemento para a análise da metamorfose desta sociedade ao contato com o mundo europeu e no processo de construção da nação.

O que era apenas uma língua franca ao início tornar-se-á ao longo do tempo, não apenas um meio de comunicação entre as diferentes etnias do país (sem utilizar o português), mas igualmente um símbolo de resistência a uma total aculturação europeia.

Hoje em dia o crioulo, mais do que qualquer outro símbolo, representa incontestavelmente o primeiro indicador da identidade guineense.

Partindo do pressuposto segundo o qual a língua é o principal fator de identidade do indivíduo, a reivindicação do crioulo como língua materna (ou primeira) não pode ser sem significação identitária apesar de esta identidade poder ser posta em causa em situação de bi- ou plurilinguismo, na qual o indivíduo não se identifica apenas como falante de uma só e mesma língua. O ter o crioulo como língua materna para guineenses oriundos de diferentes matrizes identitárias pode ser revelador de um certo processo de interação, de integração e de harmonização social. Num país onde poucos negros guineenses podem fazer valer o português como língua materna, o crioulo surge como elemento unificador.

Na verdade, apesar dos cinco séculos de presença portuguesa no território da atual Guiné-Bissau, ao contrário dos mestiços e de certos "assimilados", a esmagadora maioria dos guineenses possui a sua língua materna, relegando o crioulo como segunda língua. Se o crioulo é visto como fator de identidade, o português é uma expressão de sucesso social. Mas paradoxalmente, apesar do facto de o português denotar um estatuto social superior, o seu uso no quotidiano permanece muito limitado por causa da imagem que dele tem os guineenses: a língua do opressor. Esta representação é tão forte na memória coletiva guineense que o simples facto de se dirigir em português a um desconhecido pode significar que alguém "toma ares de importante" ou que monta uma barreira entre si e o outro. Assim, a situação socio-histórica do português faz desta língua um objeto tanto de aversão como de desejo.

Um paradoxo no processo histórico a considerar é o da afirmação de uma maior lusitanidade da Guiné-Bissau a partir de 1960. O movimento de libertação nacional lutando pela independência e, por isso, para uma identidade africana contribuiu, sem querer, para a promoção da cultura portuguesa que, no entanto, era apenas superficial antes do início da luta. Então, os guineenses que conheciam a língua portuguesa eram uma ínfima minoria. O falar crioulo só era utilizado pela população das cidades próximas da costa. Ora, um dos efeitos da luta do PAIGC, como refere Hugues Jean de Dianoux (1980), foi que o crioulo se expandiu aos grupos étnicos, que puderam assim comunicar entre eles quebrando as barreiras linguísticas devidas à coexistência de uma dezena de línguas indígenas, elas próprias subdivididas em dialetos. A Guiné-Bissau foi assim "crioulizada" em parte, e como, até aos nossos dias, nenhuma grafia uniforme do crioulo foi oficialmente decidida, o ensino, nas escolas muito mais numerosas do que antes, faz-se em português.

Os conceitos operatórios de mobilidade social na perspetiva de Sorokin (1994) permitem-nos explicar melhor os percursos de vida da população estudantil guineense atualmente em Portugal comparativamente com os da geração dos primeiros quadros formados em Portugal.

A mobilidade social sendo uma mudança de posição social, pode ocorrer durante a vida de um individuo ou em mais de uma geração. A mobilidade social pode envolver uma mobilidade geográfica, quer dizer uma migração interna ou internacional. Portanto qualquer que seja ela, a mobilidade implica sempre a mudança de lugar, de posição e do estatuto socioeconómico que anteriormente se ocupara.

Sorokin (1994) faz a distinção entre mobilidade vertical e mobilidade horizontal. A vertical carateriza todas as mudanças de condição social (classe ou estrato), podendo ser ascendente ou descendente. A horizontal por sua vez tem a ver com as mudanças de localização que não implicam qualquer alteração social. É o caso de certas formas de mobilidade profissional quando as mudanças de profissão ocorrem no interior de uma mesma condição social. O mesmo acontece com algumas formas de mobilidade geográfica quando a mudança de região de residência não implica mudanças de profissão ou de posição social.

O autor destaca ainda a mobilidade intrageracional que diz respeito à mudança alcançada por um individuo isolado como por exemplo a carreira profissional de sucesso que representa um percurso individual de mobilidade social ascendente. Quanto à mobilidade intergeracional, é a situação na qual um individuo se insere numa posição social e um filho seu adquire uma posição distinta.

Estes conceitos interessam à nossa análise por estarem relacionados com os de trajetória social, trajetórias individuais e trajetórias de classes, sendo o conceito mais amplo de trajetória social aquele que permite interligar uma dada posição social com um percurso individual. Este conceito, que agrupa múltiplas correntes de mobilidade, subdivide-se em trajetórias individuais quando deparamos com processos isolados de movimentação social e trajetórias de classe que exprimem as mobilidades de tipo coletivo, histórico e estruturadas.

Numa análise retrospetiva da mobilidade social da primeira geração dos quadros formados e retornados ao país, constatamos que transitaram, em termos de teorias funcionalistas, de *status* atribuído (*scribed status*, status adscrito, herdado ou imputado) da época colonial para o status adquirido (*achieved status*). O conceito de *status* atribuído carateriza muito bem a situação do africano colonizado cuja condição social e oportunidades de mobilidade social eram determinadas pelo seu estatuto. A situação destes quadros corresponde ao *status* adquirido pois trata-se de uma conquista individual de um determinado estatuto social, na medida em que são indivíduos provenientes de um meio social não escolarizado que conquistaram um diploma escolar superior. Este êxito é uma aquisição individual de uma condição social antes desconhecida no seu meio familiar e mesmo étnico. Apesar das contingências de vária ordem no percurso académico dos jovens guineenses e da valorização do seu diploma em termos de empregabilidade, a escola constitui o canal mais privilegiado para a promoção social, melhoria da condição económica e do estatuto social. Em termos comparativos, a situação dos alunos da geração em formação apresenta certas diferenças com aqueles que se formaram em épocas anteriores, porque na sua grande maioria são filhos de pais com formação e/ou funcionários públicos. Dos entrevistados, 77 por cento são filhos de pais funcionários públicos, ambos ou pelo menos um dos progenitores, com formação de nível superior, médio ou profissional.

Uma das primeiras caraterísticas desta geração é a mobilidade geográfica. Todos consideram a cidade-capital Bissau como o lugar da sua residência. Isso significa que mesmo os filhos de camponeses acabaram por abandonar o campo para a cidade, reforçando o fenómeno do êxodo rural caraterístico dos países em vias de desenvolvimento.

Considerações finais
Portugal continua sendo o destino privilegiado dos estudantes guineenses. A tradição histórica entre os dois países e a língua fazem com que os diplomas obtidos neste país tenham muita aceitação no mercado de trabalho guineense.

O modelo de cooperação vigente entre os dois países baseia-se essencialmente na concessão de bolsas de estudo aos jovens guineenses para estudar nas universidades portuguesas. Este paradigma permanece privilegiado em detrimento de uma política de cooperação virada para o apoio à consolidação da capacidade nacional de formação. Por outro lado, este modelo não se inscreve na lógica de internacionalização baseada numa estratégia de parcerias privilegiadas na qual predomina a preocupação da rentabilidade económica e financeira. Por fim, é de sublinhar que o modelo de cooperação entre os dois países não é alicerçado numa cooperação interuniversitária, mas sim, bilateral entre os respetivos Estados. Os constrangimentos de ordem financeira do país doador colocam a questão da sustentabilidade do referido modelo em causa.

A formação superior é de longe o vetor privilegiado de mobilidade e de promoção social. A quase ausência de um setor privado empreendedor e o facto de o Estado ser o único grande empregador explicam que a obtenção de um diploma superior represente oportunidades de ocupação de altos cargos na administração pública.

No plano interno, o ensino superior encontra-se em fase embrionária, assistindo-se a uma ausência de estratégias claras e de investimento para a edificação de uma verdadeira capacidade nacional de formação superior pública. Outro sinal notório é o desengajamento do Estado que transparece na situação dos estudantes guineenses em formação em Portugal. Da amostra dos entrevistados, cerca de 73 por cento estudam por conta própria, sem qualquer apoio das autoridades do país.

Para além dos parceiros tradicionais, o Estado português e Fundações como por exemplo a Gulbenkian, o ensino superior privado tem vindo a desempenhar um papel decisivo na formação dos quadros africanos em geral e guineenses em particular. Neste sentido, a Universidade Lusófona, que detém o maior número de estudantes africanos entre as universidades portuguesas, adotou uma eficaz política social de bolsas de mérito, de redução de propinas e de facilidades de pagamento, tornando-a a mais atrativa para os estudantes africanos não bolseiros e trabalhadores.

REFERÊNCIAS

BOURDIEU, P. & PASSERON, J. C. (1964). *Les héritiers: Les étudiants et la culture.* Paris: Les Éditions de Minuit.

Decreto-lei nº 01/2008, aprovado em Conselho de Ministros de 12 de novembro de 2008, promulgado pelo Presidente da República em 14 de novembro 2008.

DIANOUX, H. J. de. (2000). La Guinée-Bissau et les îles du Cap-Vert. *Afrique Contemporaine, 19* (107), 1-16.

DJALO, T. (1997). *Traditions, métissage et pouvoir politique en Guinée-Bissau.* Thèse nº 448, Université de Genève, Genebra, Suíça.

ETTORE, A. A. (1987). *Mosca and the theory of elitism.* (P. Goodrick, Trad.). Oxford: Basil Blackwell. (Obra original publicada em 1985).

FLICK, U. (2005). *Métodos qualitativos na investigação científica.* Lisboa: Monitor.

GIBBON, T. (2010). "Development aid must target knowledge". *University World News,* Issue 58. In http://www.universityworldnews.com

IPAD (Instituto Português de Apoio ao Desenvolvimento). (2008). *Programa indicativo de cooperação Portugal – Guiné-Bissau 2008-2011.* Lisboa: IPAD.

IPAD (Instituto Português de Apoio ao Desenvolvimento). (2010). *Estratégia da cooperação portuguesa para a educação.* Lisboa: IPAD. In http://www.ipad.mne.gov.pt/CentroRecursos/Documentacao/EstrategiaCooperacao/Documents/EstrategiaEducacaoMaio2011.pdf

MEPIR. (2011). *DENARP II – Segundo documento de estratégia nacional de redução da pobreza (2011-2015).* Bissau: MEPIR.

MICHELS, R. (1914). *Les partis politiques. Essai sur les tendances oligarchiques des démocraties.* Paris: Flammarion.

MOSCA, G. (1939). *The ruling class.* Nova Iorque: McGraw-Hill.

PARETO, V. (1968). *Traité de sociologie générale.* Paris-Genève: Librairie Droz. (Obra original publicada em 1917).

SHARMA, Y. (2011). "Higher education is a 'global public good'". *University World News.* In http://www.universityworldnews.com

SOFEG. (2004). *Étude sur l'enseignement supérieur dans les pays de l'UEMOA, Rapport diagnostique, Guinée-Bissau.*

Sorokin, P. (1994). Social and cultural mobility. In Grusky, D. B. (Ed.), *Social stratification. Class, race and gender in sociological perspective* (pp. 245-250). Boulder: Westview Press.

University World News. (2011). "Lessons in linking universities to development", *University World News*, Issue 161. In http://www.universityworldnews.com

Wit, H. de. (2011) "Misconceptions about internationalization". *University World News*, Issue 166 (http://www.universityworldnews.com).

Wright Mills, C. (1956). *The power elite*. Nova Iorque: Oxford University Press.

ÍNDICE

INTRODUÇÃO   5
Margarida Lima de Faria, Ana Bénard da Costa

I PARTE   17

Cooperação portuguesa com os PALOP ao nível do ensino superior:
Impactos e desafios   19
Ana Bénard da Costa

Evolução e crescimento do ensino superior em Angola   39
Paulo de Carvalho

Para uma dimensão transnacional do ensino superior em Moçambique   63
Francisco Noa

II PARTE   87

Formação de estudantes universitários moçambicanos em Portugal   89
Ana Bénard da Costa, Eleonora Rocha

Educação avançada e desenvolvimento. Formação de estudantes
angolanos em Portugal   133
Margarida Lima de Faria, Ermelinda Liberato

Representações sobre a evolução do ensino superior em Angola
e o impacto da Formação Avançada em Estudos Africanos (ISCTE-IUL)
nos percursos dos estudantes angolanos   183
Carlos M. Lopes

Cabo Verde e São Tomé e Príncipe: Ensino superior
e trajetórias em Portugal   209
Gerhard Seibert

Formação superior e mobilidade social na Guiné-Bissau   245
Tcherno Djalo